国際関係私法入門

国際私法・国際民事手続法・国際取引法

第4版補訂

松岡 博 編

JN098770

有斐閣
YUHIKAKU

第 4 版はしがき

　本書は，国際私法・国際民事手続法・国際取引法の入門書である
『国際関係私法入門』の第 4 版である。2012 年 4 月に第 3 版が刊行
されてから約 7 年が経過しており，その間の国際関係私法の法状況
の進展を反映することが，今回の改訂の目的である。

　国際関係私法の法状況の進展としては，第 1 に，2014 年 4 月 1 日
に「国際的な子の奪取の民事上の側面に関する条約」が日本につい
て発効し，同条約の実施に関する法律（実施法）が施行されたこと
があげられる。既に第 3 版において条約と実施法の要綱案に基づく
叙述を行っていたが，第 4 版では実施法の条文に沿った内容に改め
た（第 **18** 章第 **5** 節）。第 2 に，2018 年 4 月に「人事訴訟法等の一部
を改正する法律」が成立したことがあげられる（2019 年 4 月 1 日から
施行）。これにより，人事・家事手続に関する国際裁判管轄法制が
整備された。そこで，これに対応するために，第 **18** 章とその関連
部分を大幅に改訂した。第 3 に，2018 年 5 月に「商法及び国際海上
物品運送法の一部を改正する法律」が成立したことがあげられる
（2019 年 4 月 1 日から施行）。これに対応するために，第 **22** 章とその
関連部分を改訂した。第 4 に，各章において，第 3 版の出版以降の
裁判例・学説および実務の状況に応じて必要な改訂を行った。

　今回の改訂にあたって何よりも残念なのは，編者の松岡博先生が
2013 年 7 月に御逝去されたことである。執筆者一同，改訂された本
書が松岡先生から賜った学恩に報いるものとなっていることを祈っ
ている。

　第 4 版の編集から，有斐閣京都支店の一村大輔氏と大原正樹氏に

代わり，書籍編集部の渡邉和哲氏が担当となった。第4版の編集においても万端にわたって大変お世話になった。渡邉氏に心から謝意を表したい。また，索引の作成等に協力をしていただいた，富山大学特命講師の小池未来さんにも御礼を申し上げたい。

2019年3月

執 筆 者 一 同

＊第4版補訂では，インコタームズの最新版（インコタームズ2020）が施行されたことから，新たに小野木尚氏（大阪経済法科大学准教授）に執筆陣に加わっていただき，第21章第3節をインコタームズ2020に基づく内容に改めた。また，国際的な子の奪取に関する令和元年の法改正を反映した内容に第18章第5節を改めた。さらに，近時の国際仲裁・国際調停の動きに応じて，第19章の内容をアップデートした。このほか，最新の最高裁判決や実務の動向を反映した。

（2021年1月）

はしがき（初版）

　本書は，国際私法，国際民事手続法および国際取引法の入門的な教科書である。

　1冊でこれら3つの法分野のほぼ全体を対象とする教科書は，わが国ではほとんど例をみない。このため，本書の名称決定にも議論を重ねた。「国際私法入門」では，国際民事手続法や国際取引法をも対象としていることが伝わりにくく，かといって「国際私法・国際民事手続法・国際取引法入門」では書名として長すぎる。何度か話し合いをした結果，ちょうど新司法試験の選択科目「国際関係法（私法系）」と対象範囲がほぼ同一であること，そして比較的短くて分かりやすい言葉であることから，「国際関係私法」という名称を採用することとした。

　本書は，国際関係私法をはじめて学ぼうとする大学の学部学生を主たる対象とし，国際関係私法の基本的な事項について，できる限り分かりやすく客観的に記述することを心がけている。本書の性質上，また紙幅の制約上からも，国際関係私法の全領域について詳細に述べることは不可能であり，授業担当者の配布レジュメや解説のあることを前提として，本書は重要なポイントに絞って記述している。もちろん法科大学院の学生や新司法試験の受験者にとっても，本書が国際関係私法の基礎的理解に役立つことができると考えている。

　本書の特徴は，各節の冒頭に設例を原則として置くことにより，読者が実感をもって国際関係私法上の諸問題を具体的に理解できるように配慮した点と，総論の割合を比較的少なくし，総論上の重要事項については実際の事案で頻繁に問題となり得る各論の部分で扱うようにした点である。これらは，受講者に分かりやすくと思って，私が永年続けてきた講義スタイルを取り入れたものである。本書が具体的で分かりやすく，また国際関係私法を学ぶことの面白さを実感できる教科書として広く利用されることを願っている。

　本書は，大阪大学での私のゼミ，大学院出身者で，比較的集まりや

すい中堅・若手の大学教員の方たちによって執筆された。企画から執筆，校正まで，5回にわたって，毎回，長時間の熱い議論と討議を経て完成したもので，私にとっても昔のゼミに立ち返った気分で，本当に楽しく充実した時間を過ごすことができた。このような機会を共有できた執筆者の皆さんに厚く御礼を申し上げる。

　最後に，本書の契機から出版に至るまで株式会社有斐閣京都支店の奥村邦男氏，一村大輔氏，大原正樹氏に多大なるご支援，ご協力を賜った。心より謝意を表したい。

　　2007年10月

奈良の帝塚山大学学長室にて

松 岡　博

執筆者紹介

執筆順，＊は編者
❖は執筆担当部分

松岡　博（まつおか・ひろし）＊
　　　1961年　大阪大学法学部卒業
　　　2013年　逝去
　　　　　　大阪大学名誉教授・帝塚山大学名誉教授
　　❖　第**1**章

髙杉　直（たかすぎ・なおし）
　　　1986年　大阪大学法学部卒業
　　　現　在　同志社大学法学部教授
　　❖　第**2**章，第**7**章

多田　望（ただ・のぞみ）
　　　1990年　大阪大学法学部卒業
　　　現　在　西南学院大学法学部教授
　　❖　第**3**章，第**15**章

長田　真里（ながた・まり）
　　　1993年　大阪大学法学部卒業
　　　現　在　大阪大学大学院法学研究科教授
　　❖　第**4**章第**1**節，第**16**章，第**17**章

黄　軔霆（こう・じんてい）
　　　1998年　中国復旦大学外国語外国文学部卒業
　　　現　在　帝塚山大学法学部教授
　　❖　第**4**章第**2**節，第**19**章

v

田中　美穂（たなか・みほ）

　　1995年　大阪大学法学部卒業

　　現　在　近畿大学法学部教授

　　❖ 第**5**章，第**8**章，第**9**章

松永　詩乃美（まつなが・しのみ）

　　2001年　立命館大学法学部卒業

　　現　在　熊本大学大学院人文社会科学研究部准教授

　　❖ 第**6**章

岡野　祐子（おかの・ゆうこ）

　　1985年　大阪大学法学部卒業

　　現　在　関西学院大学名誉教授

　　❖ 第**10**章，第**11**章，第**12**章

北坂　尚洋（きたさか・なおひろ）

　　1997年　大阪大学法学部卒業

　　現　在　福岡大学法学部教授

　　❖ 第**13**章，第**14**章，第**18**章

吉川　英一郎（よしかわ・えいいちろう）

　　1983年　大阪大学法学部卒業

　　現　在　同志社大学商学部教授

　　❖ 第**20**章，第**21**章第**1**節・第**2**節，第**22**章，第**23**章

小野木　尚（おのぎ・ひさし）

　　2008年　同志社大学法学部卒業

　　現　在　明治学院大学法学部准教授

　　❖ 第**21**章第**3**節

も　く　じ

序　　編	I

第1編　国　際　私　法	15

コラム　も　く　じ

略　語　表

❖ 法　　令

「法の適用に関する通則法」（平成18年法律第78号）は「通則法」とし，かっこ内で条文番号を示す場合は，必要と思われる箇所のほかは，とくに法令名を示さなかった。

「法例」（明治31年法律第10号）は，平成18年法律第78号による改正直前のものを「法例」とし，それ以前は，適宜「平成○○年改正前法例」などとした。

その他の法令は，概ね次のように略した。

家事法	家事事件手続法（平成23年法律第52号）
共助法	外国裁判所ノ嘱託ニ因ル共助法（明治38年法律第63号）
人訴法	人事訴訟法（平成15年法律第109号）
民執法	民事執行法（昭和54年法律第4号）
民訴法	民事訴訟法（平成8年法律第109号）

送達条約　民事又は商事に関する裁判上及び裁判外の文書の外国における送達及び告知に関する条約（昭和45年条約第7号）

日英領事条約　日本国とグレート・ブリテン及び北部アイルランド連合王国との間の領事条約（昭和40年条約第22号）

日米領事条約　日本国とアメリカ合衆国との間の領事条約（昭和39年条約第16号）

ニューヨーク条約　外国仲裁判断の承認及び執行に関する条約（昭和36年条約第10号）

船荷証券統一条約　船荷証券に関するある規則の統一のための国際条約（ハーグ（・ヴィスビー）・ルール。昭和32年条約第21号）

民訴条約　民事訴訟手続に関する条約（昭和45年条約第6号）

モントリオール条約　国際航空運送についてのある規則の統一に関する条約（平成15年条約第6号）

CISG 　　国際物品売買契約に関する国際連合条約（平成20年条約第 8 号）
UCP 　　商業荷為替信用状に関する統一規則および慣例（信用状統一規則）

❖ **判　　例**

最[大]判[決] 　　最高裁判所[大法廷]判決[決定]
大判[決] 　　大審院判決[決定]
高判[決] 　　高等裁判所判決[決定]
地判[決] 　　地方裁判所判決[決定]
家　審 　　家庭裁判所審判

民　集 　　最高裁判所民事判例集
民　録 　　大審院民事判決録
高　民 　　高等裁判所民事判例集
下　民 　　下級裁判所民事裁判例集
家　月 　　家庭裁判月報
訟　月 　　訟務月報
判　時 　　判例時報
判　タ 　　判例タイムズ
金　法 　　金融法務事情
金　判 　　金融・商事判例
裁判所ウェブ 　　裁判所ウェブサイト裁判例情報

序　編

第 **1** 章　国際関係私法の学び方

　国際関係私法とはどのような法か。国際関係私法では，どのようなことを学ぶのか。なぜ国際関係私法を学ぶのか，また，どのように学べばいいのか。この章では，序論としてこれらの問題について説明する。はじめに国際関係私法が具体的にどのような問題を扱うのかを明らかにするために，次の4つの設例を挙げる。

第1節　国際関係私法

設例 1 - 1

　日本会社 Y の代表者は，S 国人弁護士 X に対し，S 国での S 国会社 A との取引に関し，X が Y を代理して交渉し，契約書を作成するなどの法律業務を委任する契約を S 国の X の事務所で締結した。X は Y のため A と交渉にあたったが，不成功に終わった。X がその報酬を求める訴訟を3年後に日本の裁判所に提起したのに対し，Y は日本民法172条によれば弁護士報酬の請求権の消滅時効は2年であり，X の債権はすでに消滅したと抗弁した。これに対し X は S 国法によれば，その期間は6年であり，請求権は消滅していないと主張した。X の請求は認められるか。

設例1−2

日本に住所を有する日本人Aは，S国滞在中に観光目的で，S国に本店を有する国際的な航空会社Yの国内線チケットをS国にあるYの営業所で購入し航空機に搭乗したが，S国内でのハイジャックによる墜落事故により死亡した。日本に住所を有するAの日本人妻Xは，Yに対し債務不履行を理由とする損害賠償を求める訴えを日本の裁判所に提起した。Yは日本に営業所を有し，日本に周航する路線があり，日本でチケットの販売，予約，宣伝，広告活動などの継続的・実質的な事業活動を営んでいるとした場合，日本の裁判所はこの事件を審理することができるか。

設例1−3

日本人夫XはS国に6週間滞在中に，S国の裁判所から日本在住の日本人妻Yとの離婚判決を得た。Yへの訴状の送達はなされなかった。そこで，YはS国の離婚判決が無効であると主張して日本の裁判所に訴えを提起した。この離婚判決はS国法上は有効であるとして，日本の裁判所はこの判決を有効なものとして承認すべきか。

設例1−4

日本会社の売主XとS国会社の買主Yとの間に締結された国際売買契約中に「FOB Kobe US＄12,000（インコタームズ2020）」という条項がある。この場合，売買の目的物を神戸からS国へ運送中に不可抗力でその一部が滅失，毀損した際の危険負担は，XとYのいずれが負うか。また，Xは保険契約の締結義務を負うか。

1 国際関係私法とは

本書は，『国際関係私法入門——国際私法・国際民事手続法・国

際取引法』という名称で刊行される初めての教科書である。ここでいう「国際関係私法」とは，上の4つの設例のような国際的私法生活関係から生じる法律問題を規律する法を指す。これには従来の法分野の分類でいえば，その副題が示すように，国際私法，国際民事手続法，国際取引法が含まれる。本書は，これをマスターすれば，国際的な要素を有する私法問題にすべて対処できることを念頭に置いて書かれたものである。まずはこの3つの分野について，それぞれ簡単に説明しておく。

2 国 際 私 法

(狭義の) 国際私法とは

国際私法は，国際的な私法生活関係に対してどこの国の法律を適用するかを決定する法である。 設例1-1 に即していえば，Xの請求が認められるかどうかは，日本法によるのか，S国法によるのかに左右されるが，これを決定するのが国際私法規則または法選択規則である。そしてこれにより適用される法律を準拠法という。この準拠法の決定問題が国際私法の中心問題である。単に国際私法というとき，狭義にはこの法選択規則を指すことが多い。本書では第2章から第14章までがこの法選択問題を取り扱う。

国際私法の範囲

これに対して広義の国際私法というときは，次に説明する国際民事手続法を含むのが一般的である（本書では国際民事手続法を国際私法から独立させ，これに一編を割りあてている）。法選択規則としての国際私法のほかに，外人法（第5章第1節2・第2節3），国籍法（第3章第2節3），準国際私法（第3章第3節1）などが国際私法の関連領域と

して，国際私法の範囲内に入れられることがある。

国際私法は国際法か

国際私法は国際的な私法生活関係に対してどこの国の法律を適用するかという問題を解決する法であるから，その規律の対象という面からみれば国際的な法である。しかし，現実に行われている国際私法は，条約の成立している特定の分野を除けば，国ごとに異なり，その存在形式からみて国際法ではなく，国内法である。日本の国際私法の主要法源は，「法の適用に関する通則法」（以下，通則法という）である。

国内法——「法例」から「通則法」へ

わが国の国際私法の主要法源は，平成18年6月に「法例」を全面改正して，平成19年1月1日から施行された通則法である。「法例」は，主としてドイツの立法を範にとり，明治31年に法律第10号として公布され，同年7月16日に施行された。

その後，平成元年には「法例の一部を改正する法律」が成立し，平成2年1月1日から施行された。この平成元年改正は婚姻と親子関係を中心とし，総則にまで及ぶ大改正であった。平成11年には，禁治産・準禁治産の廃止，成年後見制度の導入等の改正が行われた。

さらに平成18年6月15日に，「法例」を全面改正して，通則法が成立し，平成19年1月1日から施行された。全体を口語化したほか，とくに契約，不法行為について大きな改正が加えられた。 設例1－1 では，国際契約の準拠法について定めた通則法7条等の規定の適用が問題となる。

国内法としては，通則法のほか，民法（3条・35条・741条・801条），

会社法（817条・818条）にも国際私法の関連規定が散在している（条約を国内法化したものについては後述）。

国際私法の統一

　国際私法の規律対象が国際的私法生活関係であるにもかかわらず，それを規律する役割を担う国際私法は，現実には各国の国内法として存在している。そのため各国国際私法間に不統一が生じることは避けられない。その結果どこの国の裁判所に訴訟が提起されるかによって国際私法が異なり，したがって最終的に適用される法も異なってくる。これでは判決の国際的調和が達成されない。そこで各国の国際私法を統一する必要があり，このため国際私法の統一運動が積極的に展開されてきた。

ハーグ国際私法条約

　国際私法の世界的な統一の母体として最も重要なのはハーグ国際私法会議である。1893年に，オランダ政府の発議により，ヨーロッパ諸国の代表がハーグに集まって国際私法の統一のための会議を開いたのが最初である。このハーグ国際私法会議は，その後，中断はあったものの，現在では原則として4年ごとに1回通常会期を開く。構成国はヨーロッパが中心であるが，日本，米国，カナダ，エジプト，ベエネズエラなども加盟している。

　この会議で採択された条約はハーグ国際私法条約と呼ばれ，きわめて多数にのぼる。法選択の分野でわが国が批准したのは，①子に対する扶養義務の準拠法に関する条約（1956年），②遺言の方式に関する法律の抵触に関する条約（1961年），③扶養義務の準拠法に関する条約（1973年）である。批准に伴い，②の条約については，特別

法として「遺言の方式の準拠法に関する法律」を，③の条約については，「扶養義務の準拠法に関する法律」を制定した。

　ハーグ条約以外の国際私法統一条約で，わが国が批准しているのは，①為替手形及び約束手形に関する法律の抵触を解決するための条約 (1930年)，②小切手に関する法律の抵触を解決するための条約 (1931年) である。①の条約は手形法附則88条以下に，②の条約は，小切手法附則76条以下に取り入れられている。

3　国際民事手続法

国際民事手続法とは

　国際的な民事事件が裁判所に提起された場合に，どこの国の法律を適用するかという法選択の問題のほかに， 設例1-2 のように，日本の裁判所がその国際的な事件を裁判する権限を有するかという国際裁判管轄の問題や， 設例1-3 のように，外国の判決が日本において有効に認められるか，認められるとしてその要件はなにかという外国判決の承認・執行の問題がある。

　国際私法が実体的な側面についての準拠法を定める法であるのに対して，国際民事手続法は国際的な民事事件の手続的な側面を規律する法である。ほかに国際民事手続法の対象となる事項としては，国際的な民事事件における当事者・送達・証拠調べ，国際仲裁などの問題がある。詳しくは，第 *15* 章〜第 *19* 章参照。

国　内　法

　国際的な民事事件の手続的側面を規律する，世界的に統一された法は存在しない。特定の事項について条約が締結されている場合を除けば，国際民事事件の手続を規律するのは各国の国内法である。

日本における国内法としては，民事訴訟法（3条の2～3条の12・33条・75条・108条・118条・184条・228条など），通則法に管轄に関する一部規定（5条・6条），外国等に対する我が国の民事裁判権に関する法律があるほか，民事執行法（22条・24条），外国裁判所ノ嘱託ニ因ル共助法，破産法（3条・4条），外国倒産処理手続に関する法律，仲裁法などがある。 設例1-3 の外国判決の承認については，民事訴訟法118条に関連規定がある。明文の規定がない場合には，国内規定の類推解釈や条理が重要となる。なお， 設例1-2 のような，国際裁判管轄の問題については，かつては明文の規定がなく，判例が法源的な役割を果たしてきたが，平成23年の民事訴訟法及び民事保全法の一部を改正する法律により，日本の裁判所の管轄権についての明文の規定が設けられた（民訴法3条の2～3条の12）。詳しくは，第 *15* 章を参照。また，家族法の領域では，平成30年の人事訴訟法等の一部を改正する法律（平成31年施行）により，人事訴訟事件および家事事件に関する日本の裁判所の管轄権と外国裁判の承認についての明文の規定が設けられた（人訴法3条の2～3条の5，家事法3条の2～3条の15・79条の2）。詳しくは，第 *18* 章を参照。

国 際 条 約

　国際民事手続法に関するハーグ条約としては，わが国は，①民事訴訟手続に関する条約（1954年），②外国公文書の認証を不要とする条約（1961年），③民事又は商事に関する裁判上及び裁判外の文書の外国における送達及び告知に関する条約（1965年）を批准した。そして①③の批准に伴い，「民事訴訟手続に関する条約等の実施に伴う民事訴訟手続の特例等に関する法律」を制定した。

　また，家族法の領域のハーグ条約としては，④国際的な子の奪取

の民事上の側面に関する条約（1980年）を受諾し，これに伴い，「国際的な子の奪取の民事上の側面に関する条約の実施に関する法律」を制定した。

国際連盟，国際連合関係の国際民事訴訟法に関する条約としては，①仲裁条項に関する議定書（1923年），②外国仲裁判断の執行に関する条約（1927年），③外国仲裁判断の承認及び執行に関する条約（1958年），④国家と他の国家の国民との間の投資紛争の解決に関する条約（1965年）がある。

これ以外の国際条約にも国際民事手続に関する条項を含むものがある（例えば1999年の「国際航空運送についてのある規則の統一に関する条約」[モントリオール条約]，1992年の「油による汚染損害についての民事責任に関する国際条約」など）。

4 国際取引法

国際取引法とは

国際取引法は新しい法分野であり，またその名を冠した法典もないことなどから，その定義，範囲について意見は一致しないが，ここでは広く，「国際取引法とは，国際取引，すなわち，国境をこえた物品・資金・技術の移転，役務の提供から生じる法律問題を規律する法をいう」と定義しておく。

国際取引法が独立した法分野として研究・教育されるようになったのは，国際取引が活発化，複雑化するにつれて，そこから生じる法律問題を，すでに確立されたいくつもの法分野にまたがって総合的に考察する必要が生じたからである。したがって国際取引法は，その発生の起源からいっても，既存の多様な法体系の寄せ集めの性格をもっている。詳しくは，第**20**章参照。

国際取引法の範囲

　上のように国際取引法を定義すると，国際私法と国際民事手続法も国際取引法の一部となる。しかし，本書では第**2**章～第**14**章までが国際私法，第**15**章～第**19**章までが国際民事手続法を取り扱うから，本書の対象とする国際取引法（第**20**章～第**23**章）からは，原則として国際私法と国際民事手続法の問題は除外される。

　本書では，またスペースも限られている関係上，最も典型的な国際取引である売買（ 設例1-4 ）を中心に，それと関連する範囲で運送，支払の問題を取り上げる。具体的には， 設例1-4 で問題となっているインコタームズのほか，国際海上物品運送法，信用状統一規則や国際物品売買契約に関する国連条約（CISG）などを取り扱う。

第 **2** 節　国際関係私法の学び方

1　なぜ国際関係私法を学ぶのか

グローバル社会に必要な常識と問題解決能力を身につける

　国際関係私法を学ぶと，グローバル社会に生きる市民の常識と問題解決能力を身につけることができる。国境をこえた取引や婚姻，養子縁組が増加するにつれて， 設例1-1 ～ 設例1-4 でみたような様々な紛争が生じてきている。そのような紛争を事前に予防し，紛争が生じたときにこれを適切に解決する能力を身につけることは，グローバル社会における市民にとって必要な常識である。例えば国際関係私法を学ぶ者は，その学習を通じて夫婦や親子として，ある

いは消費者，労働者として，国際的な場面で自分の身を守る力を修得することができるのである。

幅広く法律を学ぶことの面白さが分かる

国際関係私法を学ぶと，隣接分野の私法を理解しやすく，またその理解が深まる。国際関係私法は民事法の広い分野を対象とするから，国際関係私法を学ぶことは，同時に民法・商法・民事訴訟法などの民事法の主要領域の知識や考え方を修得することができることになり，隣接私法の予習，復習にもつながる。つまり，国際関係私法を学ぶことによって，隣接分野と関連づけて幅広く，総合的に法律を学ぶことの必要性とその面白さが分かる。

プロフェッショナルへの道が拓ける

もっと積極的に国際関係私法を学んで，国際弁護士や企業の国際法務担当者などのプロフェッショナルになることも国際関係私法を学ぶための動機や目標となるであろう。司法試験の「国際関係法（私法系）」の学習にとっても最適であり，本書がプロフェッショナルのキャリア形成支援のきっかけとなることを期待したい。

国際関係私法を学ぶためには，外国語や外国法の知識は必要であろうか。その点を懸念する学生が多いかもしれない。たしかに国際弁護士などのプロフェッショナルには，それらの知識は必要不可欠であるが，一般的には，外国語や外国法の知識はなくとも国際関係私法の勉強は十分に可能である。本書はそのような点に注意して書かれている。しかしそれらが分かっているとさらに有利であることは間違いないから，外国語や外国法の勉強には余裕があれば挑戦してほしい。

2 どのように国際関係私法を学ぶか

本書を使って国際関係私法を学ぶ場合に注意すべきことはなにか。

設例でイメージをつかむ

まず大切なことは，ここでなにが問題となっているか，なにを解決しようとしているのかを，具体的な設例を通じて理解することである。そのため本書では多くの節のはじめに設例を挙げている。国際関係私法の問題は，日頃あまり経験，意識していないことが問題となることが多い。そこでまず，これから学ぼうとしているのはどのような問題かを設例を通じてつかむことが有用である。まず，なにが問題かを発見する。どのように解決するかは，その後の問題である。

基本的な考え方を理解する

国際関係私法上の問題を解決するには，その基本的な考え方をよく理解することが必要である。そして，大事な部分はどこかに注意する。国際私法でそれらに当たるのは，まず通則法の個々の条文であり，その法選択規則の基礎にある目的・価値であり，法選択規則の構造である。これらの基本を理解することなしには，個々の問題を適切に解決できないであろう。基本に立ち返って考えることが大切である。

考えながら読む

本を読むときは，なぜそうなるかを考えながら読む。立法の趣旨はなにか，なぜ学説・判例が対立するか，対立の実際的な結果がど

うなるかを考えながら読む。なぜそうなるかを考えながら読むことは，物事を批判的に考え，新しい問題の発見につながることになる。

よく理解できないときは

　本を読んでもよく分からないときはどうするか。まず本書の索引や目次を利用してほかの箇所を読む。次に国際関係私法は，民商法や訴訟法など隣接分野の理解が前提となっていることが多いから，民法などの本を読むか，あるいは法学辞典などの辞典類を引く。法律の勉強は，外国語や古文の勉強と同じだと思って，法学辞典を積極的に使ってほしい。また同じ講義を受けている友人と議論したり，先生に質問することも疑問を解消するいい方法である。

さらに究めたい人は

　『国際関係私法入門』を卒業し，さらに勉強したり，プロフェッショナルの道を切り拓きたい人は，「主要文献目録」に載せた本格的な体系書や専門書に挑戦し，その道を究めてほしい。

第1編　国 際 私 法

　第 *1* 章で述べたとおり，法の内容は国ごとに異なっており，国際契約や国際結婚などの複数の国に関連する私人間の生活関係について，これを規律する全世界共通の法は存在しない。そのため，国ごとに法内容が異なるという現実を前提とした上で，いずれかの国の法を適用することによって国際的な私人間の法律関係を規律するという方法が，原則的な方法として広く認められている。これが国際私法による法的規律である。第 1 編では，国際私法の総論上の諸問題（第 *2* 章〜第 *4* 章）に触れた後，財産法分野（第 *5* 章〜第 *9* 章）および家族法分野（第 *10* 章〜第 *14* 章）のそれぞれについて，国際私法上の個別の問題を検討する。

第**2**章　法選択規則

本章では，国際私法を理解するための基礎的な事項について解説する。とくに，①国際私法の規律対象は国際的私法生活関係であること，②国際私法は，法選択規則によっていずれかの国の法を準拠法として指定し，国際的私法生活関係に対して準拠法を適用するという間接的な規律方法をとっていることを説明する。また，法選択規則の構造や基礎にある考え方についても検討する。

設例2-1

日本法人 X と S 国法人 Y は，S 国産赤ワインの売買契約を締結した。X が本件商品を受け取って検査したところ，品質に劣化が認められた。X は Y に対して契約解除，代替品の引渡し，代金減額，損害賠償などを請求しようと考えている。X の請求が認められるかどうかは，どの国の法によって判断されるか。

設例2-2

日本に住所を有する S 国人 A 男が死亡した。A には，S 国人妻 X 女との間に S 国人子 Y 男と，日本人 B 女との間に婚外子である日本人子 Z 女がいる。A の遺産相続の問題は，どの国の法によって判断されるか。

1 国際的私法生活関係の法的規律

国際的私法生活関係とは

　設例2-1 や 設例2-2 に登場する売買契約や相続などは，日本だけでなくS国にも関連している。このように，複数の国に関連する私人間の法律関係を「国際的私法生活関係」という（渉外的私法関係，渉外的法律関係，渉外的生活関係ともいう）。国際私法は，この国際的私法生活関係を規律対象とする。この点で国際私法は，主に国家間の公的関係の規律を目的とする国際（公）法とは，同じ「国際」の名がつく法であるが，全く異なる法である。

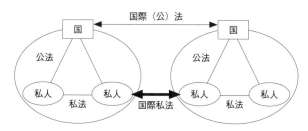

国際的私法生活関係と国内的私法生活関係との違い

　国際的私法生活関係は，日本国内だけにしか関連しない「国内的私法生活関係」とは異なる特殊性をもつ。国内的私法生活関係については，関連する国は日本だけであるため，当然に日本法（民法など）だけが適用される。これに対し，国際的私法生活関係については，日本だけでなく外国にも関連しており，しかも国ごとに法内容が異なるため，常に日本法を適用してよいかという問題が生ずる。

国際的私法生活関係にも日本法を常に適用すべきか

国際的私法生活関係について，常に日本法を適用することは妥当でない。例えば 設例2-1 で，Xが日本の裁判所に損害賠償などを求める訴えを提起した場合を考えてみる。日本法の適用は，日本法人Xにとっては問題ないといえるかもしれないが，S国法人Yにとって，日本法は親しみのない法であって，日本法の適用を予見していたかどうか疑わしい場合もある。日本法の適用は，当事者間の公平の点からみて問題である。また，日本の裁判所は常に日本法を適用するとの考え方を一般化すれば，裁判所などで問題が起きている国（法廷地国）の法を常に絶対的に適用することにつながる（絶対的な法廷地法主義）。そうすると結局，法廷地国が日本ならば日本法が適用され，法廷地国がS国ならばS国法が適用されることとなり，日本法とS国法の内容が異なれば，どの国で問題が取り扱われるかによって最終的な結論，すなわちXの請求が認められるかどうかが異なってくる。しかし，国ごとに異なる結論（＝不均衡な私法関係）が発生することは，X・Yの当事者双方にとっても不都合であり，法秩序の安定という観点からも好ましいことではない。

国際的私法生活関係の法的規律の方法

このような不均衡な私法関係の発生は，①国によって法が異なり，その法内容が相違・抵触している（＝「法の抵触」がある）にもかかわらず，②常に自国法（法廷地法）を適用することに，大きな原因がある。したがって，その根本的な解決策は，①の「法の抵触」を解消すること，すなわち各国の法を統一することか（条約による私法の統一に関しては，第**20**章第**2**節参照），②の絶対的な法廷地法主義をやめ，自国法だけでなく外国法の適用可能性を認めることである。

しかし，①の完全な法統一については，各国の文化・宗教・歴史等の事情が大きく異なるという国際社会の現実をみれば，近い将来における実現は無理である。また，文化等の多様性という観点から，むしろ法統一が望ましくない法分野もあろう。したがって，現在のところ，法の抵触を前提とした上で，②の外国法の適用可能性を認めることが現実的な解決策であると一般に考えられている。これが，国際私法による法的規律の方法であり，問題となっている国際的私法生活関係に「最も密接な関係」を有するいずれかの国の法を選択して適用するという方法を国際私法は採用する。 設例 2 - 1 でいえば，X・Y 間の契約に最も密接な関係を有する国（日本と S 国のいずれかになろう）の法を選択して適用することになる。そして，この最密接関係国を判断する基準（すなわち国際私法）が各国で同じであれば，いずれの国が法廷地となっても，同一の法が選択・適用されるので，同一の結論に達すること（判決の国際的な調和，第 **2** 節 1 参照）が可能となる。

国際私法・抵触法と準拠法・実質法

　「国際私法」とは，国際的私法生活関係に対してどこの国の法を適用するかを決定する法である。国際私法は，法の抵触から生ずる問題を解決する法であることから，「抵触法」とも呼ばれる。そして，国際私法の個々の規則は，国際私法規則，法選択規則，あるいは抵触規則と呼ばれる。

　国際私法によって指定され，適用される法を「準拠法」という。この準拠法の決定が国際私法の中心問題である。そして，準拠法として指定・適用される対象となる法を「実質法」という。実質法は，私法関係を「直接」的に規律する法であり，各国の民法・商法など

の実体法が中心である。これに対して，国際私法は準拠実質法（準拠法である実質法）を通じて「間接」的に国際的私法生活関係を規律するものである。 設例 2 - 1 で，国際私法が行うことは，例えばS国法を準拠法と選択することに尽きる。Xの請求が認められるかどうかの最終的な結論は，S国の民法・商法などが適用されて決まる。このように，国際私法が，準拠法を間に挟んで国際的私法生活関係を規律することを，国際私法の間接規律性と呼ぶ。

国際私法 (法選択規則) 　指定　→　準拠法 (実質法) (外国法または日本法)　規律　→　国際的私法生活関係

国際私法の法源

　第 1 章第 1 節 2 で述べたとおり，日本法の国際私法の大部分は，通則法 4 条以下のほか，扶養義務の準拠法に関する法律，遺言の方式の準拠法に関する法律などの制定法に規定されている。これら以外に，裁判の進め方などの手続に関する「手続は法廷地法による」の原則（第 16 章第 1 節を参照）など，制定法上に規定のない不文の法選択規則も，判例・学説上，一般に認められている。

2　法選択規則の構造

法選択規則の基本構造

　法選択規則は，通常，準拠法を指定する単位である「単位法律関係」の部分と，「連結点」によって準拠法を指定する部分からできている。例えば，「法律行為の成立及び効力は，当事者が当該法律行為の当時に選択した地の法による」（7 条）という規則では，「法律行為の成立及び効力」が単位法律関係であり，「当事者が……選

択した地」が連結点であって，「当事者が……選択した地の法」が準拠法となる。また，「相続は，被相続人の本国法による」（36条）という規則では，「相続」が単位法律関係，「被相続人の本国」（＝国籍の所属国）が連結点で，「被相続人の本国法」が準拠法となる。

単位法律関係	連結点	準拠法
（例）相続	本国（＝国籍）	本国法

「相続は，被相続人の本国法による」（36条）

単位法律関係の設定

　国際私法は，国際的私法生活関係をいくつかの単位法律関係（法律行為，物権，不法行為，婚姻，養子縁組，相続など）に切り分けた上で，各々の単位法律関係ごとに法選択規則を定め，その単位法律関係に適切な連結点を定めている。個々の法選択規則において立法者が単位法律関係をどのように設定するかは，同一の連結点を利用すべき適切な私法関係（事項・問題）はなにかという法政策上の判断による。単位法律関係の解釈は，「法律関係の性質決定」と呼ばれる問題の一過程であり，適用すべき法選択規則の決定にかかわる重要な問題である（第**3**章第**1**節で詳細に検討する）。

連結点の採用

　連結点は，単位法律関係を準拠法に連結するための媒介要素であり，準拠法指定において決定的な役割を果たす。連結点は，いわば法選択規則の心臓部である。個々の法選択規則においてどのような連結点を採用するかは，その単位法律関係の準拠法としてどの法が適切かという立法者の法政策的な判断に基づくものである。

法選択規則における連結方法

　法選択規則が採用する連結点は，１つの場合もあれば複数の場合もある。法選択規則における連結方法，すなわち連結点の採用方法には，①単純連結，②配分的連結，③段階的連結，④選択的連結，⑤累積的連結などがある（「連結」の語に代えて，例えば配分的「適用」ともいう）。

　①　単純連結　　単純連結は，連結点を１つだけ採用する方法である。例えば，「相続は，被相続人の本国法による」(36条) という規則は，「被相続人の本国」という単一の連結点のみを利用している。単純連結は，単位法律関係において最も密接な関係を有する要素（＝最密接関係地）が明確な場合に用いられる。36条についていえば，立法者は，相続の問題については被相続人の本国が最も密接に関連するものと判断したといえよう。

　②　配分的連結　　配分的連結は，単位法律関係を複数の部分に分けた上で，各々について１つの連結点を定めるものである。例えば，「婚姻の成立は，各当事者につき，その本国法による」(24条１項) という規則は，「婚姻の（実質的）成立」という単位法律関係を，妻となる者の要件と夫となる者の要件とに分けた上で，各々についてその国籍を連結点として採用する。配分的連結は，単位法律関係の部分ごとに最密接関係地の法を準拠法とする点では単純連結と同様であるが，複数の準拠法を適用するため，結果的に後述する累積的連結と同様に法律関係の成立などを困難にすることもある。

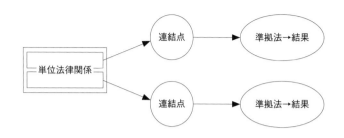

③　段階的連結　　段階的連結は，複数の連結点を順序づけて定めた上で，第1の連結点が存在しない場合には次順位の連結点に移って準拠法を指定するという方法である。例えば，「婚姻の効力は，夫婦の本国法が同一であるときはその法により，その法がない場合において夫婦の常居所地法が同一であるときはその法により，そのいずれの法もないときは夫婦に最も密接な関係がある地の法による」(25条)などがその例である。段階的連結は，実質的には，単位法律関係を類型化した上で，個々の類型ごとに準拠法を指定することになる。25条に即していえば，同国籍の夫婦には本国法，異国籍の夫婦には原則として常居所地法を準拠法と指定する結果となっている。段階的連結も，類型ごとに最密接関係地の法を準拠法とする点では単純連結と親和的な連結方法である。

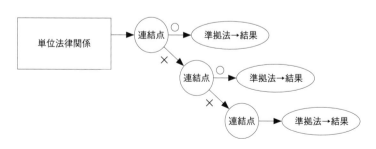

④　選択的連結　　選択的連結は，複数の連結点を定めた上で，指定された複数の準拠法上のいずれかを択一的に適用するという方法である（択一的連結ともいう）。法律関係の成立を容易にする場合などに用いられる。例えば，「①法律行為の方式は，当該法律行為の成立について適用すべき法……による。②前項の規定にかかわらず，行為地法に適合する方式は，有効とする」（10条1項・2項）との規定である。この規定によれば，法律行為の方式は，法律行為の成立の準拠法か行為地法のいずれかに適合していれば，有効とされることになる。選択的連結は，密接な関係を有する地が「複数」あることを前提とし，単純連結とは異なり，「最も」密接な関係を有する地への連結を断念しているといえよう。

⑤　累積的連結　　累積的連結は，複数の連結点により指定される準拠法を重畳的に適用するという方法である。選択的連結とは逆に，法律関係の成立を慎重にする場合などに用いられる。例えば，「養子縁組は，縁組の当時における養親となるべき者の本国法による。この場合において，養子となるべき者の本国法によればその者若しくは第三者の承諾若しくは同意又は公的機関の許可その他の処分があることが養子縁組の成立の要件であるときは，その要件をも備えなければならない」（31条1項）との規定である。この規定によれば，養子の承諾などの要件については，養親となる者の本国法上の要件だけでなく，養子となる者の本国法に定める要件も満たす必要がある。累積的連結も，選択的連結と同様，「最も」密接な関係を有する地への連結を断念しているといえよう。

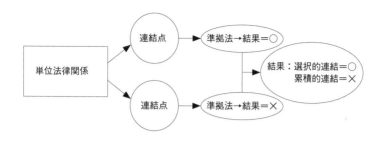

1 法選択規則の目的

国際私法上の正義

　法選択規則の目的は，国際的私法生活関係の適正な法的規律である。国際私法上の正義の実現ともいえよう。国際私法上の正義をどのような内容のものとして把握するかは，連結点や単位法律関係の採用・理解など，法選択規則の立法・解釈に大きな影響を与える。一般に，法選択規則の立法および解釈において，国際私法上の正義の内容として次の諸要素が考慮される。

　①　法的確実性と具体的妥当性のバランス　　第1に，国際私法も「法」であるため，法的確実性（法的安定性）と具体的妥当性との間の適正なバランスに考慮が払われる。法的確実性を確保するためには，予見可能性が高く，適用が容易で，明確な法選択規則であることが望ましい。実際，通則法4条以下の法選択規定の大部分は，明確な連結点を利用しており，適用が容易な規則である。他方で，過度に明確で硬直的な規則は，個々の事案において具体的に妥当な

準拠法決定を困難にする。そこで一定の柔軟性の確保も必要となる。通則法においても，例えば，「密接な関係がある地」（8条1項・15条・20条・25条など）という，個々の事案に応じた様々な要素の考慮を可能とする連結点を補完的に採用する規定が置かれている。また，第 *4* 章第 *2* 節で後述する公序の規定（42条）も，個々の事案に応じて妥当な準拠法決定・結論を実現するための役割を果たす。

② 私人間の利益のバランス　第2に，国際私法も私法関係を規律対象とする「私法」であるため，関係する私人間の利益の適正な調整に考慮が払われる。ただし，注意すべきなのは，私人の「国際私法上の利益」とは，準拠法決定の平面における利益であって，準拠（実質）法適用の平面における私人の利益（実質法上の利益）とは区別される点である。国際私法上の私人の利益とは，「その私人にとって予見可能で（最も）密接な法を準拠法とすること」である。例えば，囲設例 2 - 1 の事案で，日本法を適用すると X の請求が認められない（＝ X の実質法上の利益に反する）結果になるとしても，日本法が準拠法になること自体は，日本法人 X の国際私法上の利益に適うとされる。

このような私人間の国際私法上の利益の調整という観点から，一般の契約や夫婦関係など，当事者が対等・平等とされる法律関係については，当事者双方にとって等しく密接で中立的な法が準拠法とされる（7条や25条以下など）。これに対して，消費者契約や親子関係など，当事者間に実質的な力の差がある場合には，弱者の保護の観点から，弱者（消費者や子）にとって一層密接な法が準拠法とされることもある（11条や32条など）。

③ 自国および関連国の利害関係　第3に，国際私法も国際的な関係を規律対象とする「国際」関係法であるため，事案に関連す

る諸国の公益にも考慮が払われる。例えば，年齢に基づく行為能力の制限の問題について，法律行為を行った地（行為地）の法の適用を定める規定（4条2項）は，行為地国の取引秩序の維持を考慮したものである。物権等の問題について，目的物の所在地法を準拠法とする規定（13条）も，所在地国における取引の安全という公益を尊重したものである。また，婚姻の方式や離婚について，日本の戸籍制度に配慮して，日本人に限って特別に日本法を優先的に準拠法とする規定（24条3項ただし書，27条ただし書など）や，不法行為について日本法の累積的適用を定める規定（22条）は，日本の公益を優先したものである。公序の規定（42条）も，個別の事案について日本の公益を優先するものである。

④　国際私法生活の安全確保＝判決の国際的調和　　第4に，「国際私法」の存在意義は，国によって法内容が異なることを前提に，国際的な私法生活の安全を確保することにある。例えば，同一の男女が，日本では有効な婚姻で夫婦とされるのに対して，S国では婚姻が無効で夫婦とはされないとすれば，私人は安心して国際的な生活を送ることができない。国際私法生活の安全確保のためには，同一の国際的私法生活関係について，どの国においても同一の扱いがなされること（不均衡な法律関係の発生防止）が求められ，したがって，どの国においても同一の法が準拠法とされること（判決の国際的な調和）が重要である。

　国際的な判決調和を完全に達成するためには各国の国際私法を統一するほかない。前述のとおり，ハーグ国際私法会議を中心に，国際私法統一の試みがなされている（第*1*章第**1**節**2**を参照）。しかし他方で，各国の個別の努力も可能である。例えば，法選択規則の立法や解釈の際に諸外国の国際私法の内容との調和を考慮することもそ

の一方法である。また，後述する反致（41条）もその努力の表れの
1つと評価できよう（第3章第4節を参照）。

2 最密接関係地法の原則

法律関係本拠説の立場

以上の考慮要素のうち，どの要素を重視するかによって国際私法
の基本的立場は分かれる。わが国の通説は，ヨーロッパ大陸諸国の
伝統的な国際私法学説（法律関係本拠説）に従い，とくに国際的な判
決調和と法的確実性を重視する。法律関係本拠説は，各国が法律関
係の本拠地（＝最も密接な関係を有する地）の法を準拠法とすれば，
どの国でも同一の法が適用され，判決の国際的調和が達成されると
考える。この法律関係本拠説の立場からは，①法律関係の類型（単
位法律関係）に応じて，最も密接な関係を有する地ないし本拠地を
探求することが原則とされ（最密接関係地法の原則），そして②法的
確実性を高めるために，個々の類型に応じた最密接関係地を具体的
かつ明確にした規則を導き出すことが国際私法の基本的課題とされ
る。したがって，法律関係本拠説が前提とする典型的な法選択規則
は，単位法律関係ごとに最密接関係地と考えられる具体的な要素を
単一の連結点として採用した，明確な単純連結の規則となる。

最密接関係地法の原則と内外法の平等

法律関係本拠説における最密接関係地の具体化・明確化の作業は，
国際的な判決調和の目的に照らし，いずれの国においても同一の地
が最密接関係地となるよう，特定の価値観から切り離され，客観的
に行われるべきものとされる。あたかも超国家的な立法機関・裁判
機関のように，内国法（自国法）と外国法の対等性・平等性（内外法

の平等）を認めた上で，自国や特定の国が採用する実質法上の価値に与することなく（＝価値中立的に），最密接関係地の探究とその具体化・明確化の作業が行われる。

国際私法と実質法の峻別

　内外法の平等，価値中立を前提とする法律関係本拠説は，法選択規則の定立のみならず，その解釈・適用の過程においても特定の実質法上の価値の考慮を認めない傾向をもつことになる。また，準拠外国法の適用結果が自国実質法の適用結果と異なることは当然とされるため，公序の規定（42条）に基づく準拠外国法の適用排除はあくまでも例外であるとされる（第4章第2節参照）。このように，法律関係本拠説は，国際私法と実質法とは次元・平面の違うものであって，明確に峻別されなければならないと主張する。

> ### コラム2-①
>
> #### 国際私法の歴史
>
> 　国際私法の始まりは，13〜14世紀の北イタリアで商業都市が固有の法規（条例，スタチュータという）をもち，都市間の交流の活発化に伴って，いずれの都市の法規を適用するかという問題が発生したことにあるといわれている。国際私法の祖と呼ばれるバルトルス（Bartolus de Saxoferrato）は，各法規を人に関する法（人法）と物に関する法（物法）に分類し，人法は人に追随して領域外でも適用され，物法には属地的な効力のみを認めた。この考え方が，法規分類説（法則区別説，条例理論，スタチュータの理論とも呼ばれる）である。法規分類説の基本的な考え方は，人法と物法の区別の基準や外国法を適用する根拠などについての批判を受けつつも，長い間，国際私法の支配的な理論であった。
>
> 　しかし，19世紀中頃，ドイツのサヴィニー（Friedrich Carl von Savigny）は，キリスト教およびローマ法の共通性を有するヨーロッパ諸国

による国際法的共同体を基礎として，法律関係の本拠の法を準拠法とする普遍的な国際私法理論（法律関係本拠説）を主張した。法律関係本拠説は，法規ではなく法律関係から出発する点で，法規分類説とは全く逆のアプローチであり，実質法と国際私法を峻別するものであった。その後，法律関係本拠説は広い支持を集め，ヨーロッパ大陸諸国をはじめとして，多くの国において国際私法学説の主流として現代にいたっている。

3　実質法上の価値や準拠法の適用結果の考慮

実質法上の一定の価値を促進する規定

　通則法の定める法選択規定においても，通説の支持する法律関係本拠説の立場が基調とされている。しかし他方で，近時，以下のような実質法上の一定の価値を促進する規定も増えつつある。

　①　選択的連結と累積的連結の規定　　その1は，選択的連結や累積的連結の規定である。前述のとおり，選択的連結は法律関係の成立などを容易に，累積的連結はその成立などを困難・慎重にするものであり，一定の実質法上の価値を促進するものであって価値中立的な規定ではない。子の保護や法律行為の有効視など，諸国の実質法上，比較的広く承認されている法政策（実質法上の価値）が，国際私法上の正義に昇華されたものととらえることも可能であろう。

　②　当事者自治を認める規定　　その2は，当事者による準拠法の選択（当事者自治）を認める規定である（7条・9条・16条・21条・26条2項）。法律関係の場所的本拠を客観的に探求すべしとする法律関係本拠説は，本来，当事者自治を認めない。当事者自治が認められている理由の1つは，その対象とされている法律関係が，諸国の実質法上，当事者による任意処分が許容される法律関係だからであり，ここでも実質法的正義の抵触法的正義への反映が認められる。

③　弱者保護のために当事者の一方を優遇する規定　　その３は，さらに進んで，一方当事者のみに準拠法の選択を認める規定である。例えば，消費者契約や労働契約については，当事者による準拠法選択がある場合，弱者である消費者・労働者にのみ特定の法の強行規定の適用を主張することを認めている（11条１項・12条１項）。その結果，消費者・労働者は自己に有利な法を選択することができる。これは明らかに実質法上の消費者保護・労働者保護の実現を目的とする規定であり，法律関係本拠説の前提とは相容れないものである。

コラム２−②

米国における抵触法革命

　米国においても，当初は，明確なルールによって準拠法を決定するという伝統的な法選択規則が支持を集めていた。しかし，概念的な発想ではなく現実的な対応を求めるリーガル・リアリズムの影響もあり，20世紀半ば，伝統的な法選択規則では，具体的事案において妥当な結論を導くことができないとの批判が強くなった。むしろ各事案の争点ごとに関連諸国の実質法の内容や法目的を考慮した上で法適用の利益が最大で適切な結果を導く法を準拠法とすべきとの新たな方法論が提唱され，ニューヨーク州などの有力な州の裁判所もこのような方法論を受け容れたため，この新たな方法論が有力となった。これが米国の抵触法革命である。

　抵触法革命は，契約と不法行為の分野で広がりをみせたが，他の分野には十分に波及していない。米国以外の諸国に「直接」の影響を与えたわけでもない。しかし，他国の国際私法学者の中には，米国の抵触法革命学説が指摘した伝統的な法選択規則の問題点を真摯に受け止め，伝統的な枠組みの中で改良策等のアイデアを主張する者もみられた。伝統的な国際私法に対する米国の抵触法革命の影響を過小評価すべきではない。

第*3*章　準拠法の決定

　第*3*章と第*4*章では，法選択規則による準拠法の決定と適用のプロセスで発生する様々な問題のうち，通則法4条〜37条の各論規則に共通して発生する総論的問題を検討する。まず本章では，法律関係の性質決定（第**1**節），連結点（第**2**節），不統一法国（第**3**節）および反致（第**4**節）を取り上げる。総論的問題に関しては38条以下に規定があるが，これらは扶養義務と遺言の方式には原則として適用されない（43条）。特別法にある総論規定（扶養義務の準拠法に関する法律7条等）は，別の章でそれぞれ検討される（第*13*章第**3**節と第*14*章第**2**節3参照）。

第1節　法律関係の性質決定

設例3-1

　S国に常居所を有する17歳のS国人Xが，日本を旅行中に，日本の電器店Yでノートパソコンを買った（売買契約については，X・Y間で日本法を準拠法として選択する合意がある）。しかし翌日，XがYに来店し，「自分は日本の民法4条によれば未成年者なので，契約を取り消して返品するから代金を返してほしい」と告げた。この取消しは認められるか。S国法では，成年年齢は17歳である。

1 法律関係の性質決定とは

準拠法決定の出発点

　準拠法を決定するときの最初の問題は，目の前にある具体的な国際的私法生活上の問題が，様々な法選択規則中のどの単位法律関係（第2章第1節2参照）に該当するかである。例えば 設例3-1 の「契約の取消しにかかわる成年年齢は何歳か」の問題は，通則法4条の「人の行為能力」という単位法律関係に該当するのか，それとも，契約の有効性に関する7条以下の「法律行為の成立」に該当するのか。これが法律関係の性質決定（法性決定）の問題であり，この結果，適用すべき法選択規則が何条かが定まり，次に連結点の確定（第2節）に進むことになる。法性決定は，法選択規則の側からみると，各規則中の「人の行為能力」などの単位法律関係がどのような問題をその中に含む概念であるかの問題でもある。法性決定によって個々の単位法律関係の内容が決まれば，各法選択規則がカバーする事項的適用範囲が画定されることになる。

法性決定の重要性

　法性決定は，その結果によって準拠法，ひいては事件の結論が異なる可能性があるので，出発点として重要である。 設例3-1 では，契約の取消しにかかわる成年年齢が「人の行為能力」の問題とされるなら4条1項によりXの本国法，つまりS国法が準拠法になり，17歳になっているXは契約を取り消せない。他方「法律行為の成立」の問題とされれば，7条によりXとYが選択した地の法，つまり日本法が準拠法になり，民法4条の成年年齢に達していないXは契約の取消しができることになる。

2 法性決定の基準

準拠法説と法廷地法説

　法性決定がどのような基準に従って行われるべきかについて，通則法には条文がなく，解釈に委ねられている。かつては，選択される予定の準拠実質法上の概念に従うという準拠法説や，法廷地の実質法上の概念によるという法廷地法説があった。しかし前者には，法性決定の後で決まるはずの準拠法を基準に法性決定をするのは論理的に誤りであるとの批判が，また後者には，法廷地法にない法的問題（例えば日本法には法規定がない「別居」）の法性決定ができないなどの批判がそれぞれあった。

国際私法自体説

　実のところ，準拠法説も法廷地法説も，法性決定をどこかの国の実質法に従って行おうとするところに決定的な問題があるといえる。というのは，国際私法は日本法やＳ国法といった

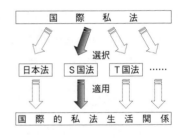

各国実質法の上位のレベルにあって，国際私法上の単位法律関係は，どこか一国でなく各国すべての実質法に対応できる概念として構成される必要があるからである。よって，現在では法性決定は，法選択規則を構成する法律概念の解釈問題であり，どこかの国の実質法上の概念に従わせるべきでないとの理由から，法廷地の国際私法独自に行うべきであるとする説が通説・判例である。

　しかし，国際私法自体で法性決定を行うといっても，具体的にど

のように行うかの問題が残る。「行為能力」等について各国法を比較して決まる概念を使うやり方（比較法的手法）もあるが，実行は難しい。実際には，様々な要素・利益を考慮して，その法選択規則の目的・趣旨に従って行うこと（利益衡量的手法）が現実的である。考慮される事柄としては，①当該単位法律関係の本質的性質や，②他の単位法律関係の守備範囲，③当該法選択規則で用いられている連結政策，④外国の国際私法や条約における法性決定の例のほか，⑤比較法の成果などが考えられる。この見解は，法廷地である日本の民商法上の概念を一応の出発点として，これを諸利益の衡量により適宜修正することも受け入れるものである。裁判実務ではこのような方法がとられていると分析できる。

準拠法の適用範囲を指示する規定

　法選択規則自体が準拠法の適用範囲を指示して，ある事柄がその単位法律関係に含まれることを定めることがある。例えば，養子縁組によって養子とその実方の親族関係が終了するか否かは，養子縁組（31条）の問題とも，実親子関係の終了として親子間の法律関係（32条）の問題とも考えられる。この点，31条2項は縁組当時の養親の本国法によると定めており（第*12*章第**2**節3参照），これはこの問題を養子縁組と法性決定しているとみることができる。このような規定があれば法性決定は明確になるが，その数は多くない。

3　法性決定の具体例

　設例3−1で「人の行為能力」（4条1項）は，国際私法自体説によると，①法律行為の主体の資格という本質的性質や，②5条に「後見開始の審判等」が別にあることなどから，年齢的に未成熟な

者の財産的法律行為に関する保護を念頭に置いた単位法律関係といえる。よって、成年年齢の問題は「人の行為能力」と法性決定されてＳ国法が準拠法となり、契約は取り消せないという結論になる。

連結政策の観点からの法性決定

　連結政策の観点から説得力のある理由づけが展開されている例として、離婚の際の親権者指定がある。これは離婚の結果として問題になるから離婚（27条）に含まれるべきか、それとも誰が親権者になるかは親子の本質的問題であるから親子間の法律関係（32条）に属するか、説が分かれる。通説・多数の裁判例は32条の問題と法性決定するが、次のことを理由の１つにする。すなわち、親権者の指定は「子の福祉」を最善の利益として判断すべきところ、27条は夫婦の同一本国法など「夫婦」の連結点を用いており、夫婦の利害調整を目的にする。これに対して32条は、子の本国や常居所という「子」の連結点を採用して子の利益を前面に押し出しており、こちらの連結政策の方が子の福祉をよりよく実現できること、である。

裁判で問題になったいくつかの事項

　実体（債権関係）か手続（訴え提起期間）かが争われた消滅時効（設例1-1のもとである徳島地判昭和44・12・16判タ254号209頁。第*8*章第*3*節、第*4*章第*2*節１参照）、相続か物権かが問題になった遺産分割前の処分の権利移転効果（最判平成６・３・８民集48巻３号835頁。第*9*章第１節６、第*14*章第１節３参照）、特許権の効力か不法行為かが争われた特許権に基づく差止め（最判平成14・９・26民集56巻７号1551頁。第*9*章第*2*節３参照）等がある。法性決定は結局、各法選択規則の解釈問題なので、詳しくは各論で適宜検討される。

設例3－2

　　設例3－1において，X が S 国と T 国の重国籍者である場合，契
約の取消しは認められるか。T 国法では，成年年齢は19歳である。

　①法性決定により，目前の問題に適用される法選択規則が決まれ
ば，次に取り組むのは，②当該法選択規則の定める連結点がどの地
にあるか，である。連結点は本来，各論規則の解釈問題なので，こ
こでは概観するにとどめる一方，通則法で連結点として多用されて
いる国籍と常居所を，属人法にも触れつつ検討することにする。

1　連結点の確定

連結点の概念の決定基準

　常居所（25条～27条・8条など）や目的物の所在地（13条）など，
連結点になる概念自体は，日本の国際私法上の概念として，国際私
法独自に決定される。ただし具体的な決定にあたって，問題になっ
ている国の法に従う連結点もある。例えば本国法を決める基準であ
る国籍（4条・24条以下など）は，ある人が A 国の国籍を有するか
否かが問題となっている場合，A 国の国籍法に従って決定される
（領土法説という）。なお，いつの時点の国籍などの連結点が用いら
れるべきかは，各法選択規則の解釈問題である。

連結点に関する事実の認定

　個々の連結点が具体的事件でどの地にあるかを認定するための事

実の調査・収集は，適用されるべき法の決定という裁判官の職責に属する問題であるので，職権探知主義によるべきものと考えられている。この点，財産関係事件では基本的に弁論主義が採用されていることとの関係で，当事者の主張・立証に委ねるとの立場もあるが，やはり準拠法の決定という法選択規則の適用プロセスの一部ととらえて，職権探知の対象と解する立場が有力である。

連結点の不存在・不明など

連結点として指定される対象が存在しなかったり不明であったり，また重複して存在する場合，どうなるか。法選択規則自体が解決を定めている場合は問題ない。例えば，契約の当事者が7条における準拠法選択をしなかった（つまり，連結点である当事者の意思〔第6章第1節1参照〕が存在しない）場合における8条である。また，別の補足的な規則，例えば重国籍者の本国法決定（本節3）に関する38条1項などによって補充的な決定方法が予定されているときも問題は生じない。しかし，このような解決策となる規定がないときは，その連結点が採用された趣旨などを考慮した上で，各法選択規則の解釈として問題を処理すべきである。

法 律 回 避

当事者が自分に有利な法を準拠法にする目的で，国籍を変更したり（例えば，夫婦が離婚の認められる国に帰化する場合），婚姻挙行地を選定したり（コラム11-②「グレトナ・グリーン婚」参照）したとき，このような作為的な連結点の変更は認められるか。法律回避または法律詐欺と呼ばれる問題である。これを許さず，本来の連結点による準拠法を適用すべきとする考えも諸外国で有力である。しかし日

本ではドイツ等と同じく、当該地に客観的に存在する連結点の有効性を当事者の目的や主観で左右するのは適切でないことなどを理由に、法律回避を無効としない見解が一般的である。

未 承 認 国

　国籍や所在地などの連結点により指定された国が日本政府の未承認国である場合、その法を日本の裁判所は適用できるか。通説は、国際私法の目的は私法生活関係に最も密接な関係を有する地の法を選択・適用することにあり、一定の地域で法が現実に行われていれば十分であることなどから、未承認国法も準拠法として適用してよいとする。とくに問題にすることなく台湾民法を適用した最判平成6・3・8（民集48巻3号835頁）もあり、判例も同旨と考えられる。

2　属人法と本国法主義

身分および能力に関する連結点の一般原則と属人法

　婚姻や親子などの家族法関係（すなわち身分）や成年年齢などの能力の問題は、その者の属する社会や家族の環境と密接な結びつきがある。いったん身についたこれらの制度や考え方は、その者がほかの国に行っても簡単には変わらない。このことから、身分および能力に関して、「人がどこに行っても追随して適用される法」という意味で、属人法が観念される。属人法には、それが具体的に本国法か住所地法かについて古くから対立がある。すなわち、身分や能力に一般的にふさわしい連結点は国籍か住所か、という問題である。

日本における本国法主義

　伝統的に、本国法主義は大陸法国、住所地法主義は英米法国など

で採用されてきた。日本では学説上，国民と国家間の公法的関係の創設を本来の目的にする国籍よりも，まさに人の私法生活関係の本拠として密接な関係のある住所の方が身分や能力の連結点として適切であるとの考えが有力である。しかし，通則法における立法の立場としては，4条や24条以下をみれば分かるように，本国法主義が基本的に採用されている。

日本の立法が本国法主義を採用する理由は，①国の法律は習俗や民族性などを考慮してその国民のために制定されている，②国籍は変更が困難なので，属人法の特徴である固定性の点で優れる，③住所は，居住意思の取扱いなど各国法で内容が異なる法的概念であり（英米法の住所概念である「ドミサイル」は，日本民法22条などの住所と比べて固定性が強い），たとえ各国が住所地法主義を採用しても準拠法の統一は達成できない，などのほかに，日本独自の事情として戸籍実務上の便宜がある。すなわち，④市役所などの戸籍の窓口で，国籍はパスポート等で確認が容易であって明確性があり，⑤日本人に関して，戸籍への身分関係の反映について確実性が増すことが，決定的に重要なのである。

常居所の概念の登場

本国法主義と住所地法主義の対立は国際私法の世界的な統一の妨げであったが，ハーグ国際私法条約において住所の欠点の克服を目指した常居所の概念（詳しくは本節4）が登場して以来，国籍や住所に代わって常居所が属人法の連結点として国際標準になってきている。日本では，国籍がいまだ原則的基準であるが，常居所を段階的連結（25条～27条・32条）において第2次的な連結点にするなど，調整が試みられている（第10章第1節も参照）。

3 本国法の決定──重国籍と無国籍

国　　籍

　国籍とは，国民の国家への所属資格である。各国は自国の国籍を与える条件を様々な考慮に基づいて政策的に決定しており，それは血統主義と，米国などに代表される生地主義に大別される。日本は，父母のいずれかが日本人であれば子に日本国籍を与える父母両系血統主義を原則とし（国籍法2条1号・2号・3条1項），生地主義は限定的に採用されるにすぎない（同2条3号）。

コラム3-①

国籍の確認請求

　国籍は，国家の利益だけでなく個人の利益や人権にも関係し，その付与については様々な事例がある。例えば，外国人らしい女性（行方不明）が日本で出産した子について，国籍法2条3号の「父母がともに知れないとき」の解釈が問題になった最判平成7・1・27（民集49巻1号56頁）や，日本人父が生後認知した子の日本国籍取得が問題になった事件（最判平成9・10・17民集51巻9号3925頁など）である。後者に関しては，非嫡出子や生後認知の差別的取扱いなども考慮して同法3条1項を違憲とした最判平成20・6・4（民集62巻6号1367頁）が重要である。これを受けて同項は改正され，現在では，出生後に日本人父によって認知された20歳未満の子も，届出によって日本国籍を取得できる。

重国籍と無国籍の発生

　各国国籍法の相違などが原因で，国籍を複数有する者（重国籍者）や国籍を有しない者（無国籍者）が発生することがある。例えば，血統主義の国の両親から生地主義の国で生まれた子や，父母両系血

統主義の国をそれぞれ本国とする異国籍の父母から生まれた子は，重国籍者になる。重国籍者や無国籍者の本国法はどうなるか。

重国籍者の本国法

　設例3-2では，設例3-1で検討した法性決定により4条1項が適用されてXの本国法によるが，次に検討すべき連結点としてのXの国籍はS国とT国の2つにある。重国籍者について38条1項は，国籍のある国の中から結局のところ次の順番で1つを選び，その国の法を本国法とする。すなわち，①日本（同項ただし書），②常居所国（同項本文の前半），③最密接関係国（同後半）である。Xの有する両国籍はまず①にあたらないので，次に②を検討するとS国に常居所がある。よってXの本国法はS国法に決まり，S国法上Xは成年者であるので契約は取り消せないことになる。

　もしもXの常居所がS国・T国にないときは，③Xの最密接関係国を検討することになる。③は，国籍取得の経緯，国籍国における滞在期間や親族の居住などを総合的に考慮して決められる。生まれてからどの国籍国にも行ったことがなく，その言語も話せないなど，国籍国との関連が薄いときでも，決める対象が本国法である以上，その薄い中から国籍国のどれかとの最も密接な関係を探し出すことになるといわれる。ここでの最密接関係国は，連結点である国籍が複数ある場合における本国法決定上の概念であり，婚姻の身分的効力など（25条〜27条）の第3段階目の連結点自体である夫婦の最密接関係地（第*11*章第**2**節1参照）とは異なることに注意すべきである（なお，段階的連結〔25条〜27条・32条〕における同一本国法の決定とその共通本国法との区別については，それぞれ第*11*章第**2**節1とコラム13-①参照）。

無国籍者の本国法と難民の本国法

　無国籍者については，38条2項本文によりその常居所地法が適用される。ただし，無国籍者の本国法はあくまで存在しないので，常居所地法が本国法になるわけではない。同項ただし書は，25条などの段階的連結において，無国籍者に関しては本国法がないので同一本国法は観念できないことを注意的に表している。

　難民は，国籍国との関係を絶ち，両者間の結びつきが大きく損なわれているため，その本国法として国籍国の法を適用することは好ましくない。そこで，難民の地位に関する条約12条1項は，難民の属人法を原則として住所国法と定める。

┌───┐

コラム3-②

実効的国籍の理論

　難民のほかにも，国籍国との間に実効的な関係がなく，国籍が形骸化してしまっている者が考えられる。例えば，親が外国人であったため外国籍を有するが，日本で生まれてすぐに親を亡くし，ずっと日本で日本人に育てられて日本語しか話せない者などである。このような者の本国法が問題になる場合，最も密接な関係を有する地の法を適用するという国際私法の基本原則（第2章第2節参照）に照らして，本国法でなく，38条2項の類推により常居所地法を適用すべきという説（実効的国籍論）がある。この説は，国際法上の外交保護権が問題になった1955年のノッテボーム事件で国際司法裁判所が，国籍が認められるためにはその者と国籍国との間に真正な結びつきが必要である，としたことに着想を得ている。しかし通説は，国籍の実効性の基準が不明確であり安定性を欠くとしてこの説を批判し，この説を採用した日本の裁判例も見当たらない。ただし，重国籍に関する日本国籍優先（38条1項ただし書）を批判し，この場面では例外的に実効的国籍論による修正を認める学説もある。

└───┘

4 常居所の決定

常居所とは

　常居所とは一般に，人が相当期間，居住することが明らかな地を
いう。常居所は国際私法独自の概念であり，意思的要素を除いた事
実的概念といわれる。事実的概念とは，法に照らして判断するので
なく事実をみれば確定できるというものである（この点で，各国法上
の法的概念である住所と異なる）。なお，ここでは，家族法分野におけ
る段階的連結（25条など）の2段階目などに用いられるものを主と
して念頭に置く（消費者契約〔11条〕や不法行為〔20条〕などで登場す
る「常居所」については，第*6*章・第*7*章での解説を参照）。

常居所の確定

　事実的概念といわれる常居所であるが，具体的に常居所がどこに
あるかは，理想どおりに「みれば分かる」事件ばかりではない（水
戸家審平成3・3・4家月45巻12号57頁参照）。実際には，居住の期間
や経緯，親族の居住地などを総合的に考慮して決することになる。
本人の居住意思などの主観的要素も，客観的に認定できる限りで考
慮すべきとの考えも有力で，これと同旨の裁判例も少なくない。戸
籍実務では，日本人か否か，住民票の有無や居住年数などに基づい
て常居所の認定基準を定める基本通達がある。しかしこれは戸籍行
政の内部規範であるので，裁判官を拘束するものではない。

　なお，常居所が不明のときは，39条本文によって居所地法が適用
される。同条ただし書は，この居所地法が25条などの同一常居所地
法には使えないことの注意規定である。

第3節 不統一法国

> **設例3-3**
>
> S国人夫婦であるX（常居所は日本）とY（常居所はT国）の離婚の準拠法は，次の場合どうなるか。
> ① S国が州ごとに法の異なる国である場合
> ② S国が宗教ごとに離婚法の異なる国であって，Xがキリスト教徒，Yがイスラム教徒である場合

不統一法国とは

不統一法国とは，1つの国の中に複数の法秩序が存在している国である。まず米国などは各州が立法権をもつため州ごとに家族法などがあり，①地域的不統一法国と呼ばれる。このような国に関しては，地域・州が特定されなければ，準拠法決定のための国の指定は意味をなさない。次にエジプトやマレーシアなどイスラム圏に多いのが，人種や宗教などに応じて適用される法が異なる②人的不統一法国である。ここでも，適用される法体系の特定が問題になる。

1 地域的不統一法国

当事者が地域的不統一法国の「国籍を有する場合」

まず注意すべきは，それ自体で地域・州を特定できる常居所や目的物の所在地などの連結点の場合，例えばニューヨーク州にそれがあるなら同州法をそのまま準拠法にすればよいことである。問題が起きるのは，地域的不統一法国の法が「本国法」として指定される場合であり，38条3項もこの場面に問題を限定している。

「その国の規則」と準国際私法

38条3項は，まず「その国の規則」に従って指定される地域の法をその者の本国法とする。「その国の規則」とは，通説によれば「住所や市民登録などを基準にしてその者の属する地域・州の法を定めるその国の準国際私法」である。ここで準国際私法とは，「地域的不統一法国内における準拠法選択の問題を解決する法」をいう。地域的不統一法国では，国内事件であっても，例えば離婚の準拠法はどの州の法になるかを決定する必要がある（このための準国際私法は州間の法の抵触を扱うので，州際私法とも呼ばれる）。

38条3項の「規則」は準国際私法であるとされるが，その国の離婚や婚姻自体などの準拠法を決める準国際私法ではない。あくまで住所や市民登録などを基準にその者の属する地域の法を定める，いわば属人法決定のための準国際私法である。なぜなら同項の目的は，本国に複数ある地域の法の中から，その者の「本国法」として適切なものを特定することにとどまるからである。

「その国の規則」がない場合

このような規則がない場合，その国におけるその者の最密接関係地域の法が本国法になる（38条3項かっこ書）。これは，当事者の常居所・出生地や親族の居住状況などを総合的に考慮して決定される（なお最密接関係地域の概念は，重国籍者の本国法決定上の最密接関係国〔38条1項本文〕や，連結点自体である夫婦の最密接関係地〔25条〜27条〕とは異なる）。

間接指定と直接指定

「その国の規則」に従って本国法を間接的に決める方法を①間接

指定，最密接関係地域を法廷地国の立場から直接的に判断して本国法を決める方法を②直接指定という。間接指定が原則とされるが，それには，次のような理由

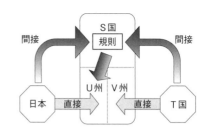

がある。 □設例3-3□ ①で，X や Y の本国法が日本と T 国の双方で問題になったとする。このとき直接指定では，考慮要素の違いから日本の裁判所は U 州法，T 国の裁判所は V 州法を最密接関係地域法と認定することもあり得る。しかし間接指定なら，S 国の規則がU 州法を指定する場合，日本の裁判所も T 国の裁判所も U 州法を適用するという利点，すなわち判決の国際的調和（第**2**章第**2**節1参照）があるからである。

38条3項の適用

　米国には当事者のドミサイル（第**2**節2参照）を基準とする「規則」がある，と考えられてきた。近時は，そのような規則は発見できないとする見解が有力である。また例えば「常居所による」という規則があっても，その者の常居所が国籍国外にある場合，間接指定はあきらめて直接指定によることになる。なぜなら，ここでの問題はあくまで国籍国のどの地域の法が本国法になるかだからである。

　直接指定による場合，本国とその者の結びつきがどんなに小さくても，その小さい中から最密接関係地域を見つけ出すことになる。というのは，38条3項は，国籍がその国にあるという結びつきで十分であることを前提にしていると考えられるからである（そうだとすると，日本で出生して以来，日本に居住している米国人について米国内

に最密接関係地域はないとした裁判例〔横浜地判平成 3・10・31家月44巻12号105頁〕は, 妥当でないことになる)。

　離婚 (27条) などの同一本国法に関して, 国籍国が同一ならば, それが地域的不統一法国であっても同一本国法はすでにあると考えて, その国のどの地域の法がそれにあたるかが探求されるべきという有力な見解がある。しかし, 特定された地域の法を「当事者の本国法とする」のが38条 3 項の目的であるので, 各当事者についてそれぞれ地域の法 (＝本国法) を特定し, それが同一である場合に同一本国法があると一般に考えられている。

　これによると, 設例3 - 3 ①の離婚 (27条) に関しては, まず X と Y の本国法を, S 国に「規則」があればそれにより (なければ直接指定によって地域を特定し), それぞれ決定する。これが同じであれば同一本国法ありとなるが, そうでなければ27条・25条の次順位である同一常居所地法もないので, 最終段階である最密接関係地法を, X と Y の詳しい事情に照らして検討することになる。

コラム3 -③

分 裂 国 家

　大韓民国と朝鮮民主主義人民共和国や中華人民共和国と中華民国は, 本来 1 つであるべき国家が内部で複数の政府に分裂し, それぞれの法秩序が形成されている状態であり, 分裂国家と呼ばれる。各政府が自分を正統な政府と主張して他方の地域にも自分の支配が及ぶとすることが特徴であり, これに属する者の本国法の決定が問題になる。日本が承認する大韓民国と中華人民共和国を本国とする説や, 一国の中に複数の地域があるとみて地域的不統一法国の処理 (38条 3 項) にならう説などがある。近時は複数の国家とみて, 各政府の国籍法により当事者が重国籍になる場合, 分裂国家の特殊性を考慮して38条 1 項は適用せず, 条理によ

2　人的不統一法国

問題になる場面と間接指定・直接指定

　人的不統一法国についても，問題になる場面は限られるが，40条によれば，①本国法だけでなく，②常居所地法と③夫婦の最密接関係地法（25条～27条）の場面でも対処が必要になる。40条も間接指定と直接指定を併用し，まずは「その国の規則」が指定する法による。ここでの「規則」は，人種や宗教などにより異なる婚姻法などの適用基準を定めた法であり，人際法と呼ばれる。

地域的不統一法国との違い

　40条が定める基本的なルールは，地域的不統一法国の38条3項と同じである。しかし，地域的不統一法国の問題は法の場所的抵触の一局面であって，法廷地の国際私法がイニシアティブをとって最終的に解決すべきであるのに対して，人的不統一法国の問題は理論的には，国際私法が指定する準拠法内で適用されるのはどの実質法かの問題にすぎず，両者は異なるという考えが一般的である。この考え方によれば 設例3-3 ②では，離婚（27条）について X・Y の同一本国法としての S 国法が存在する以上，準拠法はそれである。そして，S 国の人際法に従って，S 国の離婚法などの中でキリスト教徒とイスラム教徒間の離婚の法（人際法がないため直接指定によるときは，最密接関係法）が適用されることになる（そうすると，当事者の宗教が異なるために同一本国法はないと判断した東京地判平成2・12・7〔判時1424号84頁〕は，適切でないことになる）。

第4節 反　　致

> **設例3-4**
>
> 　日本に常居所を有するS国人Xが日本で死亡し，Xの遺産の相続が問題になった。相続について36条は，「被相続人の本国法による」と定めている。S国の国際私法が，「相続は，被相続人の常居所地法による」と定める場合，相続の準拠法はどうなるか。

1　反　致　と　は

　国際私法によって準拠法に指定されるのは，その国（準拠法所属国）の民商法などの実質法であるのが，国際私法の意義（第**2**章第**1**節参照）からすれば基本である。しかし，法廷地の国際私法が指定する準拠法が外国法である場合に，その外国の国際私法をみて，それによれば法廷地法が準拠法と指定されるとき，法廷地法を適用することも考えられる。これが反致（狭義の反致・単純反致。A国→B国→A国型の反致）であり，41条がこの旨を規定する。

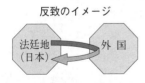

反致のイメージ

法廷地（日本）　外国

　反致は，広い意味では，準拠法所属国の国際私法を考慮する方法論であるといわれ，狭義の反致以外にも種類がある。例えば，①転致・再致（A→B→C型の反致。手形法88条1項後段，小切手法76条1項），②間接反致（A→B→C→A型），③二重反致（A→B→A→B型）である。ただし41条に関しては，狭義の反致が議論の中心である。

2 根　　拠

　法選択規則は本来，その国の法を最密接関係地法と考えるから準拠法として指定しているのに（第**2**章第**2**節2参照），反致はこれを根本から覆してしまうおそれがある。よって反致には一層の強い根拠づけが必要なはずであり，様々な試みがあった。例えば 設例3－4 で，①Ｘの相続がＳ国でも問題になった場合，Ｓ国の裁判所はＸの常居所地法である日本法を適用するので，判決の国際的調和（第**2**章第**2**節1参照）が保たれる，②日本の裁判所は日本法を適用できるので，事件の処理が容易になるという内国法適用の利便がある，などである。しかし，Ｓ国も反致を採用すると，①の判決の国際的調和は崩れるし，②の内国法適用の利便の安易な肯定は，国際私法の基本原則である内外法の平等（第**2**章第**2**節2参照）に反する。このように，実をいうと反致の根拠づけはどれも完全でない。

　このような根拠論をどう評価するかに応じて，反致を定める41条には次のような解釈論が考えられる。①脆弱な根拠しかないので，できるだけ反致の成立を否定する方向での解釈論や，②国際私法の重要な理想である判決の国際的調和を重視して，これが達成される場合に反致を認める方向での解釈論などである。どの方向性を支持するかにより，41条の解釈において反致成立の幅が違ってくることになるだろう。なお，裁判実務は反致を積極的に認める傾向にある。

3　41条における反致の成立要件および効果

「当事者の本国法によるべき場合」と適用除外

　反致成立の対象は，本国法が準拠法（＝連結点が本国）と定められている場合である（41条本文）。これは，もともと法例で広く認めら

れることになった本国法主義に基づく外国法適用の場面を抑制・調整するという起草者の意図の表れである。ただし本国法が準拠法とされる場合でも、離婚などの段階的連結（25条〜27条・32条）の場合は、対象から除外される（41条ただし書）。これは、段階的連結では準拠法がとくに厳選されているからと説明される（第*10*章第**2**節参照）。結局、反致の対象になる可能性があるのは、①行為能力（4条）、②婚姻の成立（24条。第*11*章第**1**節1参照）、③実親子関係の成立（28条〜30条）、④養子縁組（31条。第*12*章第**2**節5参照）、⑤後見（35条1項）、⑥相続（36条。第*14*章第**1**節4参照）などに限られる。

ただし、解釈による適用除外の議論が、婚姻の方式（24条3項。第*11*章第**1**節2参照）や実親子関係の成立（28条〜30条。第*12*章第**1**節参照）、またセーフガード条項（29条1項後段・2項後段、31条1項後段。第*12*章第**1**節・第**2**節2参照）等に関してある。

「その国の法に従えば日本法によるべきとき」

「その国の法」とは、本国の国際私法の意味である。本国国際私法上「日本法によるべきとき」（＝日本法が準拠法に指定されるとき）の連結点に制限はなく、常居所でもそのほかでも構わない（ただし、これらは本国国際私法上の概念であるので、例えば常居所について日本の国際私法上の概念・決定基準〔第**2**節4参照〕を安易に持ち出してその判断をすべきでない）。各論規則だけでなく総論規則（特に公序則）も含むと考えられるが、反致規則については争いがある。前述の二重反致（A→Bで B国の反致規則〔B→A→B〕の適用を肯定すると、A→B→A→Bになる）の議論である。近時は、本国が反致主義を採用するなら、それは単に「日本法によるべきとき」に該当しない場合にすぎない（A→B→A→Bでなく単にA→B）との理由から、反致

規則も含まれるとする説が有力である（なお本国の国際私法が，指定の対象を準拠法所属国の実質法のみとし，反致主義を採用しない態度を示している場合，二重反致は問題にならない）。

　前述の転致（A→B→C）は，明らかに「日本法によるべきとき」でない。間接反致（A→B→C→A）もまた，「その国」であるB国の国際私法がC国法を指定する限りで，「日本法によるべきとき」に該当しない。ただし，B国の国際私法が転致（B→C→A）を採用していると，B「国の法に従えば日本法によるべきとき」になるので，判決の国際的調和を重視する立場からは，例外的に41条上，間接反致が認められるとする余地が生まれる。

　B国の国際私法が選択的連結を採用し，その指定する法が日本法とC国法である場合，日本法への指定について反致は成立するか。選択的連結は，日本法によっても良い場合にすぎず，「日本法によるべきとき」でないとして反致を否定する説がある。他方，具体的な事件で日本とB国との間で判決の国際的調和が達成されるとき（その法律行為が日本法で成立，B国法で不成立のとき）には反致を肯定する考え方もあり得る（なお，「その国の法に従えば日本法によるべきとき」に関して問題になる隠れた反致について第 *12* 章第 **2** 節 **5**，「相続と反致」について第 *14* 章第 **1** 節 **4**参照）。

「日本法による」

　反致成立の効果は，日本法が準拠法になることである。

　設例3-4 の相続（36条）は本国法によるべき場合であり，Xの本国であるS国の国際私法に従えば，Xの常居所地法である日本法によることになっている。よって，41条により反致が成立するので日本法が準拠法になり，相続には日本の民法が適用される。

第4章　外国法の適用

　第2章・第3章でみたように，通則法を介して，わが国の裁判所でも日本法ではなく外国法を適用しなければならない場面が出てくる。では，日本の裁判所は準拠法となった外国法をどのように扱えばいいのだろうか。日本法と同じように裁判所が調査しなければならない義務を負うのか。それとも外国法の内容について当事者が立証をする義務を負うのだろうか。また外国法の内容が分からない場合はどのように処理したらいいのだろうか。

　さらに外国法の内容が判明したとして，それがわれわれの常識からして明らかに異常な内容である場合でも，それを裁判所は適用しなければならないのだろうか。また，外国法で使用されている「夫婦」や「親子」などの関係が有効に成立しているかどうかの判断は，どの国の法を基準とすべきか。

　以下では，まず，外国法の内容確定などの問題を考察した後（第1節），次に，具体的事案において外国法を適用する際に問題となる，公序，先決問題あるいは適応問題について検討する（第2節）。

第1節 外　国　法

設例 4 - 1

　S国人 Y_1 女は，S国人 A 男と S 国で有効に婚姻をした。その後，Y_1・A の夫婦は日本に移り住み，2 人の間には子 Y_2 が生まれた。一方 A は日本で日本人 B 女と関係をもち，A・B 間には子 X が生まれた（A は X を認知）。その後 A が亡くなり，A の財産の相続について争いが生じ，X は Y_1・Y_2 に対して，日本法に基づき Y_2 と同じ 4 分の 1 相続分を主張して訴えを提起した。相続の準拠法となる S 国法（被相続人の本国法。通則法36条）によると非嫡出子には相続権が認められていないが，当事者は互いに日本法に準拠して主張を展開している。

外国法は事実か法か

　裁判所が外国法をどのように扱うべきなのか，という問題を理解するためには，そもそも外国法は日本の裁判所においてどのような性質を有しているのかという点を理解しておく必要がある。この点についての法律上の規定はなく，解釈によって解決をしなければならないのが現状である。2 つの考え方があり得る。1 つは外国法を日本法と同じように「法」と考えるもの（外国法法律説），もう 1 つは外国法を「事実」ととらえるものである（外国法事実説）。前者がより有力な考え方であり，この立場に立つと，裁判所は原則として，当事者の主張立証を待つことなく，外国法を適用することができ，またしなければならないということになる。しかし，このような原則論ですべての問題が解決可能となるわけではなく，1 つ 1 つ問題の局面ごとに外国法の取扱い方を検討する必要が出てくる。

外国法の適用を決めるのは誰か

例えば 設例4-1 のように，国際的な私法生活に関する訴訟であるにもかかわらず，当事者がそれを意識せずに日本法のみに基づいて主張立証をしているような場合，裁判所は当事者が準拠外国法の適用を求めなかったから，ということを理由に日本法に基づいて裁判をすることが許されるのだろうか。外国法を事実ととらえる立場からは，当事者の主張立証がない限り準拠外国法を選定し，適用することはできないこととなる。しかし，通説の考えるように外国法もまた法であるとする立場からは，裁判所は職権で適用されるべき準拠実体法を選定し，それを事件に適用することとなる。したがって，通説の立場からは，設例4-1 において X が日本法に基づいて自らの相続分を主張したとしても，裁判所は相続の準拠法である被相続人の本国法である S 国法に基づいて相続分を認めないという判断を下すことになる。

外国法の内容は誰がどうやって調べるのか

外国法が事実であるという前提に立てば，当然，外国法の内容については，それに基づく主張をしようとしている当事者が調査し立証する責任を負うこととなる。それに対して，外国法は法であるとする通説は，法律である以上，内国法と同じように裁判所が職権でその内容を調査しなければならないとする。しかし，原則論としては裁判所の職権調査に委ねるという結論が妥当としても，実際に裁判所にそのような負担を期待できるかは別の問題である。外国法調査の協力に関する多数国間条約や，外国法の調査を専門に行う機関などがあるのであればともかく，そのようなものがないわが国の現状で，裁判所に正確な外国法調査の負担を完全に委ねてしまうのは

酷といえよう。とすれば，当事者からの外国法の内容調査に関する協力が不可欠となるが，これはあくまでも協力という形で行われるべきで，立証責任の問題とは切り離さなければならない。

外国法の内容がいくら調べてもわからない場合どうするのか

　前述のように，外国法の内容については，当事者の協力の下，裁判所が職権で調査をすることとなる。しかし，裁判所がいくら調査しても，また当事者サイドでいくら調査しても，適用されるべき外国法の内容が明らかにならないことがある。この場合の処理については学説が対立している。

　まず，このような場合には，外国法に依拠した請求もしくは抗弁を棄却すべきとする説がある（請求棄却説）。しかし，この考え方に対しては，本来裁判所の職権調査事項である外国法の内容が不明であることのみを理由に，当事者の請求や抗弁を棄却することは，裁判拒否にあたるとの批判が大きい。

　次に，外国法の適用をあきらめ，内国法廷地法を適用すべきとする見解がある（法廷地法説）。これは，国際私法を介して外国法を適用するという事態は例外的な場合であり，国際私法によって指定された外国法の内容が不明であれば原則に戻り，法廷地の実体法を適用すべきであるとの考え方に基づいている。また，わが国の国際裁判管轄のルールから考えて，わが国で裁判される事件は日本との関連性を強く有していることや，後に挙げる他説の不明確性に比べて簡明かつ信頼の置ける法廷地法によることは実質的には有益と考えられることなども理由として挙げられる。その一方，この考えは安易に内国法を外国法に優先させようとする考え方であり，内外法平等の原則に反するとの批判がある。

次いで，法廷地法説と同じように準拠法となった外国法の適用を
あきらめるが，その次に補充的な準拠法を探求してそれを適用すべ
きとの説がある（補充的連結説）。この説は，あくまでも国際私法規
範を利用した外国準拠法の適用を一定程度は確保しようとする説と
いえるが，本来の準拠法が国際私法により指定されているにもかか
わらず，それ以外の法を準拠法とすることには批判が多い。

また，準拠外国法の適用をあきらめず，その内容を条理によって
決定すべきとする見解がある（条理説）。これが通説的見解といえる。
しかし，この見解に対しても，条理の内容が不明確であり，法的安
定性に欠けるという批判が根強い。そのため同じように準拠外国法
の適用をあきらめないという立場から，当該外国法の内容をその外
国法に近似していると考えられる法律（例えば同じ母法をもつ，類似
の法体系に属するなど）の内容から推認するべきとする説が近年では
有力である（近似法説）。しかし，この説に対しても，他説からは，
近似する法とはいえ違う法である以上内容が同じである保証がない
という批判が寄せられている。

外国法の適用に誤りがあった場合その適用の誤りが上告理由となるのか

例えば 設例 4 - 1 において，裁判所が S 国法の内容を誤って適
用し，X の相続分を嫡出子 Y_2 の 2 分の 1 とするという判断を下し
たとする。この場合，当事者による事実審への上訴が可能なのはも
ちろんであるが，上告は可能なのだろうか。

民事訴訟法では，「判決に影響を及ぼすことが明らかな法令の違
反」もしくは「法令の解釈に関する重要な事項」が挙げられ，法令
違反もしくは法令の解釈問題が上告の理由として認められている
（民訴法312条 3 項・318条 1 項）。それでは，外国法は民事訴訟法の規

定にいう「法令」にあたるのだろうか。先にみたように，外国法を事実とする考え方からは基本的には否定することになるだろう。また外国法を法とする立場に立ったとしても，外国法の適用解釈の統一については日本の上告審の任務外であるため，民事訴訟法にいう「法令」にはあたらず，その解釈適用に違反があっても上告理由とはならないという考え方も可能である。

　しかし，外国法の性質についていずれの立場に立つにしても，外国法の解釈適用を裁判所が誤ったために当事者の権利が侵害された，あるいは正当な保護を受けられなかったという状態を放置しておくのは妥当な結論とはいえない。このような認識から，やはり外国法も「法令」にあたるとして上告の道を当事者に開いておくべきとするのが通説と判例の立場である。したがって，設例4-1において裁判所がS国法の内容を誤って適用した場合には，Y_1・Y_2の上告は原則としては可能であろう。ただし，現在の上告受理申立て制度に基づく実際の運用においては，日本法の法令解釈違反の場合よりも，外国法の解釈適用違反の場合の上告可能性が制限されるのはやむを得ないことであろう。

第2節　公序・先決問題・適応問題

1　国際私法上の公序

設例4-2

　S国人X男は，日本に留学中にS国人Y女と恋に落ち，結婚することを決めた。Xは本国にすでに2人の妻がいるが，S国で適用され

ているイスラム法では，一夫多妻婚が認められている。XとYは，
24条によれば婚姻の成立の準拠法が各々の本国法であるS国法であ
ると考え，日本で本国の方式に従って婚姻した。この婚姻は，日本で
は有効な婚姻として認められるか。

設例 4 - 3

　研究者として日本の研究所で勤務しているS国人A男は，日本で
の交通事故によって死亡した。AはS国に4人の妻を有するが，こ
の4人の妻とそれぞれの子は全員相続人であるとして，Aの日本に
ある銀行預金，保険金等の遺産の相続を主張している。この主張は認
められるか。

公序条項の機能

　通則法に基づく準拠法の指定は，各条文にあらかじめ用意されて
いる国籍や常居所地などの連結点を用いて，機械的に行われるので
あり，個々の実質法の内容と適用結果は準拠法指定の段階ではとく
に考慮されない。そのため，世界中のどの国の法も，法選択規則に
よって，準拠法として指定される可能性がある。

　しかし，世界各国の法は千差万別であり，中には日本法からみれ
ばきわめて異質なルールもあり得る。 設例 4 - 2 において一夫多妻
制を許容するイスラム法のように，準拠法として指定された外国法
がたまたまこのような異質なルールを持つ場合，そのまま日本で適
用すると公序良俗を害し，日本の基本的私法秩序を破壊する不測の
結果をもたらすおそれもある。

　このようなケースに役立つのは42条の公序規定である。42条は，
「外国法によるべき場合において，その規定の適用が公の秩序又は

善良の風俗に反するときは、これを適用しない」と規定する。つまり、準拠外国法の適用結果が日本の公序良俗に反するときには、公序良俗を保護する目的で、本来適用されるべき準拠外国法の適用を例外的に排除するのである。実質法の内容と適用結果を考慮せずに準拠法を指定する国際私法の安全弁として働き、妥当でない準拠外国法の適用結果を回避し内国の公序良俗を守る。これが公序条項の機能である。

公序条項の発動基準

通説によると、公序条項は法選択規則によって本来適用されるべき準拠外国法を排除するものであるから、その発動はあくまでも例外的であって、みだりに使うべきではないとされる。では、その具体的基準とはどのようなものか。

国際私法上の公序と国内実質法上の公序

まず注意すべきは、国際私法上の公序（42条）と国内実質法上の公序（民法90条・91条）の内容が異なることである。

第1に、国内実質法上の公序は、主に当事者の意思に反しても強行的に適用される強行規定の形式で表現されており、国内実質法のレベルでは、強行規定に反することは一般的に公序違反となる。これに対して、国際私法のレベルでは、準拠外国法が日本民法上の強行規定に反していても、それだけでは公序違反にはならない。例えば、25％の利息を定める金銭消費貸借契約や書面によらない保証契約は、日本の実質法上は公序違反とされるとしても（利息制限法1条、民法446条2項を参照）、国際私法によって指定される準拠外国法において、例えば、当該外国通貨のインフレ率を考慮して40％以内

の利息であれば適法とされていたり，保証契約について書面を必要としていなかったりする場合もあり，日本法と内容が異なるからといって，ただちに国際私法上の公序違反とされるわけではない。国際私法上の公序は，日本の「基本的」な私法秩序を保護するためのものであり，国内実質法上の公序よりもその内容的な範囲は狭い。

第2に，国内実質法上の公序は，契約などの法律行為だけを対象とするのに対して，国際私法上の公序は，法律行為だけでなく家族・物権などを含む私法分野一般における法律関係についても問題とされるものである。この意味で，国際私法上の公序は，国内実質法上の公序よりもその対象となる法律関係は広い。

なお，これら以外に，外国判決の承認要件としての「公序」（民訴法118条3号）がある。これについては，第 *17* 章第 **2** 節 **4** を参照。

準拠外国法適用結果の反公序性

次に，国際私法上の公序に違反するかどうかを判断する際に問題とすべきは，準拠外国法の内容ではなく，その適用結果である。外国法の規定の内容自体はふつう，その国の社会状況，文化，伝統と慣習を背景にするものであり，合理性を有する。42条の公序条項は，このような外国法の内容自体を否定しようとするものではなく，具体的事案におけるその適用結果が日本の基本的私法秩序を害する場合に限り，その適用を排除しようとするものである。平成元年の法例改正では，このような通説的な見解に従い，改正前法例の「其規定カ」から「其規定ノ適用カ」に改めたのであり，現在の通則法の下においても変更はない。

事案の内国関連性

　最後に，準拠外国法の適用結果がはたして公序違反かどうかは，当該事案と日本との関連性を斟酌して判断しなければならない。一般に，当該事案と日本との関連性が密接であればあるほど，外国法の適用結果が日本の私法秩序に与える影響は大きくなるといえるため，その分，公序条項を用いて介入する可能性が大きくなる。逆に日本との関連性が希薄であれば，いくら外国法の適用結果が日本法からみて異質なものであっても，日本の私法秩序に与える影響が少ないため，公序条項を発動してまで一度決定された準拠法の適用を排除する必要性は認められないのが通常である。

　 設例4-3 のようなケースでは，一夫多妻婚自体は日本の基本的私法秩序に違反するものであり，反公序性は強い。しかし，日本でこれから一夫多妻婚の成立を認める 設例4-2 とは異なり， 設例4-3 で問題となっているのは相続であり，相続の問題に関連して，S国で有効な婚姻の効果として4人の妻に相続人の地位やその子に嫡出子の地位を認めたとしても，現実に日本の基本的私法秩序を害するおそれはほとんどない。

裁判における具体例

　具体的な事案では，裁判所はどのように公序条項を適用してきたのか。裁判例の多くは，各国実質法の相違の大きい家族法分野の事件である。とりわけ平成元年改正前法例では，婚姻の効力，夫婦財産制，離婚について夫の本国法，親子関係について父の本国法がそれぞれ準拠法と規定され，両性平等の視点が欠如し，単一の連結点によって機械的に準拠法を指定する規定が目立っていたため，これらの規定に関連して公序条項が適用される事件が多かった。とくに，

日本在住の日本人妻からフィリピン人夫に対する悪意の遺棄等を理由とする離婚請求について，離婚禁止のフィリピン法の適用が公序に反するとして排除し，代わりに日本法により離婚を認めた事例が多数あった。しかし，改正後の法例（そして通則法）では，複数の連結点を考慮する選択的連結，段階的連結と，離婚における日本人条項などが導入され，日本法が準拠法と指定される場面が増え，公序はそもそも問題とならないことが多くなったといえる。

家族法関係事件の例

婚姻の無効について，異教徒間の婚姻を禁止するエジプト法の適用は公序に反するとして，日本人とエジプト人との婚姻が有効に成立したとした例（東京地判平成3・3・29家月45巻3号67頁）があるほか，重婚を無効とするフィリピン法の適用は公序に反するとして，日本人とフィリピン人との婚姻を有効と判断した例（熊本家判平成22・7・6判例集未登載）がある。

離婚に関して，フィリピン法のような離婚禁止の外国法に関連する例のほか，夫の一方的な意思表示によるタラーク離婚を認めるミャンマー・イスラム法の適用が公序違反であるとした例（東京家判平成31・1・17家庭の法と裁判22号121頁）がある。また，韓国民法の旧規定は離婚に伴う財産分与を認めないが，同法を適用し300万円の慰謝料が認められる場合は，日本の社会通念上の離婚給付として著しく低いとはいえないから公序違反ではないとした最判昭和59・7・20（民集38巻8号1051頁）がある。

親子関係では，離婚の際に父親が自動的に親権者になると規定する韓国民法の旧規定の適用は，子の福祉に反し公序違反であるとした最判昭和52・3・31（民集31巻2号365頁）がある。強制認知，死

後認知の規定を欠く外国法の適用が公序に反するとした下級審裁判例が多くみられる一方，死後認知の出訴期間は日本法よりも短く，父親の死亡を知った日から1年以内と限定する韓国民法の適用は公序に反しないとした最判昭和50・6・27（家月28巻4号83頁）もある。また，韓国民法が定める親子関係存否確認の訴えの出訴期間の制限の適用が公序に反するとした例（大阪高判平成18・10・26判タ1262号311頁，同高判平成26・5・9判時2231号53頁）のほか，子の親権者を父から母に変更することを認めないイラン法の適用，養子縁組を認めないイラン法の適用をそれぞれ公序に反するとした例（東京家審平成22・7・15家月63巻5号58頁，宇都宮家審平成19・7・20家月59巻12号106頁）がある。

　相続に関して，相続人不存在の場合に，特別縁故者として内縁の妻への財産分与を認めない韓国民法の旧規定の適用は公序に反するとした例（仙台家審昭和47・1・25家月25巻2号112頁）や，相続分について，嫡出子と非嫡出子を区別しない中華民国法の適用は公序に反しないとした例（東京地判平成4・6・26家月45巻8号90頁）がある。

財産法関係事件の例

　財産法分野で重要な判例は，米国特許権の侵害を日本国内で積極的に誘導した行為に対する差止めおよび日本国内にある侵害品の廃棄請求について，特許権の効力の準拠法である米国特許法の域外適用の規定を適用しこれらの請求を認めることが，属地主義をとる日本の特許法秩序の基本理念と相容れないとして，公序に反するとしたものである（最判平成14・9・26民集56巻7号1551頁〈カードリーダー事件〉，第9章第2節1を参照）。

　また，米国（ハワイ）法における30年という債権の消滅時効期間

（出訴期間の制限）は公序に反するとした大審院時代の判例（大判大正6・3・17民録23輯378頁）があるのに対して，ニューヨーク州法における6年という弁護士報酬に関する債権の消滅時効期間の適用は公序に反しないとした徳島地判昭和44・12・16（判タ254号209頁）もある。

　さらに，日本人客をラスベガスでの信用による賭博に参加させ，賭金債権を日本で集金した事件で，公認賭博を認めるネバダ州法の適用が公序に反しないとした東京地判平成5・1・29（訟月39巻11号2215頁）や，アルゼンチンで発生した日本人運転者の交通事故により日本人同乗者が死亡した交通事故について，日本の基準に照らして著しく低額のアルゼンチン法を適用して損害賠償額を算定することは公序に反するとした福岡高判平成21・2・10（判時2043号89頁）がある。

公序条項の積極的活用

　このように裁判所は，とくに平成元年改正前の法例に関して比較的広く公序条項の発動を認めてきた。これに対して学説上の通説は，前述のとおり，公序条項は例外規定との立場から，その濫用を戒める姿勢をとっているが，他方で，国際私法の基本理念は，事案の解決に最も適切な法を適用する点にあるとし，国際私法の法選択規則が準拠法の内容と適用結果を考慮せず機械的に適用され，実際の事案で具体的妥当性が確保されない場合には，むしろ最も適切な法の適用という基本理念の実現を公序条項に担わせ，その積極的活用を主張する有力説もある。

公序条項の発動結果

公序条項が発動された場合，本来準拠法として指定されている外国法の適用は排除されるが，その後はどのように処理すべきか。

従来の考えでは，準拠外国法の適用排除によって法規範の欠缺が生じ，その欠缺を補う必要があるとされる。日本法をもって補充するという内国法適用説が一般的であるが，そのほかに一般的な条理による説や，段階的連結が採用される場面で，第1順位の準拠法が公序によって排除されたときに第2順位の準拠法を適用するという補充的連結説もある。

これに対し，一定の請求・抗弁について準拠外国法の適用結果を公序違反として排除した段階で，すでに具体的判断がなされているから，さらに法規範を補充し適用する必要はないという見解（欠缺否認説）が有力に唱えられている。

裁判例の多くは，公序条項発動の結果，日本法を適用する処理をする。最高裁も，離婚に伴う財産分与に関する前掲最判昭和59・7・20の判旨の傍論において，仮に公序が発動され妻への財産分与を認めない韓国法の適用が排除される場合には，日本民法768条を適用すべきであると述べ，内国法適用説をとっているとされる。

コラム4-①

内国法適用説と欠缺否認説の具体的な相違点

離婚を認めるか否かというような二者択一の判断が求められる場合，内国法適用説と欠缺否認説との違いは，公序発動による法規範の空白状態がはたして生じるかという理論上の問題でしかなく，いずれにしても結論は同一である。しかし離婚給付，損害賠償の金額や時効など量的な判断が求められるときに，異なる結論が生じうる。

例えば，事情がほとんど似通う2件の国際離婚事件で，いずれも離婚給付が争点であるとする。同種の事案で日本法を適用すれば800万円程度が認められ，そして内国関連性等を考慮し，準拠外国法によって400万円さえ認められれば公序に反しないと仮定しよう。

　1件目の事案では，準拠法たるS国法によれば500万円が認められるとする。この場合，公序条項は発動されず，500万円という判決が下されることとなる。一方，2件目の事案では，準拠法たるT国法によれば300万円しか認められないとする。この場合，内国関連性等を考慮した基準である400万円に達しないため公序条項が発動されることとなるが，内国法適用説によれば日本法の800万円が結論となる。そうすると，内国法適用説による場合，2件目の事案では本来300万円というより少ない金額しか認めない趣旨のT国法が準拠法であるのに，その適用結果が公序に反するとされた結果，500万円を認めるS国法が準拠法となる1件目の事案よりも多い金額が認められるという逆転現象が起きてしまう。

　これに対して，欠缺否認説によれば，この場合T国法の適用を公序違反として排除する判断をした際，すでに公序の許容範囲に関する具体的基準が前提となっているのであるから，その基準すなわち400万円という下限を適用すればよいとする。

2　先 決 問 題

設例4－4

　日本人A女とS国人B男が，日本でS国民法による儀式婚という方式により，2人以上の証人の立会いの下で結婚式を挙げたが，日本法上の婚姻届を提出していない。その後Bが死亡したが，AはBの遺産に関して相続権を有するか。なおS国民法によれば，妻は常に相続人となる。またS国の国際私法によれば，婚姻当事者の一方の本国法による婚姻の方式は有効な方式である。

先決問題とは

　妻を残して死亡した者の遺産の相続は，36条によって被相続人の本国法によるが，設例4−4の場合，すなわちS国法によって妻の相続権が認められることになる。しかし，「妻」といえるためには，そもそも婚姻が有効に成立していなければならない。つまりAが相続権を有する前提として，被相続人Bとの婚姻が有効に成立していることが必要であるが，この婚姻も国際的な婚姻であるから，その有効性はどの国の法を準拠法にして判断されるのかが問題となる。このように，ある問題を解決する前に別個の問題の解決が必要とされる場合に，前者を本問題と呼び，後者を先決問題と呼んでいる。

問題解決の諸説

　先決問題の準拠法を決定するルールについて，①本問題の準拠法所属国の国際私法による準拠法説，②法廷地の国際私法による法廷地法説，③法廷地法説を原則としながら，具体的に利益衡量をして事案の解決により望ましい結果をもたらすのであれば例外的に準拠法説を用いるとする折衷説などがある。

　具体的にこれらの説を設例4−4に即して説明すると，①説ではA・B間の婚姻はS国の国際私法によって有効と判断され，②説では法廷地たる日本の国際私法（24条3項ただし書）によって無効と判断される。これに対して，③説をとった場合，事案解決の妥当性からみれば例外的に準拠法説により婚姻を有効に成立したものと解することが可能である。

　このうち③の折衷説は具体的事案の解決における柔軟性が評価されるが，基準が明確に定められない点において批判される。また①の準拠法説は，法廷地での解決を準拠法所属国での解決となるべく

一致させようとする発想で，国際的な判決の調和を図るものである。しかし本問題について法廷地の法選択規則が，準拠法所属国のそれと異なる場合，そもそも実際には判決の調和はない。さらに，その結果法廷地で同じ婚姻の有効性でも先決問題として争われる場合と本問題として争われる場合とで結論が異なることになり，法廷地の判決調和が損なわれてしまう。

　国際的私法生活関係について，国際私法が準拠法を指定しそれによる法的評価を与える作業は，特定の紛争や訴訟が起こってから初めて行われるのではなく，常に日頃から行われているというべきである。②の法廷地法説には，ある問題が先決問題という形で争われたかどうかとは関係なく，常に法廷地の国際私法が指定する準拠実質法によって画一した解決を与えられるという利点があり，現在の通説となっている。最判平成12・1・27（民集54巻1号1頁）もこの立場に立っている。

3　適応問題

> **設例 4-5**
>
> 　日本に同一常居所地を有するS国人夫と日本人妻の夫婦で，夫が死亡した場合に，妻は夫の残した財産に対してどのような権利を有するか。これを相続の問題として考えれば，36条によってS国法が準拠法となるが，同法では夫婦財産制上の権利を認めるが，配偶者の相続権を認めない。一方，夫婦財産制の問題として考えれば，26条によって準拠法を選択する夫婦財産契約がない限り同一常居所地法の日本法が準拠法となるが，日本法ではこの場合配偶者の相続権を認めるが，夫婦財産制上の権利を認めない。

適応問題とは

　このようにそれぞれの実質法上，死亡した夫の財産に対する妻の権利が認められているのに，国際私法が指定する準拠法を適用した結果，妻の権利が全く認められない場合が生じ得る。各国の国内実質法は，制度体系的に整合するように設計されているのが一般的であるのに対して，国際私法は単位法律関係ごとに準拠法を指定するため，それぞれの単位法律関係について適用された個々の準拠実質法の部分を組み合わせても矛盾しないという保証はない。このように複数の準拠法の間に矛盾が生じることを適応問題（あるいは調整問題）という。

適応問題の例とその解決

　適応問題を解決する一般的なルールを確立するのは困難であるが，若干の具体例に即してその解決方法をみることにしよう。

　婚姻をした未成年の子の居所指定について，親権の準拠法によれば子は親の居所指定権に服するが，婚姻の効力の準拠法によれば子は配偶者の同居請求権に服するケースでは，婚姻後夫婦の関係が親子の関係に優先するとして，婚姻の効力の準拠法によって解決する。 設例4−5 の場合には，相続の準拠法によることも，夫婦財産制の準拠法によることも理論上可能であるが，仮に日本の実質法との整合性および比較法的傾向を重視すれば，相続の準拠法であるS国法を適用することになる。そのうえで，36条が指定するS国法の具体的ルールの範囲（送致範囲）を調整し，同法が妻に認めている夫婦財産制上の権利に関する実質法規定を適用して，死亡した夫の財産に対する妻の権利を認めればよい。

第 *5* 章 人・法人

　本章では，自然人に関する国際私法上の問題，すなわち，権利能力，外国人の私法上の地位，失踪宣告，行為能力，後見・保佐・補助開始の審判についての国際私法上の問題と，法人に関する国際私法上の問題，すなわち，法人の従属法の決定および適用範囲の問題，外国法人に関する外人法上の問題について検討する。

第 1 節　人

1　権 利 能 力

設例 5 - 1

　日本に居住する夫婦（36歳の夫 A, 31歳の妻 B, いずれも S 国人）が大地震による火事で死亡した。A と B に子および兄弟姉妹はなく，残された近親者は，A の実父 X，および B の実母 Y のみであった。A に遺産3000万円がある場合，どのように相続されることになるか。日本法によれば，A と B が同時に死亡したと推定され，A と B の間で相続は生じない。一方，S 国法によれば，年齢の高い者から死亡したと推定され，B に相続権が認められる。また，日本法，S 国法のいずれにおいても，被相続人に子がおらず，配偶者と直系尊属がいる場合には，配偶者の相続分は 3 分の 2，直系尊属の相続分は 3 分の 1 であ

72

り，被相続人に配偶者，子，兄弟姉妹がおらず，直系尊属のみがいる
場合には，被相続人の直系尊属が遺産のすべてを相続する。

権利能力とは

　権利能力は，一般的権利能力（私法上の権利義務の主体となり得る資
格）と個別的権利能力（損害賠償請求権・相続権といった，個々の権利
の享有能力）とに区別される。通則法には，権利能力についての明
文規定は存せず，権利能力の準拠法については，従来，一般的権利
能力と個別的権利能力に分けて考察されてきた。

一般的権利能力

　一般的権利能力の問題の中でも，ある者が私法上の権利義務の主
体となり得るかという問題については，一般に属人法が適用される
べきともされるが，実際には準拠法を決定する必要性はない。なぜ
なら，いずれの国でも人であれば皆一般的権利能力を有するとされ
ているため，法の抵触自体が存在していないからである。
　ただし，一般的権利能力がいつの時点で発生するかという問題
（人格の始期の問題），事故等で複数の者が死亡した場合に死亡の順位
推定をどのように行うかという問題（人格の終期の問題）については
法の抵触があり，準拠法を決定する必要性が認められる。しかし，
人格の始期・終期の問題は，実際には損害賠償や相続の問題に付随
して生じてくることがほとんどと考えられるから（例えば，胎児に損
害賠償請求権を認めるか，同一の事故で死亡した者の間で相続が生じるか），
このような場合には，結局，次に述べる個別的権利能力の問題とし
て，問題とされる権利義務の準拠法によるべきである。

個別的権利能力

　個別的権利能力の問題とは，いかなる者が当該権利義務を享有する能力を有するかという問題であるから，当該権利義務の準拠法によって判断されるべきである。例えば，胎児の損害賠償請求権の享有の問題，つまり胎児が不法行為に基づく損害賠償請求にあたってすでに生まれたものとみなされるかという問題については，当該損害賠償の準拠法（17条以下）によるべきである。 **設例5-1** の場合については，相続の準拠法であるS国法が適用され（36条），Bに相続権が認められることになるため，結局，Xは1000万円，Yは2000万円を受け取ることになる。

2　外国人の私法上の地位

　外国人が内国においていかなる私権を有し得るかという，外国人の内国における地位について定める法律を外人法という。外人法は国際的私法生活関係を直接的に規律する点で国際私法と性質を異にするが，国際私法による規律と関わりが深いため，ここで外国人の私法上の地位に関する外人法についてごく簡単に触れておく。

　日本では，外国人についても，原則として，日本人と同等の権利の享有が認められている（民法3条2項。内外人平等主義）。ただし，国家的利益にかかわる権利については，外国人による権利享有が法律によって禁止あるいは制限されている（なお，現在，条約による外国人の権利享有の禁止は存しない）。法律による外国人の権利享有の禁止の例としては，船舶所有権，航空機所有権，鉱業権の享有禁止などが挙げられる（船舶法1条，航空法4条，鉱業法17条）。

3 失踪宣告

設例5-2

　S国に居住するS国人A男は，日本に仕事のため滞在中，生来日本に居住するS国人X女と知り合い，S国において婚姻し，その後もS国において結婚生活を送っていた。婚姻から5年後にS国で発生した地震によりAは行方不明となり，地震発生から7年が経過した現在もAの生死は依然として不明である。Aが行方不明になってからまもなくしてXは日本に転居し，現在では日本人B男との婚姻を望んでいる。この場合，Xは日本においてAとの婚姻関係を解消するために失踪宣告の手続をとることができるか。

失踪宣告とは

　人の生死不明の状態が一定期間継続する場合に，その者の死亡を推定または擬制し，その者をめぐる不安定な身分上および財産上の法律関係を確定させる制度が各国でみられる。日本法上の失踪宣告，ドイツ法上の死亡宣告，フランス法上の不在宣告や死亡宣告などがそれにあたり，これらの制度はいずれも国際私法上の失踪宣告の概念に包摂される。

国際裁判管轄

　失踪宣告について，6条は，外国人に限らず不在者一般を規定の対象とした上で，原則的管轄（6条1項）と例外的管轄（同条2項）を明確に規定している。日本に最後の住所を有しない外国人について，日本法を準拠法としない法律関係がある場合，法例6条の下では，日本において失踪宣告をなすことはできなかったが，通則法6条においては，日本で失踪宣告をなし得る余地を認めている。

原則的管轄

　6条1項では，「不在者が生存していたと認められる最後の時点において，不在者が日本に住所を有していたとき又は日本の国籍を有していたとき」は，日本人の生死は戸籍に反映される重要な問題であること，また利害関係人がわが国に所在していることが多いであろうことから，日本の裁判所は原則的管轄を有し，日本法によって失踪宣告をなしうる旨を規定している。このように，失踪宣告の原則的管轄として，不在者の最後の住所地国管轄と本国管轄を併用し，失踪宣告の必要がある場合に広く対応し得る規定となっている。

例外的管轄

　さらに，不在者が日本に最後の住所を有しない外国人であっても，不在者の財産や不在者に関する法律関係を日本で確定的に処理する必要が生じうることから，6条2項で，「不在者の財産が日本に在るとき」（例えば，不在者が，日本に所在する有体物，日本法上の工業所有権，日本で裁判上の請求をなすことができる債権を有している等）にはその財産についてのみ，および「不在者に関する法律関係が日本法によるべきときその他法律関係の性質，当事者の住所又は国籍その他の事情に照らして日本に関係があるとき」にはその法律関係についてのみ，日本の裁判所が例外的に日本法により失踪宣告をなし得る旨を定めている。

不在者に関する法律関係が日本法によるべきときほか

　法例6条は，「日本ノ法律ニ依ルベキ法律関係」がある場合には日本の裁判所の失踪宣告の管轄が認められるとしていたが，これでは狭きに失するとの立法論的批判が強く，この批判に応えて通則法

6条2項は，不在者に関する法律関係が「日本法によるべきとき」だけでなく，「法律関係の性質，当事者の住所又は国籍その他の事情に照らして日本に関係があるとき」（例えば，不在者をめぐる利害関係人が日本人である場合）であれば，日本の裁判所が失踪宣告をなし得るように改めた。 設例5-2 の場合には，婚姻関係の準拠法はS国法であり，不在者に関する法律関係が「日本法によるべきとき」にはあたらないが，XはAとの婚姻までは生来日本に居住し，また現在も日本に居住中であること等を考慮すれば，「法律関係の性質，当事者の住所又は国籍その他の事情に照らして日本に関係があるとき」に該当し，Xは日本で失踪宣告の手続をとれることとなろう。

準　拠　法

　6条による失踪宣告の準拠法は日本法である。失踪宣告の効果について，かつて法例6条のもとでは，原則的管轄により日本の裁判所が失踪宣告をなす場合には直接的効果（失踪者の死亡の擬制）のみが認められるが，例外的管轄による場合には直接的効果とともに間接的効果（婚姻関係の終了，相続の開始）まで認められるとの解釈が通説的立場を占めていた。しかし，近年は，原則的管轄か例外的管轄かで失踪宣告の効果を区別する論理的必然性は乏しく，いずれの場合にも直接的効果まで認めれば足りる（失踪宣告による婚姻関係の終了や相続の開始は，それぞれ婚姻の効力の準拠法，相続の準拠法により判断されるべき）と解する立場が有力となっている。

失踪宣告の取消し

　失踪宣告の取消しの審判事件の国際裁判管轄について，通則法に

は直接の規定がなく，従前は解釈に委ねられていたが，新たに設けられた家事法3条の3では，「日本において失踪の宣告の審判があったとき」，「失踪者の住所が日本国内にあるとき又は失踪者が日本の国籍を有するとき」，「失踪者が生存していたと認められる最後の時点において，失踪者が日本国内に住所を有していたとき又は日本の国籍を有していたとき」のいずれかに該当するときは，わが国の裁判所が国際裁判管轄権を有する旨が規定された。

　失踪者の生存等が判明したことにより失踪宣告を取り消す必要が生じた場合には，まず，日本の裁判所において当該失踪宣告の審判がなされたのであれば，日本の裁判所において当該審判を是正することが適切と考えられる。また，外国の裁判所において失踪宣告がなされた場合であっても，失踪者の生存が判明し，失踪者の住所が現に日本国内にあるときには外国裁判所でなされた失踪宣告を日本において取り消しうることが当人や利害関係人の便宜に適い，また失踪者が現に日本の国籍を有するときには日本人の生死は戸籍に反映される重要な問題であることから，管轄が肯定されている。さらに，外国において失踪宣告がなされた場合に，失踪宣告により死亡したとみなされる時点とは異なる時点に失踪者が死亡していたことが判明し，失踪者が生存していたと認められる最後の時点において，失踪者が日本国内に住所を有していたときには日本と事案との間に密接関連性があり利害関係人がわが国に所在することが多いと考えられ，また失踪者が日本の国籍を有していたときには上記と同様に日本人の生死は戸籍に反映される重要な問題であることから，管轄が肯定されている。なお，失踪宣告の取消しの審判事件の国際裁判管轄については，不在者の財産が日本にあること，または不在者に関する法律関係が日本に関係があることを管轄原因とする必要性は

必ずしも高くないとされ，これらの場合に管轄は認められていない。

　また，失踪宣告の取消しの準拠法については，失踪宣告の取消し
は裁判所が後見的に関与する非訟事件に相当し，手続と準拠法の密
接な関連性が認められることから，失踪宣告の場合と同様に，法廷
地法たる日本法によるべきものと解される。

外国失踪宣告の承認

　外国失踪宣告の承認については，以前より，民訴法118条1号お
よび3号のみの類推適用などが主張されてきた。新たに設けられた
家事法79条の2においては，外国裁判所の家事事件についての確定
した裁判については，その性質に反しない限り，外国裁判所の確定
判決の承認要件（外国判決の承認の詳細については，第*17*章第**2**節参
照）を定めた民訴法118条の規定を準用する旨が規定されており，
今後も，家事法79条の2による，外国失踪宣告の承認に関する民訴
法118条の準用の具体的内容については解釈に委ねられることにな
ろう。なお，不在者の本国あるいは最後の住所地国でなされた外国
失踪宣告を承認する場合には，その効力は一般的に認められうるが，
不在者の財産の所在地国または不在者に関する法律関係に関係があ
る国でなされた外国失踪宣告を承認する場合には，それぞれ当該国
に所在する財産，当該国に関係する不在者に関する法律関係につい
てのみ，日本において効力が認められることになろう。なお，第
*18*章も参照。

4 行 為 能 力

設例 5 - 3

　S国に居住するY（日本人，17歳）は，S国のX時計店において日本人の店員から200万円の時計を購入したが代金を支払わず，X時計店による代金支払請求に対し，日本法によれば自分は未成年であるから時計の売買契約を取り消すことができると主張した。Yの主張は認められるか。なお，S国法によれば成年年齢は17歳とされている。

行為能力とは

　行為能力とは，人が単独で法律行為をなし得る能力をいい，財産行為能力と身分行為能力に分けられる。各国の実質法上，財産行為能力についてはあらゆる財産行為に共通して行為能力が定められているが，身分行為能力については身分行為ごとに行為能力が定められている（婚姻能力，認知能力など）。この点を踏まえ，国際私法上，身分行為能力の問題については各身分行為の実質的成立要件の問題に含めて考え，各身分行為の実質的成立要件の準拠法（例えば，婚姻に関しては24条1項）によるべきとされる。よって，ここでは，行為能力のうち，身分行為能力を除いた財産行為能力のみを取り扱う。

　財産行為能力の制限としては，①年齢に基づく制限，②心神の障害に基づく制限，③婚姻に基づく制限がある。②については後見・保佐・補助開始の審判の問題として5条に規定があり，③については妻の無能力の問題として婚姻の効力の準拠法（25条）によるとの見解が有力である。①の成年・未成年の問題については，通則法4条に規定が置かれている。

原則——本国法主義

　4条1項は，本人保護の見地から，行為能力について原則として本国法主義を採用している。通則法の立法過程では，本国法に代えて常居所地法または住所地法によることも検討されたが，常居所よりも国籍の方が連結点として明確であること，常居所地法によると日本人についても常居所を確認する必要が生じ，取引の円滑性を阻害するおそれがあること等から，結局，本国法主義が採用された。

行為地における取引保護

　かつて，法例3条2項は内国における取引保護を明文で規定していたが，取引保護の必要性は内外国の区別を問わず存するとして拡張して適用すべきとの見解が有力に唱えられていたため，これを受けて，通則法4条2項は，取引保護の対象を内国における取引に限定せず，行為地一般における取引へと拡張している。

同一法域内の当事者

　4条2項では，法律行為の当時同一法域内にいる者の間で当該法律行為がなされた場合にのみ取引保護が及ぶ旨が規定された。このように，異なる法域にいる者の間での取引に4条2項の取引保護は及ばないとされたのは，異なる法域にいる者と取引する者は，取引の相手方の行為能力について自らが行為する地の法とは異なる法が適用されるおそれがあることを予期すべきであると考えられたからである。なお，同一法域内にすべての当事者がいるか否かを判断する基準時は「当該法律行為の当時」であるから，同一法域内にいる者の間で契約が締結された後に当事者の一方が異なる法域に移動したような場合であっても，4条2項は適用される。

善意・悪意

4条2項の適用にあたって，取引の相手方の善意・悪意，過失の有無は問われない。つまり，本人が制限行為能力者であることを取引の相手方が知っていた場合にも，4条2項は適用される。通則法の立法過程における議論では，主観的要件を課すことについて，当事者の主観しだいで準拠法が決定されると相手方の予測可能性が害される等として反対する見解と，未成年者の保護と取引の安全のバランスをとるために賛成する見解が対立していたが，各界からの意見聴取の結果，主観的要件を課さない案を支持する見解が比較的多数を占めたため，結局，4条2項では主観的要件を課さないことになった。

したがって，設例5-3 で，Yは日本人の店員から時計を購入したが，Yが制限行為能力者であることをX時計店が知っていたか否かに関わりなく，S国において時計の売買契約を締結した以上，YはS国法により行為能力者として扱われるため，Yの主張は認められないこととなる。

行為地における取引保護の例外

4条3項は，同条2項は「親族法又は相続法の規定によるべき法律行為」と，「行為地と法を異にする地に在る不動産に関する法律行為」については適用しないと定めている。そもそも身分的行為能力に4条は適用されないと解する場合には「親族法又は相続法の規定によるべき法律行為」についての4条2項の適用除外は単に注意規定ということになる。また，「行為地と法を異にする地に在る不動産に関する法律行為」については，立法過程では当初4条2項の適用除外にしない方向で議論されたが，不動産所在地で執行されな

いような取引を保護して有効とすることはかえって取引の安全を害するおそれがあること等が指摘され，結局，適用除外となった。

5　後見・保佐・補助開始の審判

設例 5 - 4

　S国在住の日本人A男は交通事故に遭ったことにより後遺症として重い脳障害を負って判断能力を欠く常況にあり，現在はS国の介護施設で療養中である。Aに妻子がいないため，日本にいるAの甥Xは，Aの療養費用を捻出するためにAが日本に所有する土地を売却したいと考え，家庭裁判所に後見開始の審判を申し立てた。この場合，日本の家庭裁判所で後見開始の審判をなすことができるか。

後見・保佐・補助開始の審判とは

　精神上の障害（認知症，知的障害，精神障害など）によって判断能力が十分でない状態にある者について，国家機関がその者を制限行為能力者と決定し，本人の保護および本人を取り巻く一般社会の公益の保護を図る制度が後見・保佐・補助開始の審判の制度である。通則法では，後見・保佐・補助開始の審判はその対象者の判断能力の程度が異なるだけで制度趣旨自体は同一であることから，それらを1つの単位法律関係にまとめて5条に規定を置いている。

国際裁判管轄

　後見・保佐・補助開始の審判の国際裁判管轄（国際裁判管轄の詳細については，第**15**章参照）に関して，5条では，本人が「日本に住所若しくは居所を有するとき又は日本の国籍を有するとき」に日本の裁判所の管轄が肯定されるとして，本人の保護の必要性に柔軟に応

じられるように本国管轄と住所（居所）地国管轄がともに認められた。本国管轄を認めることには，日本に居住していない者の心神の状況を調査するのが難しいことから異論もあった。しかし，設例5-4 のように，外国に居住する日本人の心神に障害が生じ，その者の看護費用を得るためにその者が日本に有する財産の処分が必要になる場合などを考えると，やはり本国管轄を認めておく必要性があり，また，そのような場合に本人の心神の状況調査が難しいとしても，国際司法共助（外国における証拠調べについて，第16章第4節参照）などの手段を用いることも考えられるとして，結局，本国管轄も住所（居所）地国管轄とともに認められるにいたった。したがって，設例5-4 の場合，Aの本国である日本の裁判所で後見開始の審判をなすことができる。

準　拠　法

5条は，後見開始の審判等についてはもっぱら日本法によると規定している。よって，原因・効力はもちろん，後見開始の審判等の請求権者の問題などもすべて日本法によることとなる。その理由としては，保護措置の実効性を確保できること，後見開始の審判の効力が当事者の国籍等にかかわらず，一律に日本法によって規律され，取引の安全の見地から望ましいこと，後見開始の審判をめぐる法的問題を単一の準拠法により簡明かつ整合的に規律し得ること等が挙げられよう。なお，誰が後見人になるか，後見人の権利義務の範囲はどこまでか，などの問題については，第13章第4節を参照。

外国成年者保護裁判の承認

日本の後見開始の審判等に相当する成年者保護の裁判が外国にお

いてなされた場合，その効力が日本で認められるかという問題に関しては，従来，学説が対立しており，外国でなされた成年者保護の裁判については日本で公示する手段がない点を重視し，外国成年者保護裁判の日本における効力を一律に否定する見解もある一方で，日本の後見開始の審判についても後見の登記はなされるものの，登記事項証明書を請求できるのは一定の者に限定され，取引の相手方にはそれが認められておらず，公示がなされているわけではないことを考慮し，外国非訟裁判の承認一般の問題として民訴法118条により承認の可否を判断する見解も存する。外国でなされた成年者保護の裁判が，家事法79条の2により，民訴法118条を準用して承認の可否が判断されるべき対象に含まれると解するか否かについては，未だ解釈に委ねられているといえよう。第 *18* 章第 **3** 節 **2** も参照。

第 **2** 節　法　　　人

設例 5 - 5

　食品の加工・販売を業とする日本法人の X 会社は，冷凍食材の輸入をしたいと考え，S 国において食材の加工・販売を行う Y 会社（S 国法に従い設立され，S 国に本店を有する S 国法人）に対し取引の開始を打診したところ，Y は Y の CEO（chief executive officer，最高経営責任者）である A を日本にある X の本社に赴かせ，Y を売主，X を買主とする冷凍食材に関する売買契約の締結を提案した。A が Y を代表して本件契約を締結することができるか否かは，いずれの国の法で判断すべきか。

1　法人をめぐる国際的規律

　法人とは，法律上一般的権利能力が認められた社団・財団等の団体を指す。法人をめぐる国際的規律に関しては，法人についての国際私法上の問題と，外国法人に関する外人法上の問題がある。法人についての国際私法上の問題とは，法人の設立の要件はなにか，法人と社員はいかなる関係に立つか等の法人にかかわる基本的事項がいかなる国の法により規律されるかといった準拠法決定の問題である。他方，外国法人に関する外人法上の問題とは，外国法人が内国において法人として活動することが認められるためにはいかなる要件をみたすことが必要か，外国法人は内国においていかなる権利を享有できるか，外国法人は内国においていかなる国家的監督規定に服するのかといった内国における外国法人の取扱いの問題である。法人についての国際私法上の規律と外国法人に関する外人法上の規律は車の両輪のごとく相互補完的に機能し，法人をめぐる国際的規律をなしている。

2　法人についての国際私法上の問題

法人の従属法の決定

　自然人についての属人法と同様に，法人についても，法人格の存否といった法人にかかわる基本的事項を原則として規律する法として，法人の従属法という概念がある。通則法には，法人の従属法についての明文規定が設けられておらず，これがいかなる法であるかは解釈に委ねられている。学説上，法人の従属法の決定に関しては様々な説が提唱されているが，中でもとくに有力であるのが，設立準拠法説と本拠地法説の2つである。設立準拠法説とは，法人が設

立の際に準拠した法を法人の従属法とする見解であり，固定性，明確性といった点で優れるが，設立者が自由に設立地を選択することにより従属法を操作できるという欠点等も指摘される。本拠地法説とは，法人の本拠が所在する地の法を法人の従属法とする見解であり，設立者は法人の本拠地での設立が要求されるため，法律回避的な設立を阻止できるという利点がある。しかし，その一方で，法人の本拠が移転する場合には従属法が変更されるといった不安定性があること，法人の本拠とは具体的にどのような地を指すのか不明確であること等の欠点がある。日本では，固定性，明確性に優れる設立準拠法説が通説となっており，法律回避的な設立を可能にしてしまうという設立準拠法説の欠点については，後述の擬似外国会社に対する規制等の外人法上の規制によって補完が試みられている。

法人の従属法の適用範囲

　法人の従属法（通説によれば設立準拠法）は，法人の設立に関する問題（例えば，定款の作成，設立登記），内部組織・内部関係に関する問題（例えば，法人の機関の構成，法人と社員の関係），法人の消滅に関する問題（例えば，法人の解散事由）などに原則として適用される。

権 利 能 力

　法人の一般的権利能力，すなわち法人格の存否および範囲についても法人の従属法が適用される。しかし，法人の従属法によれば，定款で定められた法人の目的により権利能力が制限され目的外の行為が無効とされる場合，行為地における取引保護の見地から，自然人の行為能力に関する4条2項を類推適用し，行為地法によれば権利能力が認められるときには行為地法により法人の権利能力を肯定

して当該行為を有効と解するのが多数説であろう。ただし，法人の社員や債権者の利益保護とのバランスを図って，会社法933条2項1号で設立準拠法の登記が義務づけられている外国会社はこのような類推適用の対象から外すべきとの指摘がある。

　法人の個別的権利能力，つまり個々の権利義務を法人が享有し得るかという問題については，自然人の場合と同様に当該権利義務の準拠法によるが，当該権利義務の享有を認めるにあたっては，法人の従属法が法人に当該権利義務の享有を認めていることが前提となる。

行 為 能 力

　法人の行為能力，すなわち機関の代表権の有無・範囲についても原則として法人の従属法による。ただし，行為の相手方との関係で問題となる場合には，取引保護の見地から4条2項を類推適用し，法人の従属法によれば行為能力が認められないときでも，行為地法によれば行為能力が認められるのであれば，行為能力を肯定することが考えられる。 設例5-5 の場合，AがYを代表して本件契約を締結することができるか否かは，法人の従属法であるS国法により判断される。ただし，4条2項の類推適用により，仮にS国法によりAに代表権がないとされる場合でも，本件契約の締結地法上Aに代表権が認められるときには，Aの代表権を肯定する余地がある。

　なお，機関の代表権の有無・範囲の問題を代理の問題に包摂して処理する見解もある。第6章第3節を参照。

不法行為能力

　法人の不法行為能力，すなわち，いかなる者の不法行為を法人自

体の不法行為として法人に損害賠償責任を負わせるかという問題については，法人が予期しない賠償責任を負わせられることを回避すべく，法人の従属法によるとする説が従来は有力であった。しかし，近年は，被害者保護の見地から，法人の不法行為能力が法人の従属法上どのように規定されているかにかかわらず（たとえ法人の従属法上不法行為能力が認められないとしても），自然人の不法行為能力の問題と同様に不法行為の準拠法によるとする説が有力となっている。

コラム5-①

多国籍企業と法人格否認の法理

多国籍企業とは，複数の国で設立された独自の法人格を有する個々の企業が共通の支配・資本を介して一体となって利潤を追求する企業グループを指す。多国籍企業の親会社に対して外国子会社の行為についての責任追及をする場合，法人格否認の法理（当該事案限りで会社の法人格の独立性を否定し，会社とその背後の実体，例えば親会社を同一とみることによって事案の衡平な処理を図る法理）を用いることが考えられるが，その際，法人格否認の法理を抵触法上どのように取り扱うかが問題となる。法人格否認の問題を法人の権利能力の制限にかかわるものととらえて一律に法人の従属法によるとする説もあるが，法人格否認の法理が適用される場合は多種多様であることから，問題状況に応じて準拠法を決定すべきとの説が有力となっている。例えば，子会社の契約責任または不法行為責任につき親会社も責任を負うか否かが問われる場合には，本来民法上保護されるべき利益が問題となっており，特定の債権者の保護を図るための法人格否認であるから，それぞれ契約の準拠法，不法行為の準拠法によるべきであろう。他方，親会社の子会社に対する不当な影響力の行使により，子会社および第三者が損害を受けたとして親会社の責任が追及される場合には，子会社の債権者全体を保護するシステムとして会社法上の利益が問題となっているから，子会社の従属法によるべきであろう。

3 外国法人に関する外人法上の規制

内外法人の区別

外人法によって外国法人に対し規制をなす際の前提として，まず，いかなる法人を外国法人として取り扱うかという問題が生じる。原則として，外国法人とは外国法に従って設立された法人を指す，すなわち設立準拠法によって内外法人を区別すると解されているが，この区別は必ずしも絶対的なものではなく，各種の外人法の規制目的に応じて相対的に，本拠地や管理の実態に着目し内外法人を区別する必要性も認識されている。

外国法人の認許

外国法人がわが国において法人として活動するためには，わが国において法人格が承認（認許）されることが必要である。民法35条1項では，一定の種類の外国法人を概括的に認許するとの立場がとられている。認許される外国法人としては，①国および国の行政区画，②外国会社，③特別法により認許される外国法人（例えば，外国相互保険会社）または条約により認許される外国法人（例えば，日米友好通商航海条約による認許），④国際法人（例えば，度量衡万国中央局）が挙げられる。外国公益法人については，外国の公益と内国の公益が抵触するおそれがあること等から認許の対象から外されているが，その結果，赤十字国際委員会等の，わが国の公益と抵触しないような，国際的に活動する外国公益法人も認許されないことになるため，妥当でないとの批判が強い。仮に認許されない場合，当該外国法人はわが国における活動を禁じられるわけではないが，法人格が承認されないことから，わが国では権利能力なき社団・財団と

して取り扱われることになる。

外国法人の権利享有

　外国法人のわが国における権利享有については，まず，民法35条
2項本文で，外国法人は同種の内国法人と同一の私権を享有すると
の原則が示されている。本来，認許された外国法人はその従属法が
認める一般的権利能力の範囲内で私権を享有するが，わが国におい
ては，従属法上享有し得る私権のうち，同種の内国法人が享有し得
る私権しか享有が認められないという制約を受ける。さらに，同項
ただし書では，外国自然人が享有し得ない権利および法律または条
約中に特別の規定がある権利についてはこの限りでないとして，外
国法人の個別的権利能力の享有に一定の制限を加えている。現在，
外国法人に限定して権利享有を禁止する法律や条約は存しないため，
結局，外国法人が享有し得ない権利とは，外国自然人に享有が禁
止・制限されている権利および法人の性質上享有し得ない権利とい
うことになる。

　なお，外国人の権利享有を禁止・制限する法律の中には，外国人
土地法のように，外国法人の権利享有を禁止・制限するにあたり，
設立準拠法だけでなく，法人の構成員，議決権，資本の帰属につい
ても考慮した上で，"外国"法人であるか否かを判断するものがみ
られる。

外国会社に対する監督規定

　外国法人の中でも営利法人，すなわち外国会社（外国の法令に準拠
して設立された法人その他の外国の団体であって，会社と同種のものまた
は会社に類似するもの。会社法2条2号）に対する監督規定は，会社法

817条以下に置かれている。外国会社が日本において継続して取引を行う場合には，日本における代表者（そのうち1名以上は日本に住所を有していなければならない）を定めることが必要となる（会社法817条1項）。代表者は，日本における業務に関する一切の行為をする権限を有し（同条2項），この権限に制限を加えてもこれを善意の第三者に対抗することはできない（同条3項）。また，日本における代表者の氏名および住所，設立準拠法等の事項は登記しなければならず（同933条），登記するまでは日本において継続して取引することが禁じられる（同818条1項）。これに違反して取引をした者は，外国会社と連帯して，取引の相手方に対し当該取引によって生じた債務を弁済する責任を負うとされている（同条2項）。

擬似外国会社

　会社法821条は擬似外国会社に対する規制として，日本に本店を設けまたは日本で営業を行うことを主な目的とする外国会社は日本において継続して取引を行うことができない（1項）とし，これに違反して取引をした者は，取引の相手方に対し会社と連帯して当該取引によって生じた債務を弁済する責任を負う（2項）と規定している。擬似外国会社の法人格を否定し日本法による再設立を求めるとすれば，かえって内国の取引の安全が害されるおそれがあり妥当でないことから，擬似外国会社の法人格自体は肯定しながら，法律回避的な設立を抑止する目的で，取引を行った者に擬似外国会社と連帯責任を負わせることにしたのである。

第6章 契 約

　通則法の第3章第2節は「法律行為」に関する規定を置く。法律行為とは，一般に，一定の法律効果に向けた意思表示を要素とする人の行為であって，法律がその効果の実現に助力するものをいう。法律行為の中で最も頻繁に利用され，最も重要なのは契約である。契約には，抵当権設定契約などの物権契約や，協議離婚などの身分法上の契約もあるが，これらの契約は，物権法上の問題（13条）や身分法上の問題（24条以下）として，別個の法選択規則によると一般に解されている。したがって，本章では契約債権に関する問題を主対象とする。なお，便宜上，契約に関連して問題となることが多い代理についても本章で検討する。

第1節 一般の契約

設例6-1

　設例5-5 の事実関係のもとで，本件契約の準拠法について，X は日本法を，Y は S 国法をそれぞれ主張して最後まで譲らなかった。そのため，当事者間で準拠法の合意がないまま，X の本店で本件契約を締結した。ところが，Y から引き渡された冷凍食材の品質が予想外に劣っていたため，X は別の業者から食材を取り寄せざるを得

なくなり損害を被った。本件契約には，いずれの国の法が適用される
か（国際物品売買条約の適用の有無も問題になり得るが，これについては第
21章を参照）。

契約に関する通則法の規定

　契約（債権契約）とは債権関係の発生・変更・消滅に関する当事
者間の合意をいう。契約の準拠法につき，通則法は，成立・効力
（7条～9条）と方式（10条）に関して規定する。これらの契約一般
の問題に加えて，弱者保護を必要とする特殊な契約類型である消費
者契約の特則（11条）と労働契約の特則（12条）を置いている。以
下，一般の契約を対象とし，消費者契約と労働契約は第**2**節で検
討する。

1　当事者自治の原則

当事者自治の原則とは

　当事者の意思に従い準拠法を決定することを，当事者自治または
主観的連結（主観主義）と呼ぶ。これは，当事者の意思を連結点と
するものである。契約以外の問題においては，法律関係を構成する
客観的な要素を連結点とする客観的連結（客観主義）が原則とされ
ているのに対して，契約については諸国の国際私法上，当事者自治
の原則を採用する。通則法も「法律行為の成立及び効力は，当事者
が当該法律行為の当時に選択した地の法による」（7条）と規定し，
当事者自治を原則とする。7条以外で当事者自治の原則が認められ
ているのは，不法行為（21条），事務管理および不当利得（16条），
夫婦財産制（26条2項）であるが，いずれも限定的である（第**7**章第
1節**6**，同第**2**節・第**3**節，第**11**章第**2**節2参照）。

当事者自治の根拠はなにか

契約に関して当事者自治を原則とする根拠として，一般に，①客観的連結の困難さ，すなわち多様な内容・性質をもつ契約一般に妥当する客観的な連結点を見出せないこと，②私的自治の原則の国際私法への反映，すなわち諸国の実質法上契約自由の原則が認められ当事者の意思が尊重されるのであれば国際私法上も当事者の意思を尊重すべきであること，③当事者の正当な期待の保護および国際取引の安全と円滑の促進に適うこと，そして，④裁判所にとっては，準拠法判断が容易になり法的安定性に適うことなどが挙げられる。このほか，⑤多くの国が当事者自治を認めており，国際的調和に適うことも理由となり得る。

当事者自治の制限論

これに対して，客観的連結を原則とすべきとの立場から，当事者自治に対する種々の制限論が主張されてきた。

第1は，当事者による準拠法指定の範囲を任意法の枠内に制限する見解（質的制限論）である。しかし，強行法と任意法の区別は実質法によってなされるはずであり，そうすると，当該実質法をどのように決定するかが問題となる。そもそも当事者自治の原則は，いずれかの実質法への客観的連結の困難さを根拠とするものであり，質的制限論はこの前提から無理がある。現在では支持を得ていない（これに対して，夫婦財産制における当事者自治については，26条2項により量的制限が採用されている。第*11*章第**2**節**2**参照）。

第2は，準拠法指定の範囲を当該契約と客観的関連を有する一定の国の法律に限定する見解（量的制限論）である。しかし，中立的な第三国の法を指定する場合など，契約とは無関係の国の法を準拠

法とする必要性も存することから，量的制限論も支持されていない。

　第3は，準拠法指定の目的が本来適用されるべき法律の回避でないことを要求する見解（法律回避論。第3章第2節1参照）である。しかし，本来適用されるべき法律をどのように決定するか，それ自体が問題となっているのであり，この見解も支持を得ていない。

　結局，契約の成立・効力の問題については，当事者自治が広範に認められている。したがって，国際契約の当事者は，弱者保護や社会経済秩序の維持などの観点から各国が定めている強行法規の適用を回避することが可能となる。これを阻止する方法として，通則法は，消費者契約および労働契約に関して当事者自治を制限する特則（11条・12条）を置いている。なお，事案によっては，当事者自治の制限として，公序の規定（42条）や絶対的強行法規の適用（第2節1を参照）が問題となり得る。

当事者による準拠法選択の態様

　①　黙示の準拠法選択はどのような場合に認められるか　　7条が定める当事者による準拠法選択は，当事者自治の原則の趣旨からすれば，契約中の準拠法条項のような明示のものだけでなく，黙示のものでもよいと考えられる。では，黙示の法選択が認められるのは，どのような場合か。当事者の現実的な意思が存在する場合に限られるか，それとも，契約に関する様々な客観的要素も考慮して決められる仮定的な意思でもよいか。この点，通則法8条1項は，当事者による準拠法選択がない場合に最密接関係地法を契約準拠法にすることを定めている。最密接関係地法は，最終的には契約に関する様々な要素を考慮して決定されるので（本節2参照），黙示の法選択を仮定的意思によるものでもよいとする必要性に乏しい。

したがって，7条の「選択」には明示の選択だけでなく黙示の選択も含まれるが，当事者の仮定的な意思による選択は含まれず，現実的な意思によるものに限られると解する見解が有力である。

② 準拠法選択行為自体の有効性　当事者による準拠法選択行為自体の有効性をどのように判断すべきか。例えば，契約当事者の一方が他方を欺したり強迫したりして，自己に有利な法を準拠法とする条項を両当事者の合意として契約に定めたりするような場合に問題になる。当事者による法選択が認められるには当事者の選択が有効になされたものであることが，7条の前提である。すなわち，この問題は，7条の当事者による準拠法の「選択」があったか否かの問題の一場面であり，「当事者の意思」という連結点の確定（第**3**章第**2**節**1**参照）の問題である。従来の多数説は，当事者の法選択を認める規定（7条）の解釈問題と解した上で，国際私法自体の立場から，重大な錯誤に基づくものは無効，詐欺・強迫に基づくものは取消可能という基準で判断すべきとする説であった（国際私法独自説）。しかし，この説に対しては，①準拠法選択行為の有効性自体について明文規定はほとんど存在せず，判断基準が曖昧にならざるを得ない，②結局のところ法廷地実質法が基準となってしまって，法廷地ごとに基準が異なることになる結果，準拠法指定の有効性が法廷地ごとに異なって判断されるおそれがあるとの批判がある。むしろ，当事者が準拠法として選択した実質法を基準とする説（準拠法説）が優勢である。その根拠は，①基準の明確性が得られる，②契約自体の意思表示の有効性と準拠法選択行為の有効性を同一の法で判断できる点で実践的である，などである。この準拠法説に対しては，準拠法選択行為の有効性が問題となっているのに，これから有効かどうかが決められるべき行為によって指定されている準拠法

によって準拠法選択行為が有効かどうかを判断することは理論的に循環論に陥り，成り立ち得ないとの強い批判がある（水戸地判平成26・3・20判時2236号135頁は，傍論でこの循環論批判を行う）。しかしながら，準拠法説は現象的にはたしかに循環論になりそうであるが，表見的・外形的にはその法を選択する意思が明示されているのであるから，この法に基づいて準拠法選択行為の有効性を判断することは，現実的に不可能ではない。また，この法は両当事者にとって予測可能である，との反論も可能である。

③　後に準拠法を変更することは可能か　　7条によれば，当事者による準拠法選択は，契約時に行われるのが原則である。契約時に有効な準拠法選択がない場合には，最密接関係地法への客観的な連結がなされる（8条）。しかし，当事者自治の原則の趣旨からすれば，契約締結後であっても，当事者による準拠法の選択・変更を認めるべきである。9条本文は，これを肯定し，当事者による準拠法の変更を明文で認める（なお，契約当事者が準拠法変更を行った場合，当事者は，その変更に遡及的な効力を与えることもできると解される。26条2項後段柱書の反対解釈）。ただし，例えば第三者のためにする契約における第三者や契約債権の譲受人が不利益を被らないようにするため，9条ただし書は，「第三者の権利を害することとなるときは，その変更をその第三者に対抗することができない」と規定する。また，例えば当事者が訴訟中にある国の法を前提にして主張をしている場合には，9条の文言上明示の合意に限定されていないため，これを黙示的な事後的法選択として扱ってよいと考えられる。ただし，そのような訴訟行為のみで事後的な黙示意思を認定するのには慎重であるべきで，裁判所による釈明権の行使がされることが望ましいとの見解もある。

④　複数の準拠法選択は可能か　　例えば，「契約の成立につい
ては日本法，契約の効力についてはイングランド法を準拠法とす
る」旨の準拠法選択条項は認められるか。これが，分割指定の問題
である。7条における分割指定の可否については明文規定がなく
（これに対して，26条2項3号は不動産に関する夫婦財産制の準拠法につい
て分割指定を認める明文規定である），解釈の問題となる。複数の準拠
法の間で矛盾が発生するおそれがあり，その適用が複雑となること
などを理由に，分割指定を否定する見解もある。しかし多数説は，
当事者の意思を尊重するという7条の趣旨や，国際契約実務上の必
要性にかんがみて，分割指定を肯定している。

2　客観的連結

最密接関係地法への連結

当事者による有効な準拠法選択がない場合には，客観的な連結点
によって準拠法を決定することになる。8条1項は，「前条の規定
による選択がないときは，法律行為の成立及び効力は，当該法律行
為の当時において当該法律行為に最も密接な関係がある地の法によ
る」と規定し，最密接関係地法への連結を定める。

問題となるのは，契約に最も密接な関係がある地の判断方法であ
る。①8条の文言上，考慮要素について限定が付されていないこと，
②8条が柔軟な準拠法の決定を認める趣旨であること，③客観的事
情と意思的要素の厳密な区別が困難であることなどを理由として，
最密接関係地の認定については，当事者間の意思的要素（主観的事
情）および客観的事情を含む，すべての要素（当事者の国籍・住所・
事業所所在地・設立準拠法などの属性，契約の交渉地・締結地・履行地，
目的物の所在地，当事者間・業界の慣行など）が考慮されるべきである

と解されている。

準拠法の分割

　8条による最密接関係地法への連結にあたり，1つの契約中の問題ごとに別個の法を準拠法と決定することができるか。前述の7条の分割指定と同様の問題である。準拠法の間の調整が必要となり複雑となること，8条2項が契約全体についての推定規定を設けていることなどを理由に分割を認めない見解と，最密接関係地は問題ごとに異なり得ること，1つの契約中で複数の給付を定めるなど実質的に複数の契約と解し得るものもあること，7条の分割指定について多数説による解釈はこれを肯定しており準拠法分割を認めても大きな弊害が考えられないことなどを理由に，8条においても準拠法の分割の可能性を認める見解が対立する。

　なお，支払手段としての貨幣の種類，度量衡や取引日・取引時間などの契約の履行の態様については，契約の準拠法を適用するよりも履行地法を適用した方が合理的であることから，当事者による反対の意思表示がない限り，履行地法によることが広く認められている（このように，事物の性質上，契約準拠法とは異なる法の支配を認めるべき場合における当該法を「補助準拠法」という）。契約準拠法となる実質法上の解釈で対応できることなどを理由に補助準拠法を否定する見解もあるが，準拠法の分割を肯定する立場からは，履行態様については履行地法が最密接関係地法と認定されよう（外国貨幣で表示された金銭債権の問題については，第8章第1節参照）。

特徴的給付の理論に基づく最密接関係地法の推定規定

　8条1項は最密接関係地法への連結を定めるが，最密接関係地は

必ずしも明確であるとは限らないため，最密接関係地法への連結は，法的確実性や予見可能性の観点から問題が残る。そこで8条2項は，特徴的給付の理論に基づく推定規定を定めた。

特徴的な給付とは，当該契約を特徴づける給付をいう。片務契約の場合には唯一の義務を負う者の給付が特徴的給付と解される（日本民法で要物・片務契約とされる消費貸借契約については，職業的行為としての貸主の提供行為を特徴的給付と解する説が有力である）。双務契約の場合には，金銭給付はほかの契約一般にもみられるものであるから，通常，金銭給付の反対給付が特徴的給付とされる。例えば，売買契約では目的物引渡し，役務提供契約では役務提供である。

なお，8条2項の特徴的給付の理論に基づき推定される最密接関係地法は，給付地法ではなく，特徴的給付を行う当事者の常居所地法である。その当事者が当該契約に関係する事業所を有する場合にあっては当該事業所の所在地法である。その当事者が当該契約に関係する複数の事業所で異なる法域に所在するものを有する場合にあっては，その主たる事業所（一般に本店など）の所在地法である。

8条2項による特徴的給付者の常居所地法は，あくまでも最密接関係地法としての「推定」にとどまるのであるから，当事者は，別の地の法が最密接関係地法であるとの反証が可能である。これにより推定が覆れば，最密接関係地法はその別の法になる。反証は，契約に関するすべての要素（前述した，当事者の国籍・住所などの属性，契約の交渉地・締結地・履行地，目的物の所在地，当事者間・業界の慣行など）が，別の地にどれだけ重心を有するかによって行われる。

特徴的給付の理論の根拠と限界

特徴的給付の理論を採用する根拠として，①商業上の行為に関し

ては，契約関係の重心が職業的行為を引き受ける者の側にあると考えられること，②商人による大量取引のケースで当該商人が関係する複数の契約関係を統一的に処理することが可能となること，③国境を越える金銭の支払よりも目的物の引渡しや役務の提供の方が一般に困難であり，当該給付を行う当事者をより保護する必要があること，④比較的多数の法制との調和を図ることができることなどが挙げられる。

　しかし，特徴的給付の理論には，次のような困難が指摘される。まず，①8条2項で推定される地が最密接関係地であるとは，かならずしもいえない場面もある。例えば，銀行を貸主とする保証契約では取引実務上は銀行側の法の適用が当然と考えられるのに対して，特徴的給付の理論によれば保証人側の法が最密接関係地法と推定される。また，納入先の商標での製品の受託製造をするOEM契約では，委託者が製品の仕様や規格を決定し，目的物の商品は委託者の商品として販売されるので契約の重点はむしろ委託者側にあるが，特徴的給付の理論では，製造業者側の法が最密接関係地と推定される。これらの場合には，反証により推定が覆るケースが多いと考えられる。次に，②複雑な契約内容となるジョイント・ベンチャーに係る契約関係等ではそもそも特徴的給付の決定が困難であり，1項の原則に戻らざるを得ない，などの指摘である。

不動産を目的物とする契約に関する推定規定

　不動産を目的物とする契約については特徴的給付の理論に基づく推定規定は適用されず，「その不動産の所在地法」が最密接関係地法と推定される（8条3項）。不動産については，登記・登録が通常よく問題となり，その所在地法と密接な関連を有するからである。

コラム6 -①

非国家法の準拠法適格性

　7条・8条によって連結される準拠法は国家法でなければならないか。言い換えると，民間の統一規則（第**20**章第**2**節**2**参照），契約法の一般原則や未発効の国際条約などを準拠法とすることはできないか。これが非国家法の準拠法適格性の問題である。7条・8条の「地」という文言や国家法の抵触を解決するという国際私法の目的を理由として，非国家法の準拠法適格性を否定するのがわが国の学説上の多数説である。これに対して，国際契約の準拠法に関する米州の国際私法条約（メキシコ条約）はユニドロワ国際商事契約原則（第**20**章第**2**節**2**参照）などの準拠法適格性を認めており，諸外国では非国家法の準拠法適格性を肯定する立場も有力となっている。また，日本が加入している国連国際物品売買条約7条2項は，この条約が規定しない問題については，国際私法により補完されるのみならず，「条約の基礎を成す一般原則」にも従う旨を規定する（第**21**章第**2**節**3**参照）。そして，この一般原則としては前述のユニドロワ国際商事契約原則がよく挙げられており，実際に条約が同原則を適用した海外の事案がいくつかあり，今後日本の裁判においてもこの問題が生じる余地がある。他方，国際仲裁における非国家法の準拠法適格性の問題については，第**19**章第**4**節を参照。

3　準拠法の適用範囲

契約の成立および効力とは

　7条〜9条によって定まる準拠法は，契約の成立および効力の問題に適用される。契約の成立とは，契約が有効に成立するために必要とされる要件に関する問題をいい，具体的には，①契約の要素である意思表示自体の瑕疵，②交叉申込みの許否，③約因の要否，④契約内容に関する可能性・確定性，⑤契約の目的の適法性，⑥成立要件としての官庁や第三者の許可などの問題をいう。申込みや承諾

の成否の問題についても，原則として，契約の準拠法によると解される。なお，契約の成立要件であっても，行為能力（4条）や方式（10条）は別の単位法律関係とされているため，それぞれ当該規定による（行為能力については第**3**章第**1**節3と第**5**章第**1**節4を参照。方式の問題については，本節**4**参照）。

契約の効力とは，例えば，①当事者の権利義務，②債務不履行の効果，③危険負担，④同時履行の抗弁権などの問題をいう。設例6-1 は，契約上の義務の不履行に基づく損害賠償請求であるから，契約の効力の問題である。したがって，当事者 X・Y が準拠法選択をしていた場合には当該法による（7条）が，この設例では，準拠法選択をできなかったため最密接関係地法によることになる（8条1項）。本件売買契約においては，Y が特徴的給付を行う当事者であるから，その事業所所在地法である S 国法が最密接関係地法と推定される（8条2項）。最後に，この推定が覆る事情があるか検討しなければならない。買主である X の本社がある日本が契約の交渉地・締結地であるという事情だけでは，8条2項の趣旨からは，これを覆す事情には一般にならないと考えられる。そうであるとすると，設例6-1 において，本件契約には S 国法が適用される。

4 契約の方式

契約の方式とは

契約の方式とは一般に，法律行為が有効に成立するために必要とされる意思表示の外部への表現方法をいう。契約の形式的な成立要件のことであり，契約が有効に成立するために口頭の意思表示で足りるか，それとも書面が必要かなどの問題である。例えば，日本民法446条2項によれば，「保証契約は，書面でしなければ，その効力

を生じない」と規定されているが，国によっては必ずしも書面が要求されておらず，準拠法いかんによっては口頭でも保証契約が有効に成立することになる。

成立の準拠法と行為地法の選択的連結

　契約の方式は，契約の形式的成立要件の問題であるから，契約の実質的成立要件の準拠法と密接な関連性を有する。実質的成立要件と方式が同一の準拠法によって規律されることは，法律関係の簡明という観点からも望ましい。そこで10条1項は，契約の方式は契約の「成立」の準拠法によると規定した。契約の成立の準拠法は7条・8条によって決定され，当該準拠法の変更（9条）があった場合でも，変更前の準拠法すなわち契約成立時点の準拠法による（10条1項かっこ書）。

　しかし，常に契約の成立の準拠法上の方式を要求することは，当事者に不便となるおそれがある。例えば，契約の成立の準拠法が特殊な書面を要求している場合には，行為地（契約締結地）では当該方式の履践が困難となる。そこで，当事者の便宜を図るため，10条2項は，行為地法に適合する方式も有効とする旨を規定した。

　結局，契約の成立の準拠法か行為地法のいずれかの方式に適合していれば，契約は方式上，有効とされる。これは選択的連結を認めたものであり，方式についてはできる限り契約を有効にしようとする契約有効視の原則に基づくものである。 設例6-1 においては，契約の成立の準拠法（7条・8条。本節3での検討によればS国法）か，または，Xの本社（日本）が契約締結地（行為地）であるため，日本法上の方式に適合していれば足りる。

隔地的契約の場合の行為地

　異なる法域に所在する当事者間で締結された契約を，隔地的契約という。近時の電子取引の増大という状況にかんがみれば，隔地的契約の方式の問題は今後ますます重要となろう。隔地的契約の場合には，10条2項の行為地の決定が困難である。そこで通則法は，「申込みの通知を発した地の法又は承諾の通知を発した地の法のいずれかに適合する契約の方式は，有効とする」(10条4項)と規定し，行為地の決定を不要とした。すなわち，隔地的契約の方式については結局のところ，①契約の成立の準拠法(10条1項)，②申込みの発信地法，③承諾の発信地法が選択肢に適用されることになる。「契約の方式」という文言から明らかなように，申込みの方式と承諾の方式はまとめて1つの「契約の方式」という単位法律関係として，申込みの発信地法か承諾の発信地法のいずれかに適合していれば足りることになる(申込みと承諾を分離して，申込みは申込みの発信地法，承諾は承諾の発信地法にそれぞれ適合していることを求めるのではない)。

　仮に 設例6-1 において契約締結行為が日本で行われず，Xの申込みおよびYの承諾がそれぞれの所在する地において発信されたとする。この場合，Xの申込みとYの承諾の双方の方式が，①1項の本則による契約の成立の準拠法(7条・8条。本節**3**での検討によればS国法)，②Xの発信地法(日本法)，③Yの発信地法(S国法)のいずれかの法に適合していれば，有効とされる。なお，契約の取消し・解除，相殺などについて書面等が必要かどうかという，相手方のある「単独行為」の方式については，その発信地法に適合していればよい(10条3項)。

行為地法に対する例外

「動産又は不動産に関する物権及びその他の登記をすべき権利を設定し又は処分する法律行為」である物権契約の方式については，行為地法によらず，常に当該物権契約の成立の準拠法（13条。目的物所在地法）による（10条1項・5項）。物権については方式が重要な意味をもち，かつ，物権の性質上，取引安全の観点から，方式についても目的物の所在地法の適用が必要だからである。また消費者契約の方式については，消費者保護の観点から11条3項〜5項による（次節参照）。

第 **2** 節　**消費者契約・労働契約**

設例6-2

　甲国人 X は，甲国会社 Y との間で労働契約（準拠法として甲国法を選択する合意がある）を締結した。X は，Y の命令に従い甲国内にある Y の複数の支店において勤務した後，日本と乙国における営業を統括する東京支店への配置転換を命じられ，現在まで6年間，東京支店において継続して勤務している。X・Y 間の労働契約の準拠法は何法か。

1　消費者契約・労働契約の特殊性

国際私法上の弱者保護の必要性

　消費者契約や労働契約など，当事者間に明白な交渉力・情報力等の格差がある契約類型については，完全な当事者自治を認めることや特徴的給付の理論を適用することは妥当でない。完全な当事者自

治を認めると，強者は自己に有利な法を指定し，弱者はそれに従わ
ざるを得ないこととなるからである。また，消費者契約においては，
通常，特徴的給付を行う当事者は事業者であり，事業者側の法が準
拠法と推定されるからである。

　そこで，諸国の国際私法上，消費者契約や労働契約については通
常の契約とは異なる法選択規則を置くことが多い。通則法も11条お
よび12条において，消費者契約および労働契約に関する特則を定め
ている。

絶対的強行法規の介入

　消費者法・労働法においては，日本との関連性を有する一定の消
費者・労働者を保護するため，国際私法や準拠法のいかんにかかわ
らず，その法規の適用範囲内の事項については日本で常に適用され
る法規（絶対的強行法規）が存在している。絶対的強行法規について
は，思考の順序として，当該事実を規律する準拠法はどの法かとい
う方法ではなく，公法と同様に，法規から観察を出発し，当該法規
の適用範囲がどこまでかという方法が採用される。絶対的強行法規
については裁判所が職権で適用しなければならず，当事者による主
張・援用は不要である。絶対的強行法規としては，特定商取引法や
割賦販売法，また労働基準法や最低賃金法などのいくつかの私法規
定がそうであると指摘されることが多い。

2　消費者契約

消費者契約とは

　消費者契約とは，消費者と事業者の間の契約をいう。国際私法上
も情報力・交渉力の点で弱者である消費者を保護する必要があるた

め，通則法は，消費者契約の特例を定めた（11条）。同条によると，「消費者」とは，事業としてまたは事業のために契約の当事者となる者を除く個人をいい，「事業者」とは，法人その他の社団または財団に加え，事業としてまたは事業のために契約の当事者となる個人を含む。この定義は，消費者契約法 2 条の定義と同様のものであるが，これは11条で消費者を保護する理由が，情報力・交渉力の格差という，消費者契約法と同一の理由に基づくものだからである。このように定義された消費者と事業者との間で締結される契約が，「消費者契約」であり，運送契約，保険契約や役務提供契約なども消費者と事業者間の契約であれば消費者契約に含まれる（ただし，保護されない消費者について，後述を参照）。なお，労働契約は12条の対象とされているため，消費者契約から明示的に除外されている（11条 1 項参照）。

消費者の常居所地法の適用確保

　11条は，消費者保護のため，少なくとも消費者の常居所地法上の強行規定の適用を保障する。消費者の常居所地法の適用は，①消費者の正当な期待に適うこと，②事業者も通常予見可能であること，③消費者保護に最大の利害関係を有するのはその常居所地であること，④比較国際私法上も優勢な立場で国際的な判決調和が図られることなどから正当化される。

当事者による準拠法選択がある場合の準拠法

　消費者契約の成立および効力についても，一般の契約と同様，原則として，当事者による準拠法選択がある場合には当該選択された法による（ 7 条。当事者自治）。ただし，消費者を保護するため，少

なくとも消費者の常居所地法上で認められている強行法規の適用が確保される。すなわち，消費者は，その常居所地法中の特定の強行規定を適用すべき旨の意思表示を事業者に対して行うことができる（11条1項）。意思表示をした場合には，契約準拠法に加えて，当該強行規定が重畳的に適用される。結局，消費者は，契約準拠法上の無効・取消し等の事由のほか，その常居所地法上の強行規定による無効・取消し等の事由を抗弁として主張することができる。

消費者による常居所地法上の強行規定の援用

　消費者が，その常居所地法上の強行規定を援用するためには，第1に，その強行規定を特定しなければならない。消費者法などの特別法上の強行規定だけでなく，民法等の一般の強行規定でもよい。また，強行規定は制定法規に限られず，常居所地法上の判例法理でも差し支えない。第2に，消費者は，強行規定を適用すべき旨の意思表示を事業者に対して行わなければならない。裁判外における意思表示でも差し支えない。特別な要件が規定されていない以上，口頭での意思表示で足りると解される。時期的な制限については明文規定が置かれていないが，常居所地法の適用を主張するかどうかについて，手続開始後の一定の時期までに裁判所が釈明権を行使すべきことが期待される。

　なお，日本（法廷地）の絶対的強行法規については，当事者の援用がなくとも，裁判所は職権で適用しなければならない。

当事者による準拠法選択がない場合の準拠法

　当事者による準拠法選択がない場合，契約の成立・効力の問題は，本来であれば，8条1項によって最密接関係地法が準拠法とされ，

同条2項の特徴的給付の理論に基づく推定規定によって事業者側の法が準拠法とされる可能性が高い。しかし，消費者を保護するため，11条2項は，消費者契約において当事者による準拠法選択がない場合，「第8条の規定にかかわらず，当該消費者契約の成立及び効力は，消費者の常居所地法による」と明確に規定した。

消費者契約の方式

消費者契約の方式についても，同様に，消費者には，その常居所地法の適用による保護が保障されている。第1に，成立に関して当事者が消費者の常居所地法以外の法を選択した場合には，消費者は，（例えば契約を無効とするために）消費者の常居所地法のみの適用を主張することができるし，あるいは，（契約を有効としたい場合などには）10条の原則どおり，選択された法と行為地法との選択的連結を主張することもできる（11条3項）。第2に，成立に関して当事者が消費者の常居所地法を選択した場合には，消費者は，消費者の常居所地法のみの適用を主張することができるし，10条の原則どおり，行為地法との選択的連結を主張することもできる（11条4項）。第3に，成立に関して当事者による準拠法選択がない場合には，消費者の常居所地法による（11条5項）。

能動的消費者の適用除外

以上のような消費者保護の諸規定について，その適用が正当化されない場合もある。その1は，「事業者の事業所で消費者契約に関係するものが消費者の常居所地と法を異にする地に所在した場合であって，消費者が当該事業所の所在地と法を同じくする地に赴いて当該消費者契約を締結したとき」（11条6項1号本文）である。消費

者が自らの意思で外国に行き，そこで現地の事業者と契約を締結する（いわゆる能動的消費者の）場合である。例えば，海外旅行中に現地で商品を購入する場合である。能動的消費者については，①国内的にのみ活動している事業者の活動に過度の支障をきたすこと，②消費者が自ら外国へ行った以上，その常居所地法上の保護を与える必要性が乏しいことから，保護される消費者契約から除外される。

　その2は，消費者が自らの意思で外国へ行き，そこで現地の事業者から契約の履行のすべてを受けた場合または受けるべきであった場合である（11条6項2号本文）。例えば，旅行前に外国のホテルと予約した上で当該ホテルに泊まる場合である。これも能動的消費者であって，1号の場合と同様，保護される消費者契約から除外される。

事業者からの勧誘に基づく例外

　ただし，11条6項1号・2号の場合のいずれも，当該消費者が当該事業者から，現地での契約の締結や履行を受けることについての勧誘をその常居所地において受けていたとき（各号ただし書）は，消費者が必ずしも自発的に外国へ行ったわけではなく，また，消費者の常居所地法が適用されると事業者が予見することも可能である。したがって，保護される消費者契約に該当する。

　問題となるのは「勧誘」の解釈であるが，前述のとおり，消費者保護の正当性と事業者の予見可能性のバランスという観点から判断すべきであろう。この観点からは，原則として，事業者による単なるウェブサイト上の一般的な広告だけでは足りず，ダイレクトメールや電話等による個別的な行為があった場合に限られると解されている。ただし，消費者を事業所の所在地に移動させる点を重視すれ

ば，不特定多数向けの広告であっても，「一定金額以上を購入した場合には甲国と現地の間の旅費等を負担する」という内容であれば，甲国の消費者に対する勧誘に該当すると解することも可能であろう。そして，消費者契約法上の勧誘の解釈について，新聞折り込みチラシのような不特定多数の消費者に向けられたものであっても，同法上の勧誘に該当しうるとした例（最判平成29・1・24民集71巻1号1頁）もあり，通則法11条6項1号，2号の勧誘の解釈に今後影響があり得るだろう。

常居所地および消費者性の誤認の場合の適用除外

その3は，「消費者契約の締結の当時，事業者が，消費者の常居所を知らず，かつ，知らなかったことについて相当の理由があるとき」（11条6項3号）である。事業者が，消費者の常居所地を誤認した場合である。例えば，消費者が事業者に対して虚偽の常居所を伝えた事案などである。この場合，消費者の本当の常居所地法の適用を事業者は予見できず，かつ，消費者を保護する必要もない。

その4は，「消費者契約の締結の当時，事業者が，その相手方が消費者でないと誤認し，かつ，誤認したことについて相当の理由があるとき」（11条6項4号）である。事業者が，消費者性を誤認した場合である。例えば，消費者が法人名義で契約をした事案である。この場合にも，消費者を保護する必要はない。

以上の適用除外に該当しない消費者契約は，11条によって消費者の常居所地法の強行規定の適用が確保される。

3 労働契約

労働契約とは

12条は，労働契約に関する特則を定めている。労働契約について
は，7条～9条の規定に対して12条が優先することになる。労働契
約の定義規定は置かれていないため，解釈に委ねられる。一般に，
使用者の指揮監督下に労働者が労務を提供し，その対価として労働
者が使用者から賃金の支払を受ける契約をいう。

国際私法上の労働者保護

労働契約については，労働者と使用者の間に交渉力・情報力等の
格差があるため，当事者自治を無制限に認めると使用者が自己に有
利な法を準拠法として選択する可能性がある。準拠法選択の平面に
おける当事者間の利益の適切な均衡を図るためにも，国際私法上，
弱者である労働者の保護が必要とされる。国際私法上の労働者保護
は，労働契約の最密接関係地法の強行規定の適用を確保することで
実現される。

当事者による準拠法選択がある場合の準拠法

第1に，当事者による準拠法選択がある場合には，当該選択され
た法による（7条）。ただし，労働者は，使用者に対して最密接関
係地法上の特定の強行規定の適用を主張することができる（12条1
項）。当該強行規定を適用すべき旨の意思表示を労働者が行った場
合には，当該労働契約の成立および効力に関しその強行規定が定め
る事項については，その強行規定も適用される。その限りにおいて，
当事者自治が制限される。

12条2項によれば，原則として労務提供地法が最密接関係地法と推定される。労務提供地法の適用は労働者の通常の期待に適い，使用者にとっても予見可能であり，また，労働市場における秩序維持という観点から，一般に，労働者保護および労働契約の法規律に関して最も利害関係を有するのは労務提供地だからである。労務提供地を特定できない場合には，同様の理由から，当該労働者を雇い入れた事業所の所在地の法が最密接関係地法と推定される。

　なお，消費者契約の場合と同様に，日本の絶対的強行法規については，労働者による援用がなくとも，職権で適用される。

当事者による準拠法選択がない場合の準拠法

　第2に，当事者による準拠法選択がない場合には，8条1項によって最密接関係地法が準拠法とされる。ただし，最密接関係地法の認定については，8条2項の特徴的給付の理論に基づく推定規定が適用されず，労務提供地法が最密接関係地法と推定される（12条3項）。労務提供地を特定できない場合には，労働者を雇い入れた事業所の所在地法が最密接関係地法と推定される（同条2項参照）。

　なお，12条3項は8条2項の特徴的給付の理論に基づく推定規定の特則であり，反証によって労務提供地法以外の法が最密接関係地法とされる可能性があることにも注意を要する。

適 用 範 囲

　労働契約については，消費者契約と異なり，方式についての特則は規定されていない。したがって，方式の準拠法については10条によって決定される。

　設例6-2 の場合，労働契約の成立および効力については，Ｘ・

Yが準拠法として選択した甲国法（7条）によるほか，Xは最密接関係地法の特定の強行規定の適用を主張できる。問題となるのは最密接関係地法であるが，Xは東京支店において6年間，継続して勤務していたのであるから，労務提供地は日本であると認定できる（東京支店は，日本と乙国における営業を統括する支店であり，Xは乙国において営業をすることもあったであろうが，その場合もXは東京支店に所属してのことである）。よって最密接関係地法は日本法であると推定され，この推定を覆す事情は特に見あたらない。したがって，Xは，日本の労働法中の特定の強行規定の適用も主張できることになる。

　労働契約の方式については，10条により，労働契約の成立の準拠法，日本法，S国法のいずれかの法に適合していれば，方式上は有効とされよう。

第3節　代　　　理

設例 6-3

　S国法人Yは，S国において化粧品を販売・製造しており，日本の市場に初めて進出するに際し，同種の化粧品を製造・販売する日本法人Xとの間で「Xは，日本における顧客との間で，Yの名前と計算により売買契約を締結する」，「Yは，その商品を顧客に直接送付し，その代金のうちから手数料をXに支払う」という趣旨の合意を含む委任契約（準拠法をS国法とする合意がある）を締結した。XとYとの間において，Xが代理権を有するか否かは，いずれの国の法で判断すべきか。日本における顧客である小売業者Aとの間でXがした売買契約の効力がYに及ぶか否かは，いずれの国の法で判断すべきか。

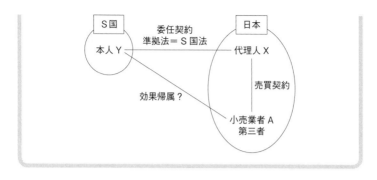

1 単位法律関係

代理とは

　代理とは，代理人の行った法律行為の効果を本人に帰属させる制度をいう。代理が認められることで，他人を利用した大規模な経済活動（私的自治の拡張）や，十分な経済活動を行うことができない私人の保護（私的自治の補充）が可能となる。通則法には代理について明示的に定める法選択規定はない。したがって，代理の準拠法決定は解釈上の問題となる。

代理の許容性・代理行為と代理関係との区別

　第1に，代理については，代理権の存否・範囲の問題と代理の許容性や代理行為自体の成立・効力の問題を区別する必要がある。代理の許容性とは，ある法律行為について代理が可能かどうかという問題である。代理の許容性の問題は，代理される法律行為の性質に関する問題であるため，代理の準拠法ではなく，当該法律行為の準拠法による。すなわち，設例6-3では，売買契約の準拠法による。この代理行為自体の成立・効力の問題も，当該法律行為の準拠法による。

代理の三面関係の区別

　第2に，代理では，①本人・代理人の関係，②代理人・相手方の関係，③相手方・本人の関係を区別すべきである。このうち②の関係は，代理行為の問題であり，前述のとおり当該法律行為の準拠法による。代理権の存否・範囲などの代理に特有の問題が生ずるのは，①の内部関係と③の外部関係である。

法定代理と任意代理の区別

　第3に，国際私法上，任意代理と法定代理を区別すべきである。法定代理は，法律に基づき直接発生する代理であるから，その発生原因である法律関係の準拠法による。例えば，未成年者に対する親の法定代理権については32条，後見人の法定代理権については35条によって決まる準拠法による。法定代理の場合，内部関係だけでなく，外部関係についても，原則として代理権の発生原因である法律関係の準拠法による。①誰を代理人に選任するかの選択権が本人にない以上，本人の利益を重視する必要があること，②相手方も代理権の発生原因である法律関係の準拠法について通常は予見可能であること，③代理権の準拠実質法が必要に応じて相手方保護を定めていることなどを理由とする。

　以下，設例6-3のように，本人の意思（代理権授与）によって発生する任意代理について，内部関係と外部関係に分けて検討する。

2　内　部　関　係

　本人・代理人の間の内部関係で問題となるのは，代理権の存否（代理権授与の有無）やその範囲である。したがって，代理の内部関係は，代理権の授与行為（授権行為）の準拠法による。

授権行為は，通常，委任契約などの基本関係に基づいて行われるため，授権行為と基本関係を区別できるかが問題となる。区別できないと考えれば，授権行為の準拠法は，基本関係である委任契約などの準拠法によることになる。授権行為が基本関係と区別可能であると考えれば，授権行為自体の準拠法を決定すべきこととなる。この場合，授権行為も法律行為の一種であるから，7条以下によってその準拠法が決定される。すなわち，授権行為の準拠法を当事者が選択している場合には，それによる（7条）。しかし，実際上，当事者が授権行為の準拠法を独自に選択することは稀であり，通常は，8条によって最密接関係地法が準拠法とされる。授権行為の最密接関係地法の認定は，たいてい基本関係の準拠法と一致するよう行われることとなろう。

 設例6-3 ではX・Y間でXが代理権を有するか否かの問題は，代理の内部関係の問題であり，その準拠法は授権行為自体の準拠法による。そして，この授権行為は委任契約であり，授権行為の準拠法は，S国法が選択（7条）されているため，S国法が準拠法となる。

3 外部関係

基本的な考え方

　本人・相手方の間の外部関係でも，代理権の存否・範囲が問題となる。代理人が相手方と締結した契約の効果が本人に帰属するかという問題である。

　代理の外部関係の準拠法決定においては，国際私法上，本人保護と取引安全のバランスを基本的視座とすべきである。本人保護を重視する立場からは，内部関係（授権行為）の準拠法によるとの説が

主張される。準拠法に関する本人の予見可能性に適うからである。これに対して取引安全を重視する立場からは，例えば，代理行為地法によるとの説が主張される。相手方は，代理行為地法を前提として取引するのが通常だからである。

学説の検討

内部関係の準拠法によるとの説は，本人への効果帰属の理論的根拠を代理権の授与に求める考え方に沿い，内部関係と外部関係の準拠法が一致して統一的な法規律が可能であるなどの利点を有する。しかし，相手方にとって内部関係の準拠法を知ることは困難である。他方で，代理行為地法によるとの説は，取引の安全に資するとともに，代理行為地が客観的に定まるため準拠法の決定が明確であるとの利点を有する。代理人を利用する本人は，代理行為地を規制できる立場にある以上，代理行為地法についても予見可能というべきである。このような理由から，外部関係については代理行為地法によるとの見解が有力である。これに対して，本人の予測可能性を害しないことを理由に内部関係の準拠法によって代理権が認められる場合には有権代理を認めた上で，さらに内部関係の準拠法によって代理権が認められない場合であっても，実質的な取引安全を一層重視して4条2項を類推適用し，代理行為地法によって代理権が認められる場合には有権代理を認める説も有力に主張されている（法人の行為能力についても，同様の議論として第**5**章第**2**節2を参照）。

4 無権代理・表見代理

外部関係の準拠法上，代理行為が本人に効果帰属しない場合，相手方の救済についてはどの国の法によるべきか。これに関連して，

国際私法上，無権代理・表見代理を有権代理と区別して扱うべきか
が問題となる。この点，本人・相手方の外部関係の問題については，
上記の本人と相手方の利益調整という観点にかんがみ，有権代理と
区別する理由はない。無権代理人と相手方の関係も，有権代理と同
様，当該法律行為の準拠法による。無権代理の場合の本人・代理人
の関係についても，なんらかの授権関係があれば，当該内部関係の
準拠法による。全く授権関係がない場合には，事務管理または不法
行為の問題となろう。

　設例6-3で，Aとの間でXがした売買契約の効力がYに及ぶ
か否かの問題は，代理の外部関係の問題であるから，これについて
は，例えば代理行為地法説によると日本法が準拠法とされる。その
結果，仮にXの行為が無権代理行為であるとされた場合にも，表
見代理が認められるかについては日本法による（この場合，無権代理
人であるXとYとの関係における責任は，内部関係〔授権行為〕の準拠法
であるS国法によって判断される）。

第7章 不法行為・事務管理・不当利得

　第6章では，当事者の意思に基づき成立する契約債権を検討した。本章では，当事者の意思とは無関係に法が定める一定の事実に基づき成立する法定債権を対象とする。通則法は，法定債権について，事務管理および不当利得（14条～16条）と不法行為（17条～22条）に関する規定を置く。以下では説明の都合上，不法行為，事務管理，不当利得の順序で検討する。

第1節 不 法 行 為

設例 7 - 1

　S国に居住しているS国人Aは，観光のために来日中，日本に居住する日本人Yの運転する自動車にはねられて死亡した。Aの父X（事故当時S国に居住）は，Aの死亡により自ら精神的苦痛を負ったことを理由に，Aの近親者としてYに対して慰謝料を請求した。この請求に適用される法はいかなる国の法か。

1 不法行為の準拠法決定の全体像

不法行為とは

不法行為とは，不法な行為によって他人に損害を与えた者（加害者）が，被害者に対して損害を賠償する債務を負うという法制度である。日本では，民法が不法行為一般の規定（709条以下）を置くとともに，一部の特殊な不法行為に関する特別法（製造物責任法など）が存在する。

不法行為という制度自体は諸外国でも一般に認められているが，その具体的な法内容については国ごとに異なる。そこで国際的な不法行為については準拠法を決定する必要がある。

通則法の規定

不法行為の準拠法決定に関し，通則法は，一般の不法行為（17条）について定めるとともに，生産物責任の特例（18条）と名誉または信用の毀損の特例（19条）を定め，これらを別個の単位法律関係としている。その上で，明らかにより密接な関係がある地が存する場合の例外（20条），当事者による準拠法の変更（21条），不法行為についての公序による制限（22条）に関する規定を置く。したがって，不法行為については，第1に17条〜19条のいずれの単位法律関係に該当するかを決定（法性決定）した上で，第2に20条・21条の適用があるかどうかを検討した後，外国法によるべき場合には，さらに第3に22条によって日本法の累積的適用を行うことになる。

2 一般の不法行為

17条：不法行為地法主義

17条は、「不法行為によって生ずる債権の成立及び効力は、加害行為の結果が発生した地の法による。ただし、その地における結果の発生が通常予見することのできないものであったときは、加害行為が行われた地の法による」と規定する。これは、不法行為地法を準拠法とする立場（不法行為地法主義）に立った上で、これを精緻化した規定である。

不法行為地法主義の根拠としては、①社会秩序維持という不法行為の制度趣旨から不法行為地が最大の利害関係を有すること、②不法行為地は、被害者と加害者の双方にとって予測可能であり、双方にとって中立的であること、③連結点の確定が容易であり、法的確実性に資すること、などが挙げられる。この根拠自体は、一般の不法行為に妥当する理由のあるものである。

隔地的不法行為への対処

しかし、加害行為が行われた地（加害行為地）と加害行為の結果が発生した地（結果発生地）が異なる法域に所在する不法行為（いわゆる隔地的不法行為）の場合、加害行為地と結果発生地のいずれを不法行為地と解すべきかが問題となる。例えば、S国の工場が排出した有害物質によりT国の住民に被害が発生した場合や、S国から発送した危険物の小包の荷造りが不十分であったために到着国のT国で小包が爆発し、怪我人が出た場合などである。

17条は、結果発生地法を原則とした上で、結果発生地での結果発生を予見できなかった場合に限って例外的に加害行為地法によるこ

とを明確に規定することで，このような隔地的不法行為に対処する。

不法行為制度は，一般に，①加害者の意思活動の自由・予測可能性を保障するとともに，法に違反した加害者に制裁を加えることにより一般予防を図るという機能と，②損害塡補による被害者の救済という機能を有するが，17条は，結果発生地法を原則とすることで，②を重視するとともに，結果発生地が通常予見できない場合には加害行為地法によると規定することで①も考慮し，被害者と加害者の国際私法上の利益のバランスを図っている。

結果発生地への連結──「結果」とは

17条本文は，結果発生地法への原則的な連結を定める。被害者の国際私法上の利益を尊重する趣旨である。この規定について，「結果」の意義と「発生地」の確定が問題となる。

まず，加害行為の「結果」とは，「直接の法益侵害の結果」のみをいい，派生的・2次的な損害は「結果」に含まないと解されている。例えば，交通事故の場合，1つの加害行為（交通事故）から，直接の法益侵害・損害（負傷）だけでなく，さらに派生的・2次的な損害（医療費等の支払）が発生することも多いが，直接の法益侵害が「結果」に該当する。この理由として，派生的損害の発生地は不法行為との関連が乏しいこと，被害者の恣意的な操作も可能であって加害者の予測をこえることなどが挙げられる。

設例7-1 の場合，Xに対する固有の不法行為を認める立場を前提にすれば，Xの精神的苦痛自体を「直接の法益侵害」と解することになろう（Aの死亡の2次的損害ではない）。これに対し，Xの請求をAに対する不法行為に付随するものと捉える立場では，Aの死亡が「直接の法益侵害」であって，Xの損害は派生的な損害と

解される。

結果発生地への連結——結果の「発生地」とは

次に，結果の「発生地」の確定が問題となる。人・物に対する物理的な侵害の場合には，その人・物の所在地が結果発生地であり，困難な問題は生じない。しかし，設例7-1のような精神的損害の場合や，特許権などの無体財産権に対する侵害の場合には，結果発生地がどこかの確定が問題となる。基本的には法益の所在地を探求すべきであるが，画一的に明確化することは困難である。結局，個々の被侵害法益の性質等に照らして解釈せざるを得ない。例えば設例7-1の精神的損害については，現実に精神的苦痛を受けた人の所在地ないし常居所地が被侵害法益の所在地であり，結果発生地であると解することも可能であろう。また，特許権などの登録によって付与される権利に対する侵害行為の結果発生地は，その登録国であると解されよう（設例9-2のカードリーダー事件に関する最判平成14・9・26民集56巻7号1551頁を参照）。

結果発生地の基準時点は法益侵害の時（結果発生時）である。

加害行為地への連結——予見の対象

17条ただし書は，結果発生地における結果発生が「通常予見することのできないもの」であったときには，結果発生地でなく加害行為地法を準拠法とすると定める。加害者の国際私法上の利益を考慮した規定である。

予見の対象は，「その地における」結果発生という場所的なものであり，「結果の発生」そのものではない。例えば，植物をS国からT国に送付したところ，科学的に未知の細菌が付着していたた

めT国で人が感染して発病した場合，人への感染・発病という結果自体は通常予見できなかったとしても，場所的な意味でのT国での結果発生については予見可能性があったと解されよう。

加害行為地への連結──予見可能性の判断基準

　結果発生地の予見可能性の判断基準については，加害者の主観を考慮すべきか，それとも当該事案の加害者と同一の状況にある一般人を基準とすべきか。例えば，ある危険物をS国で荷造りしてT国宛に発送したところ，運送の経由地であるU国で爆発事故が発生した場合を考えよう。T国宛の運送物は常にU国を経由することが一般に知られていたにもかかわらず，加害者がたまたまU国経由の事実を知らなかったときに予見不能といえるか。S国からT国への運送の途中で盗難にあってV国に運ばれ，そこで爆発事故が発生した場合はどうか。V国での結果発生は一般に予見不能とされるが，当該危険物につきT国・U国内での窃盗が頻発しており，かつ，窃盗団によって何度もV国に当該危険物が持ち込まれていることをたまたま加害者が知っていたとき（すなわち加害者がV国での結果発生を予見していたとき）はどうか。

　17条ただし書の趣旨が，加害者の国際私法上の利益・予測可能性の尊重であることからすれば，加害者の主観的な基準により判断するとの解釈も成り立ち得る。しかし，主観的な判断基準を認めると，事実上，加害者に恣意的な準拠法の選択を認める結果となるとともに，加害者の主観的事情をめぐる争いが泥沼化して訴訟遅延のおそれもある。したがって，予見可能性の判断は，当該事案の加害者と同一の状況にある一般人の立場からの客観的な基準で行われると解すべきである。すなわち，加害者自身の予見可能性の有無ではなく，

加害者および加害行為の性質・態様，被害発生の状況等の諸事情にかんがみ，客観的・類型的に判断すべきである。

設例7-1 の場合，A にどのような近親者がどの国・地域にいるかは加害行為の時点で知る由もないため，S 国における X の精神的苦痛という結果の発生は通常予見できないものと解される。

加害行為地への連結——加害行為地の確定

予見不能とされた場合には加害行為地法が準拠法とされる。そこで加害行為地の確定が問題となる。例えば，S 国で原料を購入し，T 国で原料を調合して爆発物を製造し，U 国で荷造りし，V 国から W 国宛に発送し，通常予見不能な事情から，たまたま R 国で爆発事故が発生した事案など，加害行為が連続する一連の行為から構成され，それらが複数の国で行われた場合である。これについては，加害者の主たる行為が行われた地を加害行為地とする見解や，加害者による最後の行為が行われた地を加害行為地とする見解が考えられる。明確性の観点に優れる後者の見解によれば，最後の行為である発送が行われた V 国が加害行為地となる。

設例7-1 の場合，加害行為地は Y による交通事故地であり，加害行為地法は日本法となる。

17条の適用範囲

17条によって指定された準拠法は，不法行為によって生ずる加害者と被害者の間の債権の成立要件および効力の問題すべてを規律する。例えば，故意・過失の要否，違法性阻却事由，損害の意義，因果関係の要否，責任能力などの成立要件の問題や，賠償請求権者，賠償方法，賠償範囲，過失相殺，賠償請求権の時効，賠償請求権の

譲渡性，共同不法行為者の責任分担の問題などである。

　賠償額の算定に関連して，日本法が準拠法となった場合，設例7 -1 のような一時滞在外国人の逸失利益の算定が問題となる。この点，被害者が日本人の場合と同様に，被害者個々人の具体的事情を考慮して行うものと解されている（最判平成9・1・28民集51巻1号78頁）。設例7-1 では，A の来日目的は観光であって A の就労地はS国と想定されるため，S国での収入等を基礎として逸失利益を算定するのが合理的とされよう。

　なお，生産物責任や名誉・信用毀損の問題については18条，19条の特例が適用されるため，17条が適用されるのはそれ以外の一般の不法行為である。通則法の立法過程では，不正競争・競争制限行為による不法行為や知的財産権侵害による不法行為についても特例規定を設けるかどうかの検討が行われたが，いずれも公法上の問題とも考えられ得ること，学説上も議論が熟していないことなどの理由から，結果的には特例規定を置くことは見送られた。また，諸外国では環境侵害による不法行為の特則を置く立法例もあるが，通則法では特例規定は置かれていない。したがって，このような問題はすべて，一般の不法行為として17条によると解することになろう。

3　生産物責任

設例7-2

　日本在住の日本人 X は，日本の医薬品医療機器等法上の承認を受けていない医薬品 A（世界有数の医薬品メーカーである S 国法人 Y が製造）を，インターネットを利用して T 国在住の T 国人 Z（医薬品 A を大量に購入し，それが医薬品として承認されていない国々の居住者に対しても販売している）から購入し，郵送によって受領した。X が医薬品 A をしば

らく服用したところ，その副作用のため健康を害し，日本において入
通院を余儀なくされた。XのYに対する入通院に要した費用等の損
害賠償請求に適用される法はいかなる国の法か。

生産物責任とは

18条が適用されるのは，生産物責任すなわち「生産物……の瑕疵
により他人の生命，身体又は財産を侵害する不法行為」についての
生産業者等の責任の問題である。例えば，購入した電気製品から出
火して家屋が全焼した場合の製造業者の賠償責任の問題などである。

18条の生産物責任の範囲は，国際私法と実質法の目的が違うこと
から，日本の製造物責任法の「製造物責任」の範囲とは異なる。第
1に，「生産物」とは「生産され又は加工された物」をいう。製造
物責任法の「製造物」より広く，未加工の農水産物や建物なども含
まれる。第2に，「生産業者等」とは，「生産物を業として生産し，
加工し，輸入し，輸出し，流通させ，又は販売した者」（生産業者）
および「生産物にその生産業者と認めることができる表示をした
者」をいう。生産物の生産から販売までの一連の流通過程に関与し
た者を広く含めた上で，種々の生産業者等に対する請求につき同一
の法選択規則を適用する趣旨である。

生産物の引渡しを受けた地への連結

生産物責任は，原則として「被害者が生産物の引渡しを受けた地
の法による」（18条）。「引渡し」であるから，所有権等の移転は不
要であり，占有の移転で足りると解される。引渡しを受けた者は，
その意思に基づいて生産物の所在地・使用地を自由に決定でき，し

たがって，生産物の瑕疵を原因とする不法行為の結果発生地も通常
は引渡しを受けた者の支配下にあるといえよう。他方，生産者等は，
生産物の流通や事後的修理網の整備等によって生産物の所在地・使
用地に若干の影響を与えることはできるとしても，結果発生地をコン
トロールすることは不可能である。そのため結果発生地（17条本
文）へ連結することは，生産者の予見可能性を損ない，被害者を過
度に保護するものである。これに対して「生産物の引渡しを受けた
地」は，生産者等の流通網において被害者が生産物を取得する通常
の場合を考えると，生産者の予測可能性と被害者の正当な期待の保
護の双方をみたす中立的な地といえる。また，生産者は，生産物を
流通させる市場の安全基準を考慮に入れるべきであり，被害者は，
当該生産物を取得した地の法の保護を期待する。さらに，被害者が
自ら生産物の所在地・使用地を他国に移動させた場合を除く，実際
上の多くの場合は，結果発生地と生産物の引渡しを受けた地は一致
することになろう。 設例7-2 では生産物が郵送されているが，占
有（生産物の所在地・使用地の決定可能性）を現実に取得した地（受領
地）である日本が「引渡しを受けた地」に該当する。

生産業者等の本拠地への連結

　ただし，被害者が生産物の引渡しを受けた地の法が常に適用され
るわけではない。例えば，生産業者等の予定した流通経路から離れ
た地に生産物が運び込まれ，そこで被害者に引渡しがなされた場合
に，被害者が引渡しを受けた地の法を適用することは，被害者の保
護には資するものの，生産業者等の予測可能性を害する。そこで，
18条は，ただし書で，「その地における生産物の引渡しが通常予見
することのできないものであったときは，生産業者等の主たる事業

所の所在地の法……による」と規定する。予見の対象は、その地での生産物の引渡しである。予見可能性の判断基準は、17条ただし書と同様に、一般人を基準とする客観的なものと解すべきである。

設例7-2 では、Zが大量かつ継続的に日本に向けて販売しているようであれば、Yとしても日本での医薬品Aの引渡しを予見できるとされよう。

　生産業者等の主たる事業所の所在地法は、通常、生産地と一致する。少なくとも、生産業者等にとっては常に予測可能である。生産地法を準拠法とすることも考えられるが、被害者にとって予測できない偶発的な地となるおそれがあり、むしろ被害者にとって認識が容易な生産業者等の主たる事業所の所在地法が適切であるとされた。なお、事業所を有しない生産業者等については、その常居所地が主たる事業所とされる。

生産物を取得した者以外の被害者（バイスタンダー）

　被害者が、生産物を直接に取得した者以外の者（バイスタンダー）である場合にも18条は適用されるか。バイスタンダーは、「生産物の引渡しを受けた」被害者ではないこと、バイスタンダーとは無関係の「引渡しを受けた地」の法を適用する理由がないことから、原則として18条の適用は否定される。例えば、偶然に生産物の近くにいたために被害を被った者（例えば航空機の欠陥によって死傷した当該航空機の乗客）の場合には、被害者が生産物の所在地・使用地をコントロールできない以上、18条ではなく、17条によるべきであると解される。これに対して、生産物の引渡しを受けた者の同居の親族等（例えば 設例7-2 で医薬品AをXが自宅に保管していたところ、Xの家族BがS国へ持参してS国で服用して副作用が生じた場合）について

は，取得者（X）と被害者（B）とで異なる扱いをすべきか見解は一致しない。

4　名誉または信用の毀損

設例 7 - 3

　世界的に著名なマジシャン X は，1 年中，世界各地を転々としてマジックショーなどに出演している。X の国籍・住所は一切公表されていないが，X の仕事の管理は S 国所在の事務所が行っている。以前，X と交際していた日本在住の日本人 Y は，世界中のマジックファンが閲覧するホームページ上に，X が10年前までマジシャン A のアシスタントをしていたこと，10年前に X が A を殺害し，A のマジックのノウハウを盗み，模倣していることなどの内容を詳細に記載した英語の書込みを行った。そこで X は，名誉を毀損されたことを理由に，Y を被告として損害賠償を求めて日本の裁判所に提訴した。準拠法は，どの国の法か。

名誉毀損・信用毀損とは

　19条は，「第17条の規定にかかわらず，他人の名誉又は信用を毀損する不法行為によって生ずる債権の成立及び効力は，被害者の常居所地法（被害者が法人その他の社団又は財団である場合にあっては，その主たる事業所の所在地の法）による」と規定する。一般に，人の社会的評価を低下させる行為を名誉毀損といい，とくに経済的側面における社会的評価を低下させる行為を信用毀損という。19条の適用範囲も，基本的にはこの概念を中核としつつ，規定の趣旨に即して解釈すべきである。例えば，いわゆるプライバシー侵害や人格権侵害についても，一定の場合には本条の適用が認められよう。

被害者の常居所地法への連結

19条が特例規定を置いた理由は，結果発生地法の原則を定める17条では十分に対応できないからである。第1に，通常の不法行為と異なり，名誉・信用は物理的な所在がないため結果発生地が明確でない。第2に，インターネット等の情報技術が進展した現代社会においては世界各国で同時に名誉・信用を毀損する事態が生じ，その場合にも結果発生地の決定は必ずしも容易でない。そこで，名誉・信用毀損については，単一の表現行為によって同時に複数の法域で結果が発生した場合であっても，すべての結果につき被害者の常居所地法によることとしたのである。

被害者の常居所地法を適用する理由として，①被害者の保護に資すること，②加害者も準拠法の予見が可能であること，③複数の法域での名誉・信用毀損の場合においても，通常は，被害者の常居所のある国において最も重大な社会的損害が発生していると考えられることなどが挙げられる。このような理由に照らして，被害者が法人の場合には，その主たる事業所の所在地法が準拠法とされる。

常居所地が不明な場合

名誉・信用毀損について，加害者が被害者の常居所地を通常予見できないことは稀であるから，19条においては予見可能性がない場合のただし書は置かれていない。 設例7-3 の場合，Xの常居所地が認定できる場合には，その地の法によることとなろう。常居所が知れない場合には，39条により，居所地法によらざるを得ない。基準時点は名誉毀損行為の時である。しかし，名誉毀損行為時のXの居所地は偶然的なものであり，必ずしも適切な準拠法とは考えられず，むしろXの業務を管理しているS国の方が，明らかにより

密接な関係がある地と解されよう。このように，17条〜19条の本則によれば必ずしも最密接関係地法に連結しない場合に，準拠法決定の柔軟性を確保し，より密接な関係を有する地の法への例外的な連結を認める規定が次の20条である。

5 明らかな密接関係地法への例外的な連結

明らかな密接関係地法

　20条は，「前3条の規定にかかわらず，不法行為によって生ずる債権の成立及び効力は，不法行為の当時において当事者が法を同じくする地に常居所を有していたこと，当事者間の契約に基づく義務に違反して不法行為が行われたことその他の事情に照らして，明らかに前3条の規定により適用すべき法の属する地よりも密接な関係がある他の地があるときは，当該他の地の法による」と規定する。最密接関係地法の原則に基づき適切な準拠法決定を確保するための例外条項であり，明確性・法的確実性よりも柔軟性・具体的妥当性を優先するものである。

　本条の適用は，例外的な事案に限定される。「明らかに」との文言は，例外的な連結である旨を示すものである。すなわち，17条〜19条の本則によって指定された地の法が，事案の特殊性により，当該不法行為の最密接関係地法でない場合に限られる。問題は，本則により指定された準拠法所属地よりも密接な関係を有する地があるかどうかの判断である。この判断の際に考慮される事情・事実は，「当事者が法を同じくする地に常居所を有していたこと」，「当事者間の契約に基づく義務に違反して不法行為が行われたこと」，「その他の事情」である。順次，検討しよう。

当事者の常居所地の同一

　第1に，「当事者が法を同じくする地に常居所を有していたこと」である。当事者の共通常居所地法への優先的な連結の可能性を認めるものである。その根拠として，①常居所地法は，当事者の社会生活の基礎となっている法であるから，当該当事者に密接な関連を有すること，②当事者の常居所地法の適用は当事者の予見可能性に適うこと，③当事者の常居所地が同一である場合に当該法を適用することは当事者間の公平にも適うことなどが挙げられる。これらの根拠からすれば，「当事者」とは不法行為の加害者および被害者をいい，それ以外の者（例えば，被害者の損害賠償請求権を保険代位によって取得した保険会社など）は含まないと解すべきである。また，当事者が法人の場合，通常，当該不法行為に最も密接に関係する事業所をその常居所と解すべきである。なお，当事者の常居所の基準時点は，不法行為時である。

付従的連結

　第2に，「当事者間の契約に基づく義務に違反して不法行為が行われたこと」である。契約と不法行為の双方に関連する事案については，国際私法上，契約と不法行為とで別個に準拠法を定めるか，一体のものとして準拠法を決定するかという問題がある。この法性決定の問題は，論者により見解の分かれる解決困難な問題である。そこで20条は，不法行為の準拠法を契約の準拠法に一致させる連結（いわゆる付従的連結）の可能性を認めた。この根拠として，契約準拠法の適用は当事者の予見可能性に資すること，困難な法性決定の問題や適応問題の発生を回避できることなどが挙げられる。この趣旨からすれば，契約交渉の不当な破棄などに基づき契約責任と不法

行為責任が同時に発生し得る場合（いわゆる契約締結上の過失）の問題などにも，本条の適用があると解すべきである。なお，当事者間に「契約」以外の法律関係や事実関係がある場合には，「その他の事情」として考慮されるべきであろう。

その他の場合

　第3に，「その他の事情」に基づき，最密接関係地法への連結が認められる。これについては，様々な場合が考えられる。例えば，設例7-3の事案のように，例外的な事案のために本則による連結では最密接関係地法の適用ができない場合である。また，当事者間に契約関係はないが別個の法律関係や事実関係がある事案なども，一定の場合には，本条の適用があろう。

コラム7-①

無法地域における不法行為

　公海上や南極，宇宙空間など，不法行為の準拠法として指定された地に法が存在しない場合がある。例えば，過失によって公海上で船舶が衝突した場合や航空機が公海上で墜落した場合などである。このような事案に適用される条約等も存在しない場合，結果発生地・加害行為地（17条）の法が準拠法とされるが，公海上には法が存在しない（無法地域）。このような場合には，17条が使えないため，20条に基づいて直ちに最密接関係地法への連結を行うことが考えられる。具体的には，船舶・航空機の旗国法・登録国法への連結（衝突の場合にはそれらの累積的適用）が検討されるべきである。さらに21条，22条の適用があるのは当然である。

6　当事者による準拠法の事後的変更

当事者自治

　21条本文は，「不法行為の当事者は，不法行為の後において，不法行為によって生ずる債権の成立及び効力について適用すべき法を変更することができる」と規定し，当事者による準拠法の変更を肯定する。不法行為時に客観的に定まった準拠法を変更するとの趣旨であり，実質的に，当事者自治を認めたものといってよい。

　不法行為に当事者自治を認める根拠として，①諸国の実質法上，不法行為債権も当事者による任意処分が認められ，公益性が強くないこと，②当事者間で判断基準が明確となり紛争解決に資すること，③明確性・確実性に適うこと，などが挙げられる。

当事者自治の制限

　第1に，準拠法の選択は，不法行為の後に限定される。事実上の強者による濫用的な準拠法指定を行うことを防止するためである。ただし，契約に関連する不法行為については，付従的連結（20条）によって，契約準拠法に連結される可能性がある点に注意を要する。もっとも，通則法においては，契約の準拠法決定においても一定の範囲で弱者保護が図られており（消費者契約や労働契約に関して，第6章第2節），この点は実際上問題とならないであろう。

　第2に，当事者による準拠法の変更の方法については，契約と同様に黙示でも足りるとの見解もあるが，明示のものに限ると解すべきである。当事者自治が原則とされる契約とは異なり，客観的連結が原則である不法行為においては，当事者の意思を徹底的に追求する必要性はないからである。黙示の変更を広範に認めることは，確

実性・予見性を損なうおそれもある。

　第3に，変更の際の選択の対象範囲については，日本法だけでなく，どの国の法でもよい。当事者自治を認めた趣旨から当然である。ただし，事実上の強者による詐欺的な行為によって当該者に有利な法への変更の合意がなされた場合などには，当事者の合意の有効性の問題として弱者保護を図るべきである（第**6**章第**1**節1を参照）。

　なお，当事者による準拠法の変更が第三者の権利を害することができないのは当然である（21条ただし書参照）。また，当事者による合意の有効性の判断基準，分割指定の可否などの問題も生ずるが，基本的には契約における当事者自治を参考にしつつ，契約と不法行為の相違の観点から必要な修正を施すべきであろう。

7 日本法の累積的適用

22条の趣旨と適用範囲

　22条は，不法行為につき外国法が準拠法となる場合には，日本法を累積的に適用する旨を規定する。これは，法例11条2項・3項を受け継いだものであり，日本法上，違法とされない行為について不法行為の成立を否定すること，外国法上の懲罰的損害賠償を明確に否定できることなど，日本の公序を維持する趣旨である。

　17条〜21条の後ろに配置されているという本条の規定の位置，および，「不法行為について外国法によるべき場合」という文言から，17条〜21条すべての規定によって外国法が準拠法となる場合には常に日本法が累積的に適用されると解される。

22条の問題点と制限的解釈

　しかし，日本との関連性や日本法の内容・適用結果のいかんにか

かわらず，常に日本法を累積的に適用することは，不法行為の成立
とその救済を困難ならしめ，被害者の保護という近時における不法
行為法の支配的な法目的を損なうことになる。22条については立法
論として疑問視する論者も多く（「その必要性について更なる検討を行
うこと」との衆議院・参議院の附帯決議もある），同条の適用範囲を狭
める解釈が主張される。例えば，①20条により，明らかにより密接
な関係を有する地の法として選択された場合には22条を適用しない
との説，②21条により，当事者が外国法を準拠法として選択した場
合には22条を適用しないとの説，③22条は公序の具体的例示・確認
であって，42条の公序と同様に内国的関連性と反公序性の程度の相
関判断に基づき，例外的に適用すべきであるとの説などである。

「不法」（1項）とは

22条1項は，「不法行為について外国法によるべき場合において，
当該外国法を適用すべき事実が日本法によれば不法とならないとき
は，当該外国法に基づく損害賠償その他の処分の請求は，すること
ができない」と規定する。「不法」の解釈として，日本法が累積的
に適用される範囲を制限するため，主観的違法性（故意・過失）の
みを指すとの説や客観的違法性のみを意味するとの説などが主張さ
れるが，不法行為の成立要件のすべてに日本法が累積的に適用され
ると解するのが通説である。

なお，カードリーダー事件に関する最判平成14・9・26（前述）
は，不法行為地法である米国特許法によれば，米国外における侵害
の積極的誘導行為も不法行為を構成し得るとした上で，法例11条2
項［通則法22条1項］によれば，わが国の法律も累積的に適用される
ところ，わが国は，特許権の効力を自国の領域外の積極的誘導行為

に及ぼすことを可能とする法律の規定をもたないから，原告の損害賠償請求は認められないと判示した。

「損害賠償その他の処分」（2項）とは

　22条2項は，「不法行為について外国法によるべき場合において，当該外国法を適用すべき事実が当該外国法及び日本法により不法となるときであっても，被害者は，日本法により認められる損害賠償その他の処分でなければ請求することができない」と規定する。適用範囲を制限するため，日本法の適用を損害賠償の方法のみに限定する説もあるが，通説は，日本法の干渉を不法行為の効力について一般的に認めたものと理解し，損害賠償の方法だけでなく，損害賠償の額等についても日本法によって制限する趣旨であると解する。

第 2 節　事務管理

設例 7 - 4

　日本在住の日本人 X は，S 国を旅行中，同じく S 国を旅行中の日本在住の日本人 Y と知り合った。翌日，Y は突然に発病し，意識不明の状態に陥った。そこで X は，Y を S 国の病院に運び，必要な治療を受けさせた。医療費等の費用は，X がすべて支払った。その後 Y は一時回復したため，X は Y に付き添い，急遽日本に帰国した。Y の帰国費用もすべて X が支払った。帰国後完全に回復した Y に対し，X は今まで支払った医療費・帰国費用等につき Y に請求したが，Y は支払を拒絶した。そこで X は，支払った費用の償還を求め，Y を被告として日本の裁判所に提訴した。この請求は，どの国の法によって判断されるか。

事務管理地への原則的連結

　事務管理とは，法律上の義務なくして他人のために事務を行うことをいう。諸国の実質法は，一定の要件の下に，事務管理者の行為を適法とした上で，正義・公平の見地から，本人の費用償還義務（日本民法702条を参照）など，事務管理者と本人との間に一定の権利義務の発生を認めている。

　14条は，「事務管理……によって生ずる債権の成立及び効力は，その原因となる事実が発生した地の法による」と規定し，原因事実発生地すなわち事務管理が行われた地（事務管理地）の法を準拠法とする。事務管理が，社会構成員間の相互協力関係の促進による円満な社会の実現という社会公益上の目的から設けられた法制度である以上，人ではなく行為に着目して事務管理地に連結すべきであるという考えに基づく規定である。 設例7-4 の場合，Ｓ国が事務管理地となり，Ｓ国法が適用されると考えられる。

明らかな密接関係地への例外的連結

　ただし，事務管理の内容は多様であり，事案によっては事務管理地よりも明らかに密接な関係がある地がある場合が想定される。例えば， 設例7-4 の場合，事務管理者と本人の双方が日本在住の日本人であるため，Ｓ国よりも日本の方が当事者双方にとって一層密接な関連を有する地であるとも考えられる。そうであれば，日本法が適用されることになる（15条）。

　また，例えば事務管理者と本人の間に委任契約関係があり，事務管理者が委任された権限をこえて本人のために代理行為を行った場合，代理ではなく事務管理の問題であるとの法性決定も可能である。この場合も，代理行為を行った地の法よりも，基本関係である委任

契約の準拠法の方が一層密接な関係を有すると考えられる。法例11条では，このような例外的な事案への対処が明示的に手当てされていなかった。そこで通則法15条は，「その原因となる事実が発生した当時において当事者が法を同じくする地に常居所を有していたこと，当事者間の契約に関連して事務管理が行われ……たことその他の事情に照らして，明らかに同条［14条］の規定により適用すべき法の属する地よりも密接な関係がある他の地があるときは，当該他の地の法による」と定め，当事者双方の共通常居所地法への連結や当事者間に基本的な契約関係がある場合の契約準拠法などへの連結（付従的連結）の可能性を明文で認めた。

当事者自治

　事務管理の準拠法についても，当事者自治が認められる（16条本文）。①諸国の実質法上，事務管理債権も当事者による任意処分が認められ，公益性が強くないこと，②当事者間で判断基準が明確となり紛争解決に資すること，③明確性・確実性に適うことなどがその理由である。ただし，事務管理の性質上，事前に当事者間で準拠法を選択することはできない。許されるのは事後的な準拠法の選択であり，理論的には，事務管理という事実の発生時に14条・15条によっていったん決まった準拠法を変更することになる。なお，当然，「第三者の権利を害することとなるときは，その変更をその第三者に対抗することができない」（16条ただし書）。

準拠法の適用範囲

　事務管理の準拠法は，事務管理によって生ずる管理者と本人の間の債権の成立および効力の問題すべてに適用される。ただし，<u>設例</u>

7-4 における X がした Y のための病院との間の契約や航空会社との間の契約など，個々の事務管理行為については，その行為自体の準拠法によるのはもちろんである。

第3節 不当利得

設例 7-5

日本法人 X は，S 国法人の A から「昭和天皇御在位60年記念拾万円金貨」計1,000枚（額面1億円）の交付を受け，これを日本法人である B 銀行にある X 名義の銀行預金口座に入金した。そして，A の指示に従い，当該預金口座から1億円を出金した（B 銀行から払戻しを受けた）上で，T 国法人の Y 銀行に送金した。しかし，その後，当該金貨が偽造であることが判明して警察に押収されたため，X は B 銀行に対して金貨の入金額である1億円を返還した。結局，X は Y への送金額1億円の損失を被った。

そこで，X は，Y 銀行への送金は法律上の原因がないものであると主張し，Y 銀行を被告として，日本の裁判所に不当利得の返還を求めて提訴した。この請求は，どの国の法によって判断されるか。

不当利得地への原則的連結

不当利得とは，法律上の原因なくして他人の損失において利益を受けることをいう。諸国の実質法は，正義・公平の観点から，一定の要件の下に，利得者からの返還請求権を損失者に認めている（日本民法703条以下を参照）。

14条は，「不当利得によって生ずる債権の成立及び効力は，その

原因となる事実が発生した地の法による」と規定し，原因事実発生地すなわち不当利得の直接の原因である行為または事実が発生した地（不当利得地）の法を準拠法とする。不当利得地に連結するのは，不当利得が正義・公平に基づく公益目的の制度である以上，当該利得地が密接な関係を有するからである。

　利得と損失の発生地が異なる国に所在する場合には，利得者に返還債務を負わせる不当利得制度の性質を考え，損失者よりも利得者に密接な関係を有する利得の発生地の法によるべきである。また，原因である財貨移転の開始地と完成地が異なる国である場合には，完成地法によるべきである。通常，財貨移転の完成地が利得の発生地となるからである。したがって，設例7-5 の場合，利得の発生地であり財貨移転の完成地でもある T 国の法が，不当利得地法として準拠法となる。

明らかな密接関係地への例外的連結と当事者自治

　事務管理と同様，不当利得についても，明らかにより密接な関係がある地への例外的な連結として，当事者（利得者・損失者）の共通常居所地法への連結や，当事者間の既存の関係の準拠法への付従的連結（例えば，当事者間の契約に基づく給付が当該契約の合意解除により不当利得となる場合の契約準拠法への連結）の可能性が明示的に認められている（15条）。不当利得の場合には，通常，なんらかの原因があり，当該原因関係と一層密接な関係を有する場合も多い。したがって，通則法が，原因関係の準拠法への付従的連結を認めたことは妥当である。また，事務管理と同様に，不当利得についても，当事者自治が認められている（16条）。

準拠法の適用範囲

　不当利得の準拠法は，不当利得によって生ずる利得者と損失者の間の債権の成立および効力の問題すべてに適用される。例えば，受益・損失の発生，受益と損失の間の因果関係などの成立要件の問題，利得者の返還義務の範囲などの効力の問題である。

第 *8* 章　債権債務関係

　契約（第*6*章）や不法行為等（第*7*章）によって債権債務関係が生じた場合，その債権債務の目的・内容は原則としてそれぞれの債権自体の準拠法によることになるが，とくに金銭債権については，各国の貨幣により弁済されるという性質上，一括して論ずるべき特殊な問題が若干ある。また，債権の効力についても基本的には当該債権の準拠法によることになるが，債権の対外的効力，債権の消滅，債権の移転などの問題に関しては，これも別途考慮する必要がある。本章では，以上のように，特別な考慮を要する債権債務関係の準拠法について取り扱う。

第 1 節　金 銭 債 権

設例 8-1

　旅行業を営む日本法人の Y 会社は，日本で募集した甲国への旅行者が現地で必要とするサービスを提供する目的で，甲国法人の X 会社と包括的業務委託契約（本件契約の準拠法は日本法）を締結したが，Y 会社が本件契約に基づく X 会社への報酬等の支払を怠ったため，X 会社は，Y 会社に対して，本件契約に基づく金員の支払を求める訴えを日本の裁判所に提起した。X 会社が本件契約に基づく金員の

支払を甲国貨幣で求めた場合，Y会社が日本円で弁済する権利を有するか否かについてはいずれの国の法が適用されるか。

貨幣の問題

　金銭債権における貨幣の問題については，当該貨幣の所属国法によることになる。平価切下げや兌換停止等のような貨幣に関する法制度の変更が債権に及ぼす影響については，貨幣の価値が下落したとしても，貨幣の所属国法により貨幣の同一性に変わりがないのであれば，債務者は当該貨幣によって表示されている債権額を価値の下落した貨幣で支払えば免責されると解するのが通説である。一方，この問題を債権の実質にかかわる問題であるとみて，債権額を価値の下落した貨幣で支払えば免責されるか否かは当該債権の準拠法によって判断すべきとの見解もある。

金　約　款

　金約款とは，国際契約を締結する際に貨幣価値を担保する目的で用いられる約款であり，債務者が金（金貨・金価値）で支払う内容のものである。金約款は債権額に実質的な影響を及ぼすので，その有効性については債権の準拠法によるべきとの見解が有力である。

代用給付権

　民法403条は，債権額が外国の貨幣で表示されている場合にも，債務者に履行地の為替相場により日本の貨幣で弁済できる権利（代用給付権）を認めている。このような代用給付権の問題については，債権の内容にかかわるものとみて債権の準拠法によるとする説と，履行の態様にかかわるものとみて履行地法によるとする説等が対立

している。

設例 8 - 1 については，Y 会社が日本において弁済する場合には，上記のいずれの説によるとしても日本法が適用されることとなる。

第 2 節 債権の対外的効力

設例 8 - 2

S 国人 Y₁ は日本に滞在中，車の運転をしていたところ，歩道を歩いていた日本人 A を誤ってはねて死亡させた。事故後，Y₁ は S 国に帰国し所在不明であるが，A の遺族 X は，日本において Y₁ に対して不法行為に基づく損害賠償請求訴訟を提起し，併合請求として Y₁ の加入していた任意保険（任意保険契約の準拠法は S 国法）の保険者たる S 国の保険会社 Y₂ に対して債権者代位権に基づき保険金請求権を代位行使することを求めた。X が保険金請求権を代位行使することは認められるか。なお，S 国法では債権者代位権の制度は存せず，X による債権の代位行使は認められないが，日本法では債権の代位行使が認められる。

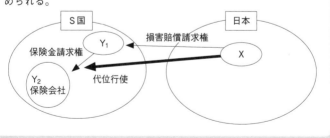

債権者代位権

債権とは，本来は特定の債権者と債務者の間で効力を有する権利

であるが，例外的に，債権者が債務者以外の第三者に対して債権の効力を及ぼすことができる場合がある。そのような債権の対外的効力の1つが債権者代位権である。債権者代位権については，訴訟法上の権利とみて国際私法上の不文の原則「手続は法廷地法による」から法廷地法によるとする説がある（この説に従った判例として，東京地判昭和37・7・20下民13巻7号1482頁）。しかし，通説は，債権者代位権を実体法上の権利とみた上で，債権者が有する債権の対外的効力の問題という側面と，債権者代位権の目的たる代位行使の対象となる権利の問題という側面の両方がある点を考慮し，債権者代位権については，債権者が有する債権の準拠法と代位行使の対象となる権利の準拠法の累積的適用によるとする。通説の立場によれば，　設例8-2　の場合，Xによる保険金請求権の代位行使は認められないことになろう。

　一方，債権者取消権の場合とは異なり，債権者代位権については第三者の利益保護を図る要請はそれほど強くないため，債権者が有する債権の準拠法のみによればよいとする説も有力である。他方，代位債権者が複数出てきたり，あるいは代位行使の対象となる債権を譲り受けたと主張する者等が出てくることを想定し，代位行使の対象となる債権をめぐって争う者の優先劣後を同一の準拠法で判断する実際的必要性から，そして債務者保護の見地から，債権者代位権については代位行使の対象となる債権の準拠法によるべきであるとする説も有力になってきている。

債権者取消権

　債権者取消権についても，通説は，債権者が有する債権の対外的効力であるという点とともに，債務者と第三者との間でなされた法

律行為が債権者により詐害行為として取り消されることから，第三者の利益に配慮すべき要請が強い点を考慮して，債権者が有する債権の準拠法と，債務者と第三者の間でなされた詐害行為とされる行為の準拠法の累積的適用によるとする。しかし，最近では，詐害行為の当事者が債権者取消権が認められないように詐害行為とされる行為の準拠法を操作する余地を認めることは適切でないとして，ここで主として問題となるのは詐害行為の対象たる財産の帰属であるから，詐害行為の対象たる財産が詐害行為がなければ所在したはずの地の法によるべきとの見解が有力に主張されている。

第3節 債権の消滅

> **設例8-3**
> 設例1-1 を参照。委任契約の準拠法はS国法とする。

消滅時効

　債権の消滅は債権の効力の問題であるから，原則として当該債権の準拠法による。消滅時効については，英米法でみられるように，出訴期限の問題とし，訴訟法上の制度として法廷地法によるとする立場もあるが，わが国では実体法上の制度として債権の準拠法によるべき問題ととらえるのが通説の立場である（なお，法性決定について，詳しくは第3章第1節参照）。よって，時効期間，時効の中断・停止等については当該債権の準拠法による。設例8-3 の場合，委任契約の準拠法はS国法であるから，Xの請求は認められることになる。

相　　殺

　通則法においては，相殺の準拠法についての明文規定が設けられず，解釈に委ねられている。英米法上，相殺は訴訟法上の制度として法廷地法によるとされるが，わが国では実体法上の問題として債権の準拠法によるべきであると解されている。従来の通説は，相殺は相対立する債権をともに消滅させる制度であることから，自働債権の準拠法と受働債権の準拠法を累積的に適用し，両準拠法において相殺の要件を満たす場合にのみ相殺が認められるとしていた。一方，相殺は反対債権を用いた弁済にほかならず，履行に代わるものであるから，受働債権の準拠法によるとの最近の有力説がある。例えば，相殺権者と債権の譲受人が1つの債権をめぐって争う場合に，この有力説は債権譲渡に関する23条と平仄が合い，相殺と債権譲渡の優先劣後を単一の準拠法により判断できるという大きな利点がある。

第4節　債権譲渡

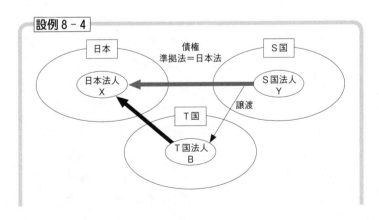

設例8-4

設例5-5 の事実関係の下で，XとYは，Yを売主，Xを買主とする冷凍食材に関する売買契約（本件契約の準拠法は日本法）を締結したところ，Yは，Xに対する本件契約上の代金債権を，T国に本店を有するT国法人たるB銀行に譲渡した（YとBとの債権譲渡契約の準拠法はS国法）。BがXに対して日本の裁判所で本件契約上の代金の支払を求めたとすれば，BのXに対する対抗要件は，いずれの国の法で判断されるか。

債権譲渡とは

債権譲渡とは，債権の譲渡人と譲受人の間の法律行為による債権の移転を指す。債権譲渡の成立および譲渡人・譲受人間の効力の準拠法については，通則法において明文規定は設けられておらず，解釈に委ねられている。一方，債務者その他の第三者に対する効力については，23条において譲渡の対象たる債権の準拠法によると規定されている。

債権譲渡の成立および譲渡人・譲受人間の効力

通説によれば，債権譲渡はその原因行為たる債権行為（例えば，売買，贈与等）とは区別される準物権行為であり，原因行為については原因行為の準拠法によるが，債権譲渡自体については債権の運命の問題として譲渡の対象たる債権の準拠法によるとされる（東京地判昭和42・7・11判タ210号206頁）。他方，通説のように債権譲渡を準物権行為とみて原因行為と峻別する立場に疑念を呈し，債権の流通の円滑化を視野に入れ，債権譲渡を債権行為に準じてとらえて，債権譲渡契約の準拠法によるとの説も有力となっている。

債務者その他の第三者に対する効力

　通則法の立法過程での議論においては，準拠法が異なる複数の債権の一括譲渡や準拠法が未定の将来債権の譲渡といった，ごく限られた状況を適切に処理する要請よりも，債権譲渡一般につき，譲渡の対象たる債権の準拠法によって債務者を含めた第三者に対する関係を統一的に簡明に処理する要請の方が，現在の実務上より強いことが考慮され，23条では，債務者その他の第三者に対する効力について譲渡の対象たる債権の準拠法によることが規定された。したがって，債務者その他の第三者に対する対抗要件の問題については譲渡の対象たる債権の準拠法によることとなる。 設例8-4 の場合は，BのXに対する対抗要件は，譲渡の対象たる債権の準拠法たる日本法により判断される。

債権の譲渡可能性，その他の個別的問題

　債権の譲渡可能性，および譲渡禁止特約の効力については，譲渡の対象たる債権の効力の問題であるから，譲渡の対象たる債権の準拠法による。

　また，譲渡の対象となる債権に付随する担保物権，保証債権等が債権譲渡により譲渡の対象となる債権とともに移転するかという問題については，譲渡の対象となる債権の準拠法と当該付随的権利の準拠法のいずれにおいても移転が認められる場合にのみ移転するとの説が有力であるが，もっぱら当該付随的権利の準拠法のみによればよいとの説もある。

　なお，無記名債権については，債権が証券に化体しており，譲渡にあたって証券を切り離すことは不可能であるから，国際私法上は動産と同視し，無記名債権の譲渡の成立および効力はもっぱら譲渡

当時の証券所在地法による。

第 **5** 節　債権の法律による移転

設例 8 - 5

　日本法人の X 銀行は，S 国法人の A への事業資金の貸付として，A との間で消費貸借契約（本件消費貸借契約の準拠法は T 国法）を締結した。さらに，X は，X が A に貸し付けた金員の返済につき債務不履行があった場合に備えて，日本法人の Y との間で，Y を保証人とする保証契約（本件保証契約の準拠法は日本法）を締結した。

　その後，A が X に対し借入金の返済を怠ったことで，Y が本件保証契約に基づく保証債務を履行したとする。X が本件消費貸借契約の準拠法上 A に対して有する権利を，Y が法定代位により行使しようとした場合，代位行使の可否を決定するのはいずれの国の法か。

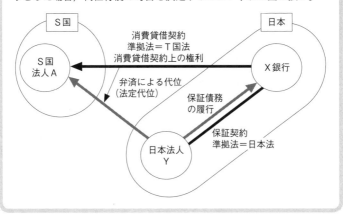

債権の法律による移転とは

　保証人による弁済がなされた場合（弁済による代位〔法定代位〕），

あるいは保険契約に基づく保険者による保険金の支払があった場合（保険代位）のように，一定の事実があれば債権が法律により当然に第三者に移転することを債権の法律による移転という。

準拠法の決定

　通則法においては，債権の法律による移転の準拠法についての明文規定は存せず，解釈に委ねられている。学説上，債権の法律による移転の要件および効力については，一定の事実により法律上債権の移転が当然に生じることを重視し，その原因たる事実の準拠法によるべきとするのが通説の見解である。したがって，通説によれば，保険代位については保険金の支払の原因である保険契約の準拠法，保証人の弁済による代位については弁済行為の原因である保証契約の準拠法によることになる。さらに，移転の対象たる債権の準拠法によっても移転が認められる必要があるかという点に関しては，法律上当然に生じる移転であることから債務者の利益保護の要請はそれほど強くないとして，これを否定的に解する見解が多数となっている。したがって，設例8-5 の場合，通説によれば，代位行使の可否を決定するのは，本件保証契約の準拠法である日本法となる。

　以上のような通説の見解に対し，債権の法律による移転についても債権譲渡と同様に取り扱うことを前提に，債権の法律による移転の成立および移転当事者間の効力については当事者間に適用される法により，債務者その他の第三者に対する効力については債権譲渡に関する23条を類推適用し，移転の対象たる債権の準拠法によるべきとの有力説がある。設例8-5 の場合，有力説によれば，法定代位の成立およびX・Y間の効力については，本件保証契約の準拠法である日本法により，Aその他の第三者に対する効力について

は23条を類推適用し，本件消費貸借契約の準拠法である T 国法によることになる。

　なお，債権の移転可能性については（例えば，当該債権が一身専属のものでないかどうか），債権の属性の問題であるから，当該債権自体の準拠法による。

第6節　債 権 質

設例 8 - 6

　Y 銀行 S 国支店は，S 国の A 社に対する当座貸越債権の担保として，A 社の代表取締役を務める S 国人 B（日本に住所を有する）が Y 銀行日本支店に預け入れた定期預金（定期預金契約の準拠法は日本法）の証書の交付を受けて，定期預金債権に質権を取得した。その後，A 社は当座貸越債務を返済せず，Y 銀行 S 国支店は上記定期預金を解約して振替支払するよう Y 銀行日本支店に依頼したが，送金が実行されないうちに上記定期預金債権について転付命令を取得した X が，Y 銀行に対し上記定期預金の支払を求めた。債権質の第三者に対する効力の準拠法はいずれの国の法になるか。

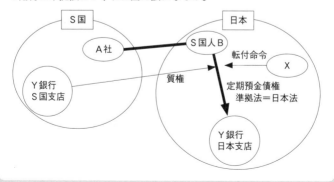

債権質の準拠法

　通則法においては，債権質の準拠法についての明文規定は設けられておらず，解釈に委ねられている。学説上は，かつて，債権質を物権ととらえた上で法例10条［通則法13条］を適用し，「目的物の所在地」を債務者の住所地と解して債務者の住所地法によるとする説があったが，この説は過度の擬制を伴うとして批判されていた。これまでの多数説および判例（最判昭和53・4・20民集32巻3号616頁）は，債権質を物権ととらえつつも，法例10条［通則法13条］は有体物に関する規定であるとしてこれを適用せず，条理により，密接な関係を有する法として債権質の客体たる債権の準拠法によるべきとの説をとっていた。これに対し，近年，債権質を債権譲渡に類するものとみて，第三者に対する効力以外については客体たる債権の準拠法によるが，第三者に対する効力については法例12条［通則法23条］によるとの説が有力になり，このように解することで，1つの債権をめぐって，債権の譲受人，質権者，相殺権者などが争う場合にもそれらの者の優先劣後を単一の準拠法で決することができると主張されていた。しかし，現在，法例12条（債務者の住所地法）が通則法23条（譲渡の対象たる債権の準拠法）へと内容を改めた結果，この有力説によっても，第三者に対する効力については債権質の客体たる債権の準拠法によることとなり，結論的にはこれまでの多数説および判例の立場と異ならなくなった。

　設例8-6 の場合，上記の多数説および判例の立場によっても，有力説の立場によっても，債権質の第三者に対する効力の準拠法は，客体たる債権の準拠法である日本法ということになる。

第 *9* 章　物権・知的財産

　本章では，物権の準拠法の決定と適用の問題，および知的財産をめぐる国際私法上の問題（とくに知的財産権の譲渡・実施契約に関する問題，および知的財産権の侵害に対する差止め・廃棄・損害賠償請求に関する問題）について検討する。

第1節　物　　権

設例9-1

　S国人 X 所有の S 国に所在する動産について X と日本人 Y の間で売買契約が締結され，引渡し前に当該動産の所在地が T 国へと変更された。S国法では引渡しがなくとも所有権移転の意思表示のみによって所有権が移転するが，T 国法では所有権移転には引渡しを要する。当該動産の所有者は X と Y のいずれとなるか。

1　物権の準拠法

同則主義と異則主義

　物権の準拠法については，動産・不動産同則主義と動産・不動産異則主義がある。前者は，動産と不動産を区別することなく物権関

係についてはすべて目的物所在地法によるとする立場である。他方，後者は，動産と不動産を区別し，動産については所有者の住所地法により，不動産については目的物所在地法によるとする立場である。13条は，動産・不動産同則主義を採用している。

同則主義の利点

　動産・不動産同則主義の利点としては，動産をめぐる物権関係についても不動産と同様に目的物所在地法によらしめた方が権利の実効性を確保でき，取引の安全や第三者の利益保護にも資する点，動産と不動産を国際私法上いかに区別するかという困難な問題を避けることができる点，また，複数の所有者がいる場合に動産について所有者の住所地法によるとすれば準拠法の決定が困難となるが，目的物所在地法によるとすればこのような問題が生じない点等が挙げられる。

目的物所在地法主義の根拠

　目的物所在地法主義の根拠としては，第1に，物に対する直接的かつ排他的な支配権という物権の性質からして，物が実際に所在する地の法によらしめることが適当であること，第2に，物権関係に目的物所在地法以外の法を適用することは実効性に欠けるおそれがあること，第3に，物権はその物が所在する地の公益と密接にかかわるので，目的物所在地法によらしめることが妥当であること等が挙げられる。

　しかし，目的物所在地法主義の根拠は不動産についてはとくに問題なく妥当するが，動産については必ずしも当てはまらない。というのも，動産は不動産とは異なり，原則として登記などの登録制度

がなく，容易に所在地が変更され，ときには所在地の決定が困難にさえなるからである。

2 目的物所在地とは

物権の準拠法において連結点として採用されている目的物所在地とは，目的物の物理的所在地を指している。したがって，不動産については目的物所在地の決定にとくに問題はないが，動産については別途考察すべき場合がある。

運送中の物

運送中の物については，運送中の実際の所在地を確定することは困難であり，また，確定できたとしてもその地と目的物には偶然的な関連性しかないことが多い。運送中の物に関する物権行為の効果が仕向地（到着予定地）への到着を待って実現される点を考慮すれば，実際の所在地よりも，むしろ仕向地と目的物とに密接な関連性があるといえる。よって，運送中の物については，その現実の目的物所在地の法ではなく，仕向地法によると解するのが通説の立場である。ただし，運送中の物がいったん運送を中止して，比較的長期間一定の場所にとどまるような場合には，その地と目的物とに偶然的な関連性しかないとはいえないから，現実の目的物所在地の法によるべきであろう。

なお，運送中の物について貨物引換証や船荷証券（第*22*章第 1 節 2参照）が発行されている場合に，そのような証券の譲渡によって物の所有権も譲渡されたことになるか否かについては，証券の物権的効力の問題として証券の所在地法によると解する説もあるが，他方で，運送中の物自体の物権準拠法（仕向地法，あるいは現実の目的

物所在地の法）によるべきとの説もある。

輸 送 機

　船舶・航空機・自動車などの輸送機はその本来の性質上移動することを常とする物であるから，船舶・航空機・自動車をめぐる物権関係について現実の目的物所在地の法を適用すると偶然的な関連性しか有しない国の法が適用されるおそれがある。したがって，船舶・航空機・自動車については，原則として，現実の目的物所在地の法ではなく，その所属国の法によると解されている。つまり，船舶・航空機については旗国法，自動車については登録地法によるとされる。なお，自動車の所有権をめぐって，最判平成14・10・29（民集56巻8号1964頁）では，自動車が運行の用に供し得る状態にある場合にはその利用の本拠地の法，運行の用に供し得る状態にない場合には物理的な所在地の法によるとの基準が示されている。

> **コラム 9 - ①**
>
> **口座管理機関によって保有される証券についての権利の準拠法**
>
> 　近年は，証券取引において，従来のような個別的な証券の発行に代えて，1枚の「大券」を発行したり，あるいは物理的な券面を一切発行せずに集中証券決済機関に口座を有する金融機関などの間で電子帳簿上のデータのやりとりを通じて個々の権利者の権利を記録することが多くなってきている。このように口座管理機関によって保有される証券についての権利の移転に関しては，物理的な券面の所在地の法によることが適切ではなかったり，あるいはそれ自体不可能であったりすることから，「口座管理機関によって保有される証券についての権利の準拠法に関する条約」（2002年採択，2017年発効。日本は批准していない）では，証券所在地法によらず，当事者自治が大幅に取り入れられている。

3 物権の準拠法の適用

「物権及びその他の登記をすべき権利」とは

13条1項は,「動産又は不動産に関する物権及びその他の登記を
すべき権利は,その目的物の所在地法による」と規定し,動産・不
動産に関する物権の種類・内容・効力については目的物所在地法に
よるとしている。例えば,占有権の種類・効力の問題,所有権の内
容・その限界の問題,あるいは用益物権の種類・内容の問題につい
ては目的物所在地法が適用される。

「その他の登記をすべき権利」とは,債権であるが,登記するこ
とによって物権的効力を認められる権利を指しており,例えば,不
動産の買戻権や不動産賃借権がこれにあたる。

物権的請求権

物権的請求権についても目的物所在地法による。ただし,物権的
請求権に関連して生じる損害賠償請求権,費用償還請求権等につい
ては学説が分かれており,かつては,これらの請求権が物権の請求
権と密接に関連している点を重視して物権の準拠法によるべきとす
る説と,独立した法定債権として法例11条[通則法14条以下]による
とする説が対立していたが,近年は,これらの請求権の準拠法を一
律に決せず,問題とされる請求権の性質に応じて柔軟に決すべきと
の説が有力となっている。

担 保 物 権

担保物権とは特定の債権を担保するために認められた物権であり,
先取特権・留置権のように一定の債権を担保するために法により当

然に認められる法定担保物権と，質権・抵当権のように当事者の約定によって設定される約定担保物権に分けられる。担保物権も物権の一種であるから，当然，基本的に目的物所在地法が適用されるが，一定の場合にはさらに被担保債権の準拠法を累積的に適用することが考慮される。

① 法定担保物権　　多数説によれば，法定担保物権は，物権の問題であると同時に被担保債権の効力の１つでもあること，法が特定の債権を保護するためにとくに認めた権利であること，および被担保債権の準拠法で認められないような法定担保物権の成立を認めると債権者を過度に保護することになり債務者に予期せぬ負担を与えるおそれがあること等から，法定担保物権の成立については目的物所在地法と被担保債権の準拠法を累積的に適用すべきと解されている。ただし，法定担保物権の効力については，両準拠法を累積的に適用することが技術的に困難であるとしてもっぱら目的物所在地法によるとされるが，効力についても成立と同様に両準拠法を累積的に適用すべき（順位についてのみもっぱら目的物所在地法による）との見解もある。

一方，近時の有力説は，法定担保物権が特定の債権を保護するためにとくに認められた権利であるとしても，担保物権によって保護すべき債権の決定は物権準拠法に委ねられるべき事項であり，被担保債権の準拠法との累積的適用は不要である等として，法定担保物権の成立・効力はもっぱら目的物所在地法によると主張している。

② 約定担保物権　　約定担保物権の成立・効力については，かつては法定担保物権と同様に，被担保債権の準拠法と目的物所在地法を累積的に適用すべきとの説もあったが，現在はもっぱら目的物所在地法によればよいとするのが通説である。ただし，権利質につ

いてはその目的たる権利の準拠法によるとされる。例えば、債権質については第**8**章第**6**節を参照。

4 物 権 変 動

物権変動については、13条2項において、その原因たる事実が完成した当時の目的物所在地法によるとされている。

法律行為による物権変動

物権変動が法律行為（例えば、売買、贈与）による場合、物権行為の成立要件および効力は、原因事実である法律行為の成立時の目的物所在地法による。 設例9-1 の場合、売買契約の締結時に動産はS国に所在しており、S国法によればすでに所有権はXからYに移転しているので、当該動産の所有者はYとなる。設例を逆にしてT国からS国に動産が移ったとすると、契約締結時の動産所在地法であるT国法では引渡しがないため所有権はYに移転しておらず、S国に動産が移ってからもあらためて所有権移転の意思表示があるとされない限り、S国法上も所有権は移転せず、当該動産の所有者はXとなる。

なお、物権行為の行為能力については4条による。物権行為の方式については、10条1項のみにより（10条5項）、13条2項の要件完成当時の目的物所在地法による。

法律行為以外の事実による物権変動

物権変動が法律行為以外の事実（遺失物拾得、埋蔵物発見、無主物先占等）による場合にも、原因たる事実が完成した当時の目的物所在地法による。要求される行為・事実の一定期間の継続が完了する

前に目的物の所在地が変更された場合には，通説は新所在地法によるとするが，時効の中断・停止についてはその事由の発生当時の所在地法によるとする。

5　所在地の変更と既存物権

　所在地法によりいったん有効に成立した物権は，後に目的物の所在地が変更されても，その成立が認められる。ただし，当該物権の内容・効力については新所在地法によることになり，既存物権の内容は新所在地法上それに相当する，あるいは類似する物権に置換される。よって，新所在地法上それに相当あるいは類似する物権が存在しない場合には，その国に目的物が所在している間は権利行使が認められないことになる。しかし，これはその物権が消滅するという趣旨ではなく，その目的物が当該物権を認める国に移動した場合には当該物権は再び物権として認められ，権利行使が可能となる。

　なお，旧所在地法上有効に成立した物権が新所在地法上それに相当あるいは類似する物権として効力を発揮するためには，新所在地法上要求されている要件を具備しなければならない。例えば，旧所在地法により占有なくして成立した質権は，新所在地法上質権の効力が認められるためには占有が必要とされている場合には，新たに占有の要件を具備しなければ質権としての効力が認められない。

6　物権の準拠法とほかの準拠法との関係

債権の準拠法との関係

　物権の準拠法は物権行為についてのみ適用され，その原因行為たる債権行為には当然には適用されない。例えば，当事者の意思表示のみによって所有権が移転するか，引渡しや登記を要するかといっ

た物権変動の問題は物権の準拠法によるが，その際の売買契約の有効性は売買契約の準拠法（第6章第1節等参照）により判断される。

相続の準拠法との関係

　物権の準拠法と相続の準拠法の関係について，最判平成6・3・8（民集48巻3号835頁）は，相続人らが第三者に対して行った，相続に係る不動産の持分の処分によって権利移転の効果が生じるかという問題は物権の問題であるとしながら，その前提として，相続人らがいかなる形態で遺産を承継しているか，および遺産分割前に相続に係る不動産の持分を処分できるかという問題については相続の問題であると判示した。物権の準拠法と相続の準拠法の関係について，詳しくは，第14章第1節3を参照。このほか，物権の準拠法と夫婦財産制の準拠法の関係については，第11章第2節2を参照。

第2節　知 的 財 産

設例9-2

　日本に住所を有する日本人Xは，ある装置（以下，本件装置）につきS国の特許権を有するが，本件装置の技術と重なる日本の特許権は，Xとは無関係のY（日本に本店を有する日本法人）が有していた。Yは，本件装置を用いた機器（本件機器）を日本において製造し，Yの100％子会社Z（S国に本店を有するS国法人）に輸出し，ZはS国内で本件機器を販売した。そこで，XはYを被告として日本の裁判所において提訴し，S国の特許権侵害を理由として，S国への輸出を目的とするYによる本件機器の日本における製造およびYのS国への

輸出行為の差止めを求めるとともに，損害賠償を請求した。Xの請求についてはいかなる国の法が適用されるか。

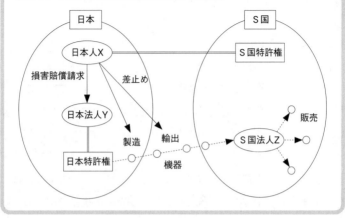

1 属地主義と知的財産権をめぐる国際的な法的規律

属地主義とは

　知的財産権とは，特許権や著作権などのように，産業や文化の発展の促進等を目的に，人の知的な所産を法的な権利として国家的な保護を与えたものである。知的財産権に関しては，属地主義の原則が一般に広く認められている。知的財産権に関する属地主義とは，ある国において付与された知的財産権の成立・移転・効力等については当該国法が適用され，さらに知的財産権の効力の及ぶ範囲は当該国内に限定されるというものである（特許権に関しては，最判平成14・9・26民集56巻7号1551頁〈カードリーダー事件〉参照）。

属地主義と準拠法の決定

　このような属地主義を前提とした上で，知的財産権をめぐる国際

的な法的規律の方法については，公法的な問題として各国の知的財産法を属地的に適用すべきとの立場と，一般の私法的な問題と同様に準拠法を決定・適用すべきとの立場に分かれている。後者の立場は，属地主義から，特許権や著作権などの準拠法は「保護国法」によるとの結論を導き出している。この「保護国」が具体的にいかなる国を指すかについては必ずしも明確ではないが，特許権など権利保護のために登録を要する知的財産権の場合には「登録国（権利付与国）」，権利保護のために登録を要しない著作権の場合には「著作権の利用行為が行われた国，あるいは侵害行為が行われた国」であると解するのが一般的である。

2　知的財産権の譲渡・実施（利用許諾）契約

特許権・著作権等の譲渡・実施（利用許諾）契約については，物権の場合と同様に，譲渡の原因となる債権行為については譲渡・実施（利用許諾）契約の準拠法により，特許権・著作権等の物権類似の支配関係の変動については保護国法によると解するのが通説であり，これを支持する裁判例もある（東京高判平成13・5・30判時1797号111頁など）。よって，通説によれば，知的財産権の譲渡・実施（利用許諾）契約の成立，債務不履行の場合の効果等の問題は7条以下（第**6**章参照）が適用されることになる。これに対し，知的財産権の移転に関する要件，第三者に対する対抗要件等の問題は保護国法によることになる。なお，職務発明に関する外国特許を受ける権利の譲渡対価については，わが国の特許法35条の趣旨・理念からみて同条が絶対的強行法規（第**6**章第**2**節**1**参照）として準拠法のいかんに関わりなく適用されるとの見解等が主張されているが，最高裁においては，「外国の特許を受ける権利の譲渡に伴って譲渡人が譲

受人に対しその対価を請求できるかどうか，その対価の額はいくら
であるかなどの特許を受ける権利の譲渡の対価に関する問題は，譲
渡の当事者がどのような債権債務を有するのかという問題にほかな
らず，譲渡当事者間における譲渡の原因関係である契約その他の債
権的法律行為の効力の問題であると解されるから，その準拠法は，
法例7条1項［通則法7条］の規定により，第1次的には当事者の
意思に従って定められると解するのが相当である」との判示により，
外国特許を受ける権利の譲渡対価の問題については譲渡契約の準拠
法によるとの立場が示され，特許法35条を絶対的強行法規とする見
解は結果的に退けられた（最判平成18・10・17民集60巻8号2853頁）。

3 　知的財産権の侵害に対する差止め・廃棄・損害賠償請求

　特に外国特許権に関して，内国の裁判所では当該権利に基づく差
止め・廃棄を原則として請求することはできず，そもそも準拠法選
択の問題自体生じないとする立場もみられるが，有力説は，知的財
産権の侵害に対する差止め・廃棄・損害賠償請求についても一般の
私法的な問題と同様に準拠法を決定すべきと解している。この有力
説は，さらに，差止め・廃棄請求と損害賠償請求を区別して，前者
は知的財産権の効力の問題であるから保護国法により，後者は不法
行為の問題であるから不法行為の準拠法によるとの見解（ただし，
カードリーダー事件最高裁判決〔前掲最判平成14・9・26〕は，前者につ
き登録国法によるとしながら，結果的には属地主義の原則を根拠に公序条
項（42条）によって登録国法の適用を排除），このような区別をせず一
体として不法行為の問題とみて不法行為の準拠法によるとする見解，
あるいは一体として知的財産権の効力の問題とみて保護国法による
との見解等，多岐に分かれている。

設例9-2 の場合について，カードリーダー事件における最高裁の見解に立てば，Xの差止請求については登録国法が準拠法となるが，登録国法上差止めが認められる場合には公序条項（42条）によりその適用が排斥され，他方，損害賠償請求については不法行為の準拠法によるということになろう。カードリーダー事件最高裁判決の不法行為に関する部分については第**7**章第**1**節**2**および**7**を参照。

第10章　家族法の基本原則

　国際家族法に関するわが国の国際私法規定は，平成元年法例改正において大きく変更され，通則法は，これらの規定を基本的にそのまま踏襲している。本章では，通則法におけるこれらの準拠法規定の特徴を整理し，わが国の国際家族法規定の基本原則を概観する。

第1節　国際家族法の基本理念

抵触法上の両性平等

　国際家族法の基本理念としては，まず，抵触法上の両性平等の実現が図られていることが挙げられる。すなわち，婚姻の効力等においては，夫婦のいずれか一方に関連する法を準拠法とするのではなく，夫婦の同一の要素を連結点とする形で準拠法が規定されている（25条・26条1項・27条本文）。そして，それら同一の要素を連結点としがたい場合については，「最密接関係地」という連結点を導入することによって，あくまでも両当事者にとってともに密接な関係をもつ連結点を設定するという姿勢が示されている（25条・26条1項・27条本文）。また親子間の法律関係においても，後述のように子に焦点が当てられた上で，段階的連結の第1順位として父と子または母と子との同一本国法が準拠法として設定され，父と母とに対して抵

触法上の平等な取扱いが図られている（32条）。

子の福祉・保護

　親子間の問題に関しては，子の福祉，子の保護の重視が図られている。すなわち，子に密接な関係を持つ連結点の採用（親子間の法律関係に関する32条），子の本国法上の保護要件を累積的に適用するセーフガード条項の設定（認知に関する29条1項後段，2項後段，養子縁組に関する31条1項後段），子の身分関係成立容易化のために準拠法の選択肢を広げる配慮（嫡出親子関係成立についての28条1項，認知についての29条1項と2項，準正についての30条）を挙げることができる。

連結方法の多様化

　以上のような両性平等や子の福祉・保護などの理念を国際私法上に反映させるため，上でも少し述べたように多様な連結方法が採用されている。すなわち，婚姻における抵触法上の両性平等を実現するために，夫婦に同一に関連する連結点が設定されているが，このような連結点がない場合に備えて，2番目，3番目の，やはり夫婦に同一に関連する連結点を用意し，それを段階的に適用するという段階的連結がとられている（25条・26条1項・27条本文）。また子の保護の観点から，子の嫡出親子関係や認知がより容易に認められるために，いくつかの選択肢を用意しその中の1つによって成立が認められればよいとする，選択的連結の方法がとられている（嫡出親子関係に関する28条，認知に関する29条1項・2項）。また，婚姻においても同様に，婚姻保護のため，婚姻成立を容易化しようとの考慮により，婚姻の方式について選択的連結がとられている（24条2項・3項）。

本国法主義原則の緩和

　身分関係における連結点については，歴史的に本国法主義と住所地法主義が長らく対立してきた。わが国は，平成元年法例改正前までは，当事者の本国法主義をとっていたが，ハーグ国際私法条約において，住所概念の欠点の克服を目指した常居所の概念が導入されたことを受け，平成元年法例改正において常居所の概念が取り入れられた。通則法もこれを踏襲している（25条・26条1項・27条本文・32条）。もっとも，常居所が連結点とされているのは段階的連結の規定であって，その第1順位の連結には「本国法」が置かれ，第2順位に「常居所地法」が置かれるという形となっており（25条・26条1項・27条本文・32条），通則法においてもまだ基本的には本国法主義が維持されている。しかし，従来の本国法主義は，常居所の概念の採用により一定程度緩和され，修正されたといえる。なお第*3*章第**2**節2参照のこと。

第**2**節　国際家族法における総論上の諸問題

反致の適用

　上述のように，本国法主義がまだ基本的には維持されていることから，家族関係の準拠法には，当事者の本国法が規定されることが少なくなく，その場合には反致条項（41条）が原則として適用されることとなる（24条・28条〜31条・33条・35条）。しかし，段階的連結の規定については反致は適用除外するとされ，41条ただし書にこの点が明記されている。したがって25条，それが準用される26条1項と27条，および32条には反致は適用されない。段階的連結の場合に

は準拠法が慎重に定められていることが、その理由として説明される。また、段階的連結においては本国法主義と住所地法主義の対立の形となっておらず、反致の規定が意図する、これら両者の調整の対象とはならないことも理由として挙げられる。

認知および養子縁組におけるセーフガード条項（29条1項後段・2項後段・31条1項後段）、および選択的連結（婚姻の方式についての24条3項本文、嫡出親子関係成立についての28条1項、認知についての29条2項、準正についての30条1項）については、41条ただし書に反致適用除外の対象とは明記されていない。そのため、除外と明記されていない以上、反致は適用されるべきであるとする見解と、その準拠法規定の趣旨から反致を認めるべきではないとする見解とに解釈は分かれる。詳しくは各該当の章を参照のこと。なお反致一般については第*3*章第**4**節を参照のこと。

公序の適用

家族関係については、平成元年改正前法例下では、フィリピン人夫との離婚において、離婚を認めない夫の本国法たるフィリピン法の適用を公序に反するとしたケースなど、公序条項によって当事者の本国法の適用が排除される事例が多くあった。平成元年法例改正により、これらの事案の多くは公序条項を用いなくとも同様の結論が導かれることとなっている。その後の事例としては、改正後の法例下で、養子を1人に限るとする中国法の適用が公序に反するとした事例（神戸家審平成7・5・10家月47巻12号58頁）、親子関係存否確認の出訴期間を制限する韓国法の適用が公序に反するとした事例（大阪高判平成18・10・26判タ1262号311頁）がある。また改正後の法例の規則を踏襲した通則法の下では、重婚を無効とするフィリピン法

の適用が公序に反するとした事例（熊本家判平成22・7・6判例集未登載），養子縁組を認めないイラン・イスラム法の適用が公序に反するとした事例（宇都宮家審平成19・7・20家月59巻12号106頁），子の親権者を父から母へ変更することを認めないイラン・イスラム法の適用が公序に反するとした事例（東京家審平成22・7・15家月63巻5号58頁），親子関係存否確認につき出訴期間を制限する韓国法の適用が公序に反するとした事例（大阪高判平成26・5・9判時2231号53頁）がある。公序一般については第*4*章第**2**節**1**を参照のこと。

法 性 決 定

　国際家族法において法性決定が問題とされるものとしては，①離婚における離婚給付を，離婚の問題と考えるか，夫婦財産制の清算，慰謝料と分けて考えるかという問題や，②離婚の際の親権者指定を，離婚の問題と考えるか，親子間の法律関係の問題と考えるか，などがある。②の問題の法性決定につき，連結点の観点から説得力ある理由づけが展開されることについて，第*3*章第**1**節**3**を参照のこと。

先 決 問 題

　国際家族法の判例上，先決問題が争点となったものとしては，とくに相続の事案が多い。すなわち，その前提となる相続人としての資格の有無の判断に際して，その者が被相続人と一定の身分関係を有するか否かが先決問題として問題とされるものである。例えば最判平成12・1・27（民集54巻1号1頁）などがある。なお，第*4*章第**2**節**2**，第*14*章を参照のこと。

第11章　婚姻・離婚

　本章ではいわゆる国際結婚および国際離婚を扱う。婚姻については，その成立要件として，①婚姻年齢や重婚の可否などの「婚姻の実質的成立要件」と，②公的機関への婚姻届出や宗教婚など婚姻のための手続に関する「婚姻の形式的成立要件（方式）」とがある。そして有効に成立した婚姻の効力については，③夫婦間の同居義務や貞操義務などの「婚姻の身分的効力」と，④夫婦の財産的関係についての「婚姻の財産的効力」の2つの側面が考えられる。通則法は，婚姻に関する以上の4つの側面を，それぞれ別個の単位法律関係ととらえ，さらに離婚についてもまた別個の単位法律関係としてそれぞれに準拠法規定を置いている。

第1節　婚姻の成立要件

1　婚姻の実質的成立要件

設例11-1

　14歳のS国人X女は17歳のT国人Y男と日本において日本の役所に婚姻届を提出した。S国法上，婚姻年齢は男性18歳，女性14歳，T国法上は，男性17歳，女性16歳とそれぞれ定められる。年齢以外の他

の婚姻要件をみたしているとしてXとYとの婚姻はわが国において認められるか。

婚姻の実質的成立要件とは

設例11-1 で問題となっている婚姻年齢をはじめ，重婚の可否，禁止される近親婚の範囲，待婚期間など，婚姻をするにあたって各当事者がみたさねばならない要件のことを婚姻の実質的成立要件という。婚姻は各国における歴史，風習，文化を反映するものであるため，婚姻の実質的成立要件も国によって様々に異なる。したがっていわゆる国際結婚においては，いかなる国の法の実質的要件をみたした場合に婚姻が有効に成立したと判断するのかが問題となる。

婚姻の実質的成立要件の準拠法

婚姻の実質的成立要件の準拠法については，婚姻挙行地法主義と当事者の属人法主義との2つの考え方がある。例えば 設例11-1 の場合，婚姻挙行地法主義がとられるならば，婚姻挙行地たるわが国の民法の規定（731条）により婚姻の成否が判断されることとなる。しかしながら，婚姻挙行地は両当事者がたまたま訪れた地であるなどの偶然性を持ちうること，婚姻のような身分的問題は当事者が長年なじんできた習慣，風俗等を反映させる法によるのが相応しいとの理由から，当事者の属人法主義をとる国も多い。その場合には，当事者の本国法あるいは住所地法などが適用されることとなるが，両当事者の属人法が異なるときに，夫となる者，妻となる者のいずれの属人法が，どのように適用されるかが問題となる。

通則法24条 1 項——当事者の属人法主義，配分的連結

　通則法24条 1 項は「各当事者につき，その本国法による」と規定する。これは当事者の属人法，それも本国法主義をとった上で，夫となる者，妻となる者それぞれが，各自の本国法上の要件をみたしていればよいとする「配分的連結」を採用するものである。配分的連結は，いずれか一方の属人法が両当事者に適用される場合と比べて，抵触法上の両性平等が確保され，また両当事者の属人法の累積的連結と比べて，婚姻成立の容易化が達成されるというメリットを有する。

一方的要件と双方的要件

　もっとも，婚姻の実質的成立要件には，一方当事者のみにかかわると解される一方的要件と，相手方との関係で問題となると解される双方的要件とがある。配分的連結をとる場合には，一方的要件についてはそれぞれの当事者に自らの本国法上の要件のみが適用されるが，双方的要件については，結果的には当事者双方の本国法上の要件が当事者に累積的に適用されることとなる。例えば 設例11-1 で問題となっている婚姻年齢が一方的要件と解されれば，X はその本国法である S 国法上の女性の婚姻年齢の要件を具備しており，Y はその本国法である T 国法上の男性の婚姻年齢の要件を具備しているため，わが国において X と Y との婚姻は認められることになる。しかし，もし双方的要件と解されれば，X の本国法である S 国法の婚姻年齢は X の婚姻相手である Y にも適用され，Y の本国法である T 国法上の婚姻年齢も同様に X にも適用される。設例の場合，X は T 国法上の婚姻年齢をみたさず，Y も S 国法上の婚姻年齢に達していないため，わが国において X と Y との婚姻は認め

られないことになる。しかるに，具体的にどの要件が一方的要件あるいは双方的要件にあたるかは，各国の実質法によって異なることがある。そこでその区別をいかなる基準でするかが問題となる。

一方的要件と双方的要件の区別

ある要件が一方的要件，双方的要件のいずれであるかの区別については，学説上これを国際私法独自に決定すべきであるとする国際私法独自説と，実際に準拠法となる法の解釈・適用の問題であるとする準拠実質法説とに分れる。

通説は国際私法独自説であるが，具体的な各要件がこのいずれにあたるかについては，論者により若干の見解の違いがある。多くは，婚姻年齢や，保護者など第三者の同意は一方的要件とし，重婚，近親婚などは双方的要件であるとしている。したがって国際私法独自説の一般的な見解によれば，婚姻年齢は一方的要件とされるため，設例11-1 の X と Y との婚姻はわが国において認められることになる。

これに対し，準拠実質法説に立てば，婚姻年齢が一方的要件，双方的要件のいずれにあたるかは，設例11-1 の場合，X の本国法であるS国法およびY の本国法であるT国法によりそれぞれ判断されることとなる。本設例においては，X も Y も相手の本国法上の婚姻年齢の要件をみたしていないため，S国法，T国法のいずれかの法により婚姻年齢が双方的要件とされれば，X と Y との婚姻は，わが国においては認められないことになる。ちなみにわが国の戸籍実務は国際私法独自説をとり，婚姻年齢を一方的要件と解しているため，設例11-1 の場合，わが国の戸籍窓口においてこの婚姻届は受理されることとなる。

実質的成立要件を欠く場合に生じる効果

　実質的成立要件を欠く場合に生じる効果についても，当該成立要件の準拠法によることとなる。したがって一方的要件については，その要件を欠いた当事者の本国法によることになるが，双方的要件については，双方の本国法が重畳的に適用されるため，より厳格な効果を定める法を適用することとなる。例えば，重婚禁止の要件に反してなされた婚姻について，夫の本国法上は取消しとされ，妻の本国法上では無効とされる場合，当該婚姻は無効となる（東京家審昭和43・4・25家月20巻10号91頁，東京高判平成19・4・25家月59巻10号42頁）。

反致との関係

　アメリカの各州などは，その国際私法上，婚姻の実質的成立要件について婚姻挙行地法主義をとる。したがってこれらを本国法とする当事者が日本において婚姻する場合は，反致（41条。第**3**章第**4**節参照）により，実質的成立要件について婚姻挙行地法たる日本法が準拠法になる可能性があることに注意する必要がある。

コラム11-①

同性婚と日本人の婚姻要件具備証明書の様式改正について

　近年，外国のいくつかの国においては同性婚が認められるようになったが，日本法はこれを認めていない。ちなみに日本人が外国の方式により婚姻する場合においては，当該外国官憲から，その日本人当事者が日本法上の婚姻要件をみたしていることを証する，婚姻要件具備証明書の提出を求められることがあるが，日本国から交付される婚姻要件具備証明書には，従来は相手方の性別が記載されていなかった。ところが，同性婚を認める外国にそのような証明書が提出された場合，日本法上も同性

の相手方との婚姻に法的障害がなく有効であると解されるおそれが出てきた。また実際に，日本人がそのような外国において同性婚に使用するために同証明書を取得した事例もあった。そこで，平成元・5・24民一1274号通知により，日本人についての婚姻要件具備証明書は，相手方の国籍，氏名に加えて性別を記載する形に改められている。また，同通知によれば，婚姻の相手方が日本人当事者と同性であるときは，日本法上婚姻は成立しないため，同証明書を交付するのは相当でないとされている。

コラム11-②

グレトナ・グリーン婚

　イギリスは，イングランドやスコットランドなど，地域によって法律を異にする不統一法国の1つである。かつてのイングランド法においては，婚姻について父母の同意を要するなど厳しい要件が課されていたが，スコットランド法にはそのような要件はなかった。当時のイングランドでは婚姻の実質的成立要件についても婚姻挙行地法主義がとられていたことから，親の同意を得られないカップルなどが，イングランド法を回避するため，スコットランドで婚姻をするケースがみられた。イングランドとの境界に程近いスコットランドのグレトナ・グリーン村は，このような駆込み婚が頻繁になされる地として有名になり，いわゆる「グレトナ・グリーン婚」の名が知られるようになった。イギリスの女性作家ジェーン・オースティンの代表作で英文学の古典として名高い『高慢と偏見』(1813年)にも，主人公エリザベスの妹リディアが，評判の良くない男性とグレトナ・グリーン村で結婚しようとして，駆落ち騒動を起こす場面が出てくる。

2　婚姻の形式的成立要件（方式）

設例11-2

　①S国人X女とT国人Y男とが，日本におけるS国の大使館において婚姻の届出（外交婚）をした。S国法上そのような婚姻の方式

が認められている場合，婚姻の実質的成立要件は両当事者ともみたしているとして，この婚姻は日本において有効な婚姻と認められるか。②Ｙが日本人である場合はどうか。③Ｓ国人Ｘと日本人ＹとがＴ国における日本の領事館に婚姻の届出をした場合はどうか。④Ｓ国人Ｘと日本人ＹとがＴ国におけるＳ国の大使館に婚姻の届出をした場合はどうか。

婚姻の形式的成立要件とは

婚姻を有効に成立させるために当事者がとるべき手続を，婚姻の形式的成立要件あるいは婚姻の方式という。国家機関への届出〔日本法もこの方式を取る〔民法739条〕），宗教婚，儀式婚など，各国における婚姻の方式もまた様々に異なる。なお，国家機関への届出に際しての届出意思が，婚姻の実質的成立要件か形式的成立要件かについては議論があるが，判例は形式的成立要件としている（名古屋高判平成４・１・29家月48巻10号151頁，大阪高判平成28・11・18判時2329号45頁）。

婚姻の形式的成立要件の準拠法

婚姻の形式的成立要件の準拠法については，当事者が婚姻関係を結ぶことを挙行地において他の人に公示するためには，婚姻挙行地の方式によるのがよい，などの理由から，婚姻挙行地法主義をとる国が多い。他方で，婚姻挙行地法以外の方式を認めない絶対的挙行地法主義をとると，例えば婚姻の方式としてある特定の宗教婚しか認めない国において，その宗教をもたない外国人が有効に婚姻することが困難となる。そこで多くの国では，自国民が外国で婚姻をする場合，その国に駐在する自国の大使，公使，あるいは領事の下で

自国法の方式により婚姻することを認めている。これを外交婚あるいは領事婚という。わが国においても，平成元年改正前法例では，絶対的挙行地法主義がとられていたため（平成元年改正前法例13条1項ただし書），例外的に，外国において日本人同士がその国に駐在する領事等に婚姻届をするいわゆる領事婚（民法741条）を認めていた（平成元年改正前法例13条2項）。

絶対的挙行地法主義の緩和

通則法は，24条2項において婚姻挙行地法主義は維持しつつ，同条3項本文により，選択的連結として当事者の一方の本国法による方式も認めて，絶対的挙行地法主義を緩和している。これにより，わが国においてなされたイスラム教，ギリシア正教などの宗教婚も，当事者の一方の本国法による方式であるならば，24条3項本文によりわが国において有効な婚姻として認められる。 設例11-2 ①の，日本におけるS国の大使館への婚姻届提出も，一方当事者Xの本国法上の方式によるものとしてわが国において有効とされる。この場合，Yの本国法であるT国法上このような外交婚が認められるか否かは問わない。なお上述の，平成元年改正前法例において認められていた民法741条に定める領事婚も，当事者の一方の本国法による方式として認められることとなる。ただし，民法741条は日本人同士の婚姻と規定しているため，外国において日本人と外国人とがわが国の領事等の下で領事婚をすることは，一方当事者である日本人の本国法上の方式によることとはならず，24条3項本文によっても認められない。したがって 設例11-2 ③の場合，XとYとの日本の領事館への婚姻届出は認められない。他方で，設例11-2 ④の場合は，一方当事者Xの本国法上の方式によるものとして，わ

が国において有効な婚姻として認められる。

日本人条項

　24条3項ただし書は，婚姻挙行地が日本であり，かつ当事者の一方が日本人であるときは，相手である外国人当事者の本国法の方式ではなく，挙行地法である日本法の方式によらねばならないと定める。この規定は日本人条項と呼ばれる。日本人が外国法の方式により有効に婚姻したにもかかわらず，その報告的届出がなされないまま放置される事例が増えることへの懸念と，日本人の身分変動を戸籍へ反映させる必要性が，その理由とされる。したがって 設例11-2 ②の場合，S国の大使館へ婚姻届が提出されても日本でその婚姻が有効に成立したとは認められず，日本の戸籍窓口への創設的な婚姻届がなされねばならない。

婚姻挙行地とは

　外国に在る日本人が，外国から婚姻届を日本に郵送してきた場合，婚姻挙行地はどの地をいうのか。平成元年改正前法例は絶対的挙行地法主義をとっていたため，このような郵送による届出の「挙行地」を日本と解し，その届出の受理によって挙行地法たる日本法上の方式により婚姻が有効に成立するとされてきた。もっともこの解釈は，先に述べた婚姻の方式に婚姻挙行地法主義をとる理由とは相容れないとして，あくまでも当事者のいる地を婚姻挙行地とすべきとの批判もあった（神戸地判平成9・1・29判時1638号122頁）。この議論は，平成元年の法例改正およびそれを踏襲した通則法24条3項本文により，郵送による婚姻届出は当事者の一方の本国法上の方式として有効とすることで解決されたとする立場が多数であり，戸籍実

務もこれに従う。他方で，各国実質法上の要件により挙行地概念は異なり，戸籍への届出という日本法上の婚姻の方式は当事者の所在地を問わないとする立場や，親族関係に関する方式の準拠法を定める34条において，海外から任意認知等の届出が日本に送付されてきた場合に，同条 2 項の行為地を受領地たる日本と解し，かつこれとの整合性を説く立場から，郵送における婚姻届出の婚姻挙行地は日本であり24条 2 項により有効とするとの見解もある。親族関係に関する方式については第 *13* 章第 **2** 節を参照のこと。

なお戸籍実務は，ある地に当事者の一方しか所在しない場合も，その地は婚姻挙行地となるとしている。したがって両当事者が外国人であって，そのいずれか一方しか日本に所在していない場合であっても，日本の戸籍窓口への婚姻届は，婚姻挙行地法による方式として受理される。学説は肯定説と否定説とに分かれる。

反致との関係

24条 3 項本文は当事者の一方の本国法を準拠法とするため，反致の対象となり得る。ただしこの規定は，24条 2 項に定める婚姻挙行地法との選択的連結となっているため，婚姻成立を容易にするために選択肢を広げようとする選択的連結の趣旨が，反致を適用すれば損なわれるとして反対する見解と，41条ただし書において反致適用除外が明記されていない以上，反致は適用されるとの見解とで対立がある。戸籍実務は反致を認める立場をとる。反致については，第 *3* 章第 **4** 節および第 *10* 章第 **2** 節を参照のこと。

第 2 節　婚姻の効力

1　婚姻の身分的効力

> **設例11-3**
>
> 　S国籍と日本国籍の重国籍者であるX女と，S国人であるY男との夫婦は，ともに日本に居住するが，YがXを置いて家を出たことから，Yの同居義務違反が問題となった。この問題の準拠法は何か。

婚姻の身分的効力とは

　婚姻が成立した後，夫婦間に生ずる法律関係のうち，夫婦の同居義務，貞操義務などを婚姻の身分的効力という。「一般的な効力」とも呼ばれる。通則法では，下記の婚姻の財産的効力とは分けて準拠法規定を置く。

婚姻の身分的効力の準拠法

　通則法25条は婚姻の身分的効力の準拠法について，第1に夫婦の同一本国法，第2に夫婦の同一常居所地法，第3に夫婦の最密接関係地法，という段階的連結を採用している。一方当事者の属人法を準拠法とする規定は男女平等の観点からは問題があり，しかるに，婚姻の効力の準拠法は夫婦間の法律関係を規定するものであるから，夫，妻それぞれの属人法を配分的連結する方法はとれず，ひとつの準拠法を適用する規定とする必要がある。そこで，夫婦について同一の連結点によって準拠法を決定するという方法が採用され，抵触法上の男女平等の実現が図られている。

段階的連結

25条の段階的連結の第1順位は，夫婦の同一本国法と規定される。これは，夫婦の共通本国法ではないことに注意が必要である（コラム13-①参照）。すなわち，当事者が重国籍者である場合は，38条1項によりその当事者の本国法を特定してから，相手方の本国法と同一であるかをみることとなる。 設例11-3 の場合，X女の本国法は日本法となるため（38条1項ただし書），XとYの本国法は同一ではないと判断される。その場合，次に第2順位の連結点である夫婦の同一常居所地法の有無をみることとなり，このケースでは，XとYとの同一常居所地法である日本法が準拠法となる。

夫婦の同一本国法も同一常居所地法もない場合，例えば国籍の異なる夫婦が，異なる国にそれぞれ常居所を有している場合には，第3順位の連結として，夫婦の最密接関係地法が適用される。これは，夫婦のそれぞれの本国，常居所地，最後の同一常居所地，夫婦の一方が子とともに住んでいる地，などの要素をもとにケース・バイ・ケースで決定することになる。なお本国法，および常居所の決定については第**3**章第**2**節3および4を参照のこと。

婚姻の身分的効力の準拠法の適用範囲

婚姻の身分的効力の規定である25条の対象として，夫婦の同居義務，貞操義務があたることに争いはない。また，婚姻による妻の行為能力の制限についても，婚姻の効力の問題であるとする見解が多数である。しかしそれ以外の問題に関しては，婚姻による成年擬制については人の行為能力の問題として4条によるとの説が有力であり，日常家事債務についても夫婦財産制の問題とみて26条によるとする説が多数である。さらに夫婦の氏についても婚姻の効力の準拠

法によるかどうかに学説上争いがある（第**13**章第**5**節参照）。また，夫婦間の扶養の問題は，「扶養義務の準拠法に関する法律」による（第**13**章第**3**節参照）。したがって，25条が適用される問題はそれほど多くはない。しかし以下に述べるように，25条の準拠法規定は，夫婦財産制についての26条，離婚についての27条に準用されており，基本となる重要な規定であるといえる。

反致との関係

なお，25条については，段階的連結が採用されており，当事者の本国法が準拠法となる場合であっても，41条ただし書により，反致はなされない。反致については第**3**章第**4**節および第**10**章第**2**節を参照のこと。

2 夫婦財産制（婚姻の財産的効力）

設例11-4

日本人Ａ男とＳ国人Ｘ女の夫婦は，ともに日本においてＡ名義の家屋に居住している。Ａは自らの事業の資金調達のためこの家屋を担保にＹから融資を受けたが，その返済が滞ったため，Ｙが貸金取立てのためこの家屋を差し押さえた。ＡはＸとの間で，日付とＡ・Ｘ両者の署名のある書面により，夫婦財産関係をＳ国法による旨を合意しており，Ｓ国法によれば当該家屋は共有財産になりＸが２分の１の持分をもつこととなる。Ｘが自らの持分を理由としてＹの差押えに対し異議を申し立てた場合，これは認められるか。

夫婦財産制（婚姻の財産的効力）とは

婚姻が成立した後，夫婦間に生ずる法律関係のうち，夫婦財産契

約や，別産制・共有制などの法定財産制のような夫婦の財産に関する効力を，婚姻の財産的効力あるいは夫婦財産制という。通則法では，これを婚姻の身分的効力とは分けて準拠法規定を置く。

夫婦財産制の準拠法

夫婦財産制の準拠法については，夫婦間の法律関係であるという側面と，財産の問題であるという側面を有することから，どの面をみるかによって，各国の国際私法規定は異なる。すなわち，①これを一般の契約の場合に準じて当事者自治を認める意思主義，②個別の財産の問題とみて，不動産については所在地法とし動産については当事者の住所地法とする動産・不動産異則主義，③夫婦の身分関係と密接な関係があるものとする属人法主義，の３つの立場がある。

わが国は，平成元年改正前法例においては，婚姻当時の夫の本国法を準拠法として，属人法主義をとり，さらに不変更主義の立場をとっていた（平成元年改正前法例15条）。これに対し通則法では，平成元年法例改正を踏襲し，属人法主義をベースとしつつ，一定の範囲での当事者自治を取り入れている。また，ベースとなる夫婦の属人法については，抵触法上の男女平等を実現している婚姻の身分的効力の規定を準用している。以下でこれらの点について述べる。

段階的連結

すなわち，夫婦財産制の準拠法については，まず26条１項において25条が準用され，夫婦の同一本国法，夫婦の同一常居所地法，夫婦の最密接関係地法が段階的に適用される。ただし夫婦の最密接関係地法の決定においては，夫婦の財産所在地など，婚姻の身分的効力とは異なる要素が考慮される結果，婚姻の身分的効力の場合とは

異なる準拠法が適用される可能性がある。

変 更 主 義

　また26条1項には，平成元年改正前法例のような「婚姻ノ当時ニ於ケル」という限定が付されていない。つまり26条1項の規定においては，身分的効力の準拠法と同様に，夫婦の状況に応じて，その時々における夫婦の同一本国法，同一常居所地法等が準拠法となる，いわゆる変更主義が採用されている。したがって，例えば夫婦の一方が国籍を変更したことによって，準拠法が夫婦の同一本国法から夫婦の同一常居所地法へと変更されることがあり得る。なお，このように準拠法が変更された場合に，準拠法変更以前から夫婦が所有している財産について，学説は，従来の準拠法が適用されるとする説と，新しい準拠法が遡及的に適用されるとする説とに分かれる。

当事者自治

　26条2項は，当事者自治，すなわち夫婦が夫婦財産制の準拠法の選択をすることを認めている。これは，夫婦財産制が財産法的性格を有していることに配慮し，また，上に述べたように26条1項が変更主義をとっていることから，それを不都合であると考える夫婦に対して準拠法を固定する方途を提供するものである。ただし，選択できる準拠法の範囲は，夫婦と一定の関係のある範囲に限定されており，夫婦の一方が国籍を有する国の法（26条2項1号），夫婦の一方の常居所地法（同項2号），不動産に関する夫婦財産制については，その不動産の所在地法（同項3号）と規定され，いわゆる量的制限（第6章第1節1参照）が課されている。夫婦が準拠法を合意する際の方式については，日付および署名のある書面によりなすことが定

められている（同条2項）。なお，合意した準拠法により夫婦が財産契約を締結する場合，その方式の準拠法は，通則法34条により定められる。第*13*章第**2**節を参照のこと。

　当事者による準拠法選択がなされた場合の効力については，平成元年法例改正当時，準拠法選択の効力は将来効に限られ，遡及的な法選択はできないと整理されていたが，通則法において，条文上それを明らかにするため，「その定めは，将来に向かってのみその効力を生ずる」との規定が新たに設けられている（26条2項）。

内国取引の保護

　26条1項・2項の規定により，夫婦財産制に段階的連結，変更主義，当事者自治が採用された結果，夫婦と取引関係を結ぶ第三者にとってはその準拠法が必ずしも明確とはいえない状況が生じうる。そこで，これらの規定により夫婦財産制の準拠法が外国法となったときに，第三者が日本においてその夫婦と取引関係をもつ場合には，いわゆる内国取引の保護が図られる。すなわち外国法による夫婦財産制は，日本においてなされた法律行為および日本にある財産については，善意の第三者に対抗できず，当該第三者との関係については，夫婦財産制は日本法によると規定される（26条3項）。

　他方で，このような内国取引保護が図られると，夫婦とすれば，外国法上の法定財産制の選択だけでなく，外国法上の夫婦財産契約についても第三者に対抗できなくなり，その第三者との関係では日本法が準拠法となってしまう。そこで，それへの対処として，26条4項は，夫婦がなした外国法上の夫婦財産契約については，その内容を登記しておけば，第三者への対抗を認めると定め，内国取引の保護と当事者保護とのバランスをとっている。なお，外国法上の法

定財産制については，その内容をすべて登記することは困難であることから認められていない。

設例11-4 の検討

以上のことから 設例11-4 の事例を考える。問題となっているA名義の家屋は日本に所在するため，26条3項により，A・X夫婦が夫婦財産制の準拠法をS国法としたことにつきYが善意であれば，Yとの関係では日本法が準拠法となる。日本法は夫婦財産制については別産制をとるため（民法762条1項），当該家屋はAの単独所有と解され，Xの異議申立ては認められない。しかしYがA・X夫婦の準拠法選択を知っていればYとの関係においてもS国法が準拠法となり，Xの異議申立ては認められることとなる。また，A・X夫婦がS国法と内容的に一致する夫婦財産契約を締結し，それを日本において登記していれば，26条4項により，Yに対抗することができることとなる。

夫婦財産制の準拠法の適用範囲

夫婦財産制の問題に，夫婦財産契約の許否，それが許される場合の契約の締結時期，内容，効力，夫婦財産契約のない場合の法定財産制の内容（別産制か共有制か）などが含まれることに争いはない。他方で，日常家事債務の連帯責任の問題については，夫婦財産制の問題とみる説のほかに，婚姻の身分的効力（25条）と解する説があり，また，婚姻費用の分担については，夫婦財産制とみる説，婚姻の身分的効力とみる説，夫婦間の扶養義務に関する問題（「扶養義務の準拠法に関する法律」による）とみる説とに分かれる。さらに，離婚による夫婦財産関係の清算についても，夫婦財産制の問題とする

説と，離婚（27条）の問題とする説とに分かれる。

個々の財産の準拠法との関係

夫婦財産制が対象とする夫婦財産は，具体的にはいろいろな財産から成り立っており，個々の財産が夫婦のいずれにどのように帰属するかは，夫婦財産制の準拠法により決められる。他方で，その個々の財産についても，その財産自体の法的性質に応じて各々準拠法が用意されているため，この双方の準拠法による規律が相矛盾する場合がある。例えば，夫婦財産制の準拠法により，ある不動産の法定抵当権を夫婦の一方に認めているときに，物権の準拠法である当該不動産所在地法上，そのような抵当権が物権として認められない場合などである。このときに，個々の財産の準拠法の方を優先させて，夫婦財産制の準拠法の実効性をその限りにおいては失わせるとの解決方法をとる見解がある。そしてこのような解決方法については，夫婦財産制の準拠法を，規律する対象となる財産をひとまとまりのものとして扱うことから「総括準拠法」と呼び，その対象となる個々の財産の準拠法を「個別準拠法」と呼んで，「個別準拠法は総括準拠法を破る」原則の一例と表現されることがある。しかし，このような原則が明文上規定されているわけではないこともあり，この解決方法が一般に妥当するかどうかについては，批判的な見解もある。第*9*章第 **1** 節6および第*14*章第 **1** 節 **2** を参照のこと。

反致との関係

夫婦財産制の規定（26条）においては，婚姻の効力の規定（25条）と同様に，反致は適用されない（41条ただし書）。第*3*章第 **4** 節および第*10*章第 **2** 節を参照のこと。

第3節　離　　婚

設例11-5

　S国人X男とT国人Y女は，T国において婚姻し同国で婚姻生活を送った後，Xの仕事の関係でともに日本にやってきてしばらく居住した。その後2人の婚姻生活が破綻し，YはXとの離婚を合意してT国に帰国した。Xは日本の戸籍窓口に協議離婚届を提出したが，これは認められるか。なおS国法もT国法も，ともに裁判離婚主義をとっている。

設例11-6

　日本人X男とT国人Y女はT国において婚姻し同国で婚姻生活を送ったが，2人の婚姻生活が破綻したため，XとYは離婚を合意し，XはYをT国に残して日本に帰国した。Xが日本で協議離婚届を提出した場合これは認められるか。なおT国法は裁判離婚主義を

とっている。

設例11-7

　ともにS国人であるX男とY女の夫婦は，日本で婚姻生活を送っ
ていたが，婚姻生活がうまく行かないことから，XはYとの離婚を
考えている。S国法が裁判離婚主義をとっているとして，Xはわが国
においてどのような離婚方法をとる必要があるか。

1　国際離婚に関する問題

　離婚については，そもそも離婚を原則として認めない国もある。
また離婚を認める国においても，裁判離婚，日本のような協議離婚，
夫が妻に向かって「タラーク」と3度言えば離婚が認められるとい
うイスラム教国のタラーク離婚，といった離婚方法や，どのような
理由で離婚が認められるかという離婚原因なども，各国により様々
に異なり，準拠法による判断が必要となる。なお当事者が日本の裁
判所に離婚訴訟を提起した場合，準拠法判断の前に，日本の裁判所
に裁判管轄が認められるかどうかの判断がまずは必要となる。この
点については，第*18*章第**1**節および第**2**節を参照のこと。

2　離婚の準拠法

準拠法規定のポイント

　平成元年改正前法例16条は，離婚の準拠法につき離婚原因発生当
時の夫の本国法によるとし，ただし書で離婚原因が日本法上も認め
られることを求めていた。すなわち夫の本国法主義，不変更主義，
離婚原因についての日本法の累積的適用，がとられていた。通則法

はこれらを改めた平成元年法例改正を踏襲し，抵触法上の両性平等の実現，変更主義の採用，日本法の累積的適用の廃止の方針の下に，基本的にこれらを原則とする婚姻の効力の準拠法を準用している。

段階的連結

27条本文は，婚姻の効力の規定である25条の準用により，夫婦の同一本国法，夫婦の同一常居所地法，夫婦の最密接関係地法が段階的に適用される。「婚姻の効力の準拠法による」とはせず，「準用する」となっているのは，同じ夫婦であっても，とくに最密接関係地法の決定につき，離婚についての最密接関係地法は婚姻の効力についてのそれとは異なり得るからとされる。判例としては，世界各地を巡っていたイギリス人とフランス人夫婦の離婚につき，日本を拠点としていたことを理由に日本法を最密接関係地法と判断した水戸家審平成3・3・4（家月45巻12号57頁）がある。

日本人条項

27条ただし書は，夫婦の一方が日本に常居所を有する日本人であるときは，離婚の準拠法は日本法とする，いわゆる日本人条項を規定する。夫婦の同一本国法や同一常居所地法が日本法となる場合は，27条本文により当然日本法が準拠法となるため，このただし書が適用されるのは，それらがない場合である。夫婦の同一本国法や同一常居所地法がない場合に，日本の戸籍窓口に協議離婚届が提出されたとき，それを受理するか否かを決めるためには，その夫婦の最密接関係地法が日本法であるかどうかの判断が必要となるが，形式的審査権しかもたない戸籍窓口にとってその判断は困難となる。そこで，夫婦の一方が日本に常居所を有する日本人である場合に協議離

婚届が提出されたときについては，準拠法を日本法とし，最密接関係地法を個別に審査することなく，当該離婚届を受理してもよいとするのがこのただし書の趣旨である。もっともこの27条ただし書の規定に対しては，内外法平等の理念に反するとの批判がなされている。また，日本人の日本での常居所認定は原則として住民票によるため，一定期間外国に居住していた日本人配偶者であっても，帰国後住民登録し，その住民票の写しを提出すれば，帰国直後でも，実務上原則として日本に常居所ありと認定される（平成元・10・2民二3900号基本通達第8の1(1)）。そのため，外国人と婚姻し外国で婚姻生活を送っていた日本人が相手を遺棄して帰国し離婚するという，いわゆる「逃げ帰り離婚」においても協議離婚を認め得ることとなり，この点も批判されている。

　設例11-5 においては，XとYとの同一本国法，同一常居所地法がないため，X・Y夫婦の日本での婚姻生活の年数等から，この夫婦の最密接関係地法が日本法になるかどうかが判断され，日本法が準拠法と認められれば，協議離婚届は受理されることとなる。他方で 設例11-6 の場合は，当事者の一方であるXは日本に常居所を有する日本人であるとして，27条ただし書により日本法が準拠法となり，協議離婚届は受理される。

3　離婚準拠法の適用範囲

　離婚準拠法が離婚に関するどのような問題に適用されるかについては，とくに離婚に付随する問題に関して，学説上争いがある。

離婚の許否・離婚原因

　離婚を基本的に認めない国（フィリピンや南米諸国など）もあるこ

とから，そのような国と関わりをもつ者が当事者となる夫婦については，そもそも離婚そのものが認められるかどうかが問題となる。このような離婚の許否の問題や，いかなる原因がある場合に離婚が認められるかという離婚原因についての問題は，離婚準拠法により決定される。

離婚の機関および方法

　離婚が裁判所の裁判により認められる国は多いが，それ以外にも行政機関や宗教機関，立法機関により離婚が認められる国もある。また日本のように協議離婚を認める国や，上述したイスラム教国のタラーク離婚という方法もある。離婚がいかなる機関のいかなる方法によるのかという問題は，離婚の準拠法により決められる。

　ただし離婚準拠法が規定する離婚機関および離婚方法をあまりに厳格に解すると，離婚準拠法所属国以外での離婚は困難となる。そこで，離婚地における離婚機関および離婚方法によってどの程度これらに代行し得るかが問題となる。これに関しては，わが国の離婚裁判においては調停前置主義がとられていることから（家事法257条），離婚準拠法が裁判離婚主義を規定している場合，わが国の家庭裁判所の調停離婚あるいは審判離婚により代行することができるか否かが従来とくに問題とされてきた。具体的には，国際裁判管轄がわが国にあり，離婚準拠法が日本法以外の裁判離婚主義をとる国の法となる場合に，この問題が生じる。典型的なものとしては，設例11-7 のように両当事者に日本法以外の同一本国法があり，その双方が日本に居住する場合などがその例となる。

　この問題については，①調停離婚も審判離婚も当事者の意思に基づくのであるからこれらによる代行は認められないとする見解，②

調停離婚は当事者の意思に基づくものであるから代行は認められないが審判離婚は裁判所の判断によるものであるため認められるとする見解，③調停離婚も審判離婚も裁判の一種であり代行することが認められるとする見解，④個々の離婚準拠法ごとにその内容を具体的に検討して判断すべきであるとする見解，に分かれる。①が多数説であり，これによれば 設例11-7 の場合，Xは調停の申立てをすることなく，ただちに離婚の訴えを提起することとなる。②の立場によれば，Xは審判の申立てをすることとなろう。これに対し家庭裁判所実務においては，調停離婚を多く認めてきており，その限りでは③の立場をとると解されるが，他方で，離婚準拠法の定める離婚機関および方法をわが国で実現するのにふさわしい方法で代行するとして，離婚調停の申立てに対して家事審判法23条（現在の家事法277条）による審判をした事例もあり（横浜家審平成3・5・14家月43巻10号48頁），これは④の立場に立つものと思われる。これら③および④の立場によれば，Xはまず調停の申立てをすることとなる。

離婚の効果——婚姻関係の解消

　婚姻の解消という離婚の主たる効力は，当然ながら離婚の準拠法の適用範囲となる。他方で，以下に述べる離婚に付随する効果については，それらが離婚の準拠法の対象となるかどうかについて争いがあり，また適用される準拠法によっては，異なる結論になることもあり得る。

離婚に伴う効果——離婚に際しての親権者指定

　離婚する夫婦に未成年の子供がいる場合，その子の親権者・監護者の決定については，かつて，離婚の付随的効果の問題として離婚

の準拠法によるとする見解と，親子関係の問題とする見解とに分かれていた。現在では学説の多数説においても，判例，戸籍実務においても，親子関係の問題と考えられている。詳しくは第*12*章第**3**節**2**および第*3*章第**1**節**3**を参照のこと。

離婚に伴う効果——離婚に際しての財産的請求権

　離婚に際しての財産的請求権には，①夫婦財産の清算，②有責配偶者に対する慰謝料，③離婚後の扶養料が含まれる。これらのうち，③の離婚後の扶養料については，「扶養義務の準拠法に関する法律」4条1項により，離婚について適用された法，すなわち離婚準拠法によることとなる。①の夫婦財産の清算については，学説上，これを離婚に付随して生じる財産的給付の一部を構成するものであり離婚の効力であるとして，離婚の準拠法によるとする立場と，夫婦財産契約がなされている場合もあることを考慮し，夫婦財産制の問題として26条によるとする立場とに分かれる。②の慰謝料については，離婚そのものを原因とする慰謝料と，離婚にいたるまでの個々の行為を原因とする慰謝料とを区別し得るが，通説は前者を離婚の準拠法によるとする。後者については，これを区別して一般の不法行為の準拠法によるとする見解と，前者と同じく離婚の準拠法によるとする見解とがある。裁判例としては，財産分与請求と，離婚そのものによる慰謝料については離婚の準拠法によるとし，離婚にいたるまでの個々の行為による慰謝料については一般の不法行為の準拠法によるとした神戸地判平成6・2・22（家月47巻4号60頁）がある。

離婚の効果——離婚による復氏

　離婚後，婚姻前の氏に復氏するのか，それとも婚姻中の氏を継続

することができるのかについては，離婚準拠法によるとする見解と，当事者の本国法によるとする見解とに分かれる。詳しくは第13章第5節を参照のこと。

離婚の方式

　当事者の合意による離婚である協議離婚は法律行為であり，その方式の準拠法は身分的法律関係の方式に関する34条による。したがって協議離婚による場合，当該離婚は，離婚の準拠法または行為地法の選択的適用により，そのいずれかが定める方式によって有効に成立することとなる（第13章第2節参照）。なお協議離婚においては，日本法のように行政機関への届出だけを要件とするのではなく，当事者双方の登記機関への出頭および離婚登記の申請（中国法）や，家庭法院の確認（韓国法）を求めるものがあり，それらが離婚の実質的要件か方式かが問題となる。中国法上の上記要件について，判例は，方式と解して行為地法たるわが国の協議離婚の方式で足りるとしたもの（高松高判平成5・10・18判タ834号215頁，大阪家判平成21・6・4判例集未登載）と，実質的要件と解したもの（大阪家判平成19・9・10判例集未登載）とに分かれる。

外国裁判所による離婚裁判

　すでに外国裁判所により離婚の裁判がなされている場合に，その判決がわが国において効力が認められるか否かの問題は，外国離婚判決の承認の問題となる。第18章第2節2を参照のこと。

反致との関係

　離婚の準拠法の決定においては，婚姻の効力の準拠法（25条）と

同様に，反致は適用されない（41条ただし書）。なお第*3*章第**4**節および第*10*章第**2**節を参照のこと。

別　　居

　諸外国の中には，離婚は認めずとも夫婦間の同居や扶養義務など一定の法律効果を解消させる「法定別居」の制度を有する国がある。わが国には別居制度やその手続が存在しないため，かつての通説は抵触法上の別居の訴えを認めなかった。しかし近時の学説は，別居は離婚に類似する制度であることから，通則法27条を適用あるいは準用するとし，わが国の裁判所に別居の訴えが提起された場合には，離婚手続を別居手続に適応させて対処するとする。

第*12*章 親　　子

　本章では，国際的な要素を含む親子関係の成立と効果を取り上げる。通則法は親子関係の成立につき，実親子関係について嫡出親子関係の成立（28条），非嫡出親子関係の成立（29条），準正の成立（30条）の3つと，それに養親子関係の成立（31条）を加えて，あわせて4つの単位法律関係を設定して準拠法ルールを定める。その上で，これらの規定により成立した親子関係の効果についてはいずれも，1つの規定（32条）により判断するという形をとる。

第 1 節　実親子関係の成立

1　嫡出親子関係の成立

設例12-1

　S国人X男とT国人Y女の婚姻後195日目に子Zが出生した。S国法では婚姻成立の200日後，T国法では190日後に出生した子は嫡出推定を受ける。①ZはX・Y夫婦の嫡出子として推定されるか。②Zが嫡出推定を受けるとして，Xがその嫡出否認をしたい場合はどのような手続をとる必要があるか。なお嫡出否認につき，S国法は子の出生を知ってから1年以内に，T国法は子の出生を知ってから

2年以内に，それぞれ嫡出否認の申立てをすることを規定している。
　③ZがX・Yの婚姻後205日目に出生した場合はどうなるか。

嫡出親子関係とは

　嫡出親子関係とは，実親子関係のうち法律上の婚姻関係にある男女から生まれた子を嫡出子として法的地位を認めるものである。国際的な要素を含む嫡出親子関係の成立においては，いかなる条件の下に子を嫡出子とみるかという嫡出推定と，それに対する嫡出否認の許容性および要件，否認権者および否認権の行使期間，そして誤想婚・無効婚から出生した子の嫡出性などを，いずれの国の法により判断するかが問題となる。

嫡出親子関係成立の準拠法

　嫡出親子関係成立について，通則法は，抵触法上の両性平等の実現と子の嫡出子の身分取得の容易化の観点から，子の出生当時の夫婦の一方の本国法により子の嫡出性が認められれば子を嫡出子とする，という選択的連結の規定を置く（28条1項）。準拠法決定の基準時は子の出生当時とされ，夫が子の出生前に死亡したときについては，28条2項により死亡の当時における夫の本国法が子の出生時の夫の本国法とみなされる。

嫡 出 否 認

　28条は，嫡出否認については言及していない。法例17条においてもこれは同様であったが，嫡出否認は嫡出推定と表裏一体をなすことから，嫡出否認にも法例17条が適用されるとの解釈に学説上異論はなく，判例もその立場をとっていた（水戸家審平成10・1・12家月

50巻 7 号100頁）。28条においても同様に解せられ，嫡出否認に関する諸問題，すなわち嫡出否認の許容性，否認権者，嫡出否認の方法，否認権の行使期間等は，28条の適用対象となる。子が父または母の一方の本国法により嫡出推定を受ける場合は，嫡出否認もその法によることとなる。これに対し，子が父母いずれの本国法によっても嫡出推定を受ける場合については，法例17条においては，①夫婦双方の本国法によっても嫡出否認が認められなければ嫡出性は否認されないとする多数説と，②いずれか一方の法により嫡出否認が認められるときには嫡出性は否定されるとする少数説とに分かれていた。通則法28条においても同様の議論があり得よう。判例は，法例17条において①の立場をとったものがある（上記水戸家審）。

　　設例12-1 ①の場合，Z は Y の本国法である T 国法上の要件をみたしているので，X・Y 夫婦の嫡出子としての推定を受ける。したがって 設例12-1 ②において，嫡出否認の準拠法は T 国法となり，X は Z の出生を知ってから 2 年以内に嫡出否認の申立てをする必要がある。 設例12-1 ③の場合，X は S・T 両国の法により嫡出推定を受ける。したがって多数説および判例の立場によれば，S・T 両国法のいずれにおいても嫡出否認が認められる方法をとらねばならないとされ，X は Z の出生を知ってから 1 年以内に嫡出否認の申立てをしなければならない。

選択的連結と反致

　28条 1 項のように選択的連結をとる規定に反致が適用されるかにつき，学説は分かれる。まず，反致を適用すると，準拠法の選択肢を広げるとする選択的連結の趣旨が生かされなくなるとの理由から，反致適用は認めるべきでないとする立場がある。また，一般に反致

の適用は認めるとした上で，外国法上嫡出子となるにもかかわらず日本法に反致した結果それが否定される場合には，個別的に反致を否定するという立場がある。これらの立場に対しては，41条ただし書において反致適用除外とされていない限りこのような見解は解釈論上無理があり，反致は適用されるとする見解があり，こちらが多数説である。なお反致については，第*3*章第**4**節および第*10*章第**2**節を参照のこと。

2 非嫡出親子関係の成立

> **設例12- 2**
>
> 　日本国籍を有するXは，内縁関係のS国人A男と日本人B女との間に出生した。その後Aは死亡し，Xはその6ヵ月後にAの死亡を知った。Aは遺言においてXを認知していたが，その遺言が形式的瑕疵により無効とされたため，Xは検察官を相手取り，Aの死亡から2年半経過した今，死後認知の訴えを提起しようとしている。S国法は日本法と同様に認知主義をとり，死後認知を認めているが，父または母の死亡を知った日から1年以内に訴えを提起しなければならないと規定する。日本法は，民法787条ただし書により，父または母の死亡の日から3年を経過する前に訴えを提起しなければならないと定める。Xは訴えを提起することができるか。

非嫡出親子関係とは

　非嫡出親子関係の成立についての各国の実質法には，出生という事実によって当然に親子関係の成立を認める事実主義（ゲルマン主義，血統主義）と，親による認知などの一定の方式を要求する認知主義（ローマ主義，意思主義）とがある。国際的な非嫡出親子関係成

立においては，事実主義によるのか認知主義によるのかがまず問題
になり，認知主義をとる場合にはさらに，認知の許否，遺言認知や
死後認知の許否，死後認知の出訴期間などが問題となる。

非嫡出親子関係成立の準拠法

　29条は，認知主義のみならず事実主義による非嫡出親子関係の成
立をも対象とする「嫡出でない子の親子関係の成立」を単位法律関
係としており，まず事実主義にも認知主義にもともに29条1項前段
が適用される。非嫡出親子関係については，嫡出親子関係とは異な
り，父子関係，母子関係，それぞれ別個に判断がなされる。すなわ
ち，父子関係については子の出生時の父の本国法，母子関係につい
ては子の出生時の母の本国法により，子が非嫡出子となるかどうか
がそれぞれ判断される。なお，父が子の出生前に死亡した場合は，
29条3項により，その死亡時の父の本国法が子の出生時の父の本国
法とみなされる。

認知について

　子の出生の時点で親子関係が成立するか否かが判断される事実主
義については，29条1項前段の規定のみで足りる。これに対し，一
定の意思表示を必要とする認知主義の場合，子の出生後しばらくの
期間を経た後に認知がなされることもあるため，認知については29
条1項に加えて29条2項が選択的に置かれ，認知がなされる時点で
適切な準拠法が適用されるように，さらには認知の成立が容易にな
るように考慮された規定となっている。すなわち認知主義がとられ
る場合には，まず父子関係については，①子の出生時における父の
本国法（29条1項），②認知時における父の本国法，または③認知時

における子の本国法（同条2項）のいずれかの選択的連結がなされ，これらのいずれかにより子が非嫡出子と認められる場合には非嫡出父子関係が成立することとなる。母子関係についても同様に，①子の出生時における母の本国法（同条1項），②認知時における母の本国法，または③認知時における子の本国法（同条2項），が選択的に適用される。また，29条2項の下に胎児認知がなされる場合の子の本国法については，認知当時の母の本国法とすると解されている。

　なお，当事者が死亡した場合について，29条3項は，同条1項について，父が子の出生前に死亡した場合には，その死亡時の父の本国法を子の出生時の父の本国法とみなすと規定する。また，認知時を基準とする同条2項については，認知前に認知者または子が死亡した場合には，その死亡時における本国法をその者の本国法とみなすと規定する。

　設例12-2 の場合，死後認知の準拠法は，次のものが選択的に適用されることとなる。つまり，①まず29条1項によりXの出生時のAの本国法であるS国法，②次に29条2項による認知時のAの本国法となるが，その時点ではAが死亡していることから，29条3項によりAの死亡時の本国法であるS国法，③さらに29条2項により認知時のXの本国法である日本法である。これらが選択的に適用されるため，S国法と日本法のいずれかの要件をみたせばよいこととなる。本設例の場合，Xが訴えたのは，XがAの死亡を知ってから2年後，Aの死亡の日から2年半後であるため，S国法上は出訴期間を徒過しており要件をみたさないが，日本法上は認められるため，Xは訴えを提起することができる。①②③いずれの場合についても要件をみたさないとの理由で死後認知を認めなかった事案として，東京地判平成4・9・25（家月45巻5号90頁）を参照

のこと。

なお遺言認知の場合，29条2項の「認知の当時」をどのように解するか，つまり遺言時点か，遺言者の死亡時点かが問題となる。これについては，意思表示としての認知が効力を発生する時点，すなわち遺言の効力が発生する時点と考えられるため，先決問題として37条1項により遺言者の本国法によって遺言の効力発生時点を判断して決定することとなる。遺言については第*14*章第**2**節**1**参照。

認知における選択的連結と反致

29条2項が選択的連結をとることから，この規定についても反致が適用されるかにつき議論がある。本節**1**の「**選択的連結と反致**」を参照のこと。

認知におけるセーフガード条項

各国の実質法においては認知について，子の保護の観点から，子本人あるいは第三者の同意などの要件を課している場合がある（例えば日本では，民法782条・783条など）。そのため通則法では，子の本国法以外の法が準拠法となる場合にも，子の本国法上の保護要件はみたさねばならないことが，準拠法規定に織り込まれている。これをセーフガード条項といい，子の出生時の認知について規定されるとともに（29条1項後段），子の出生後の認知にも準用されている（同条2項後段）。「第三者」の解釈については，例えば子の本国法上，認知者の関係者の同意を要件としている場合に，これも「第三者」の範囲に入ると解するのかに関して，養子におけるセーフガード条項（31条1項後段）と同様に議論があり得よう。本章第**2**節**2**参照。なお胎児認知の場合のセーフガード条項については，上記と同様に，

母の本国法をもって子の本国法と解することになろう。

セーフガード条項と反致

　上記のようなセーフガード条項に反致（41条。第**3**章第**4**節参照）が適用されるかについては，反致が認められれば子の本国法ではなく日本法が準拠法となることから，セーフガード条項の趣旨からして反致を認めるべきではないとする見解と，そのように解することは解釈論として難しいことや，日本法の適用が必ずしも子の保護に欠けることになるとは限らないことなどを理由に，反致の適用を認めるべきであるとする説とに分かれる。なお，戸籍実務は反致を認めない立場をとる（平成元・10・2民二3900号基本通達第4の1(2)）。

認知の方式

　認知の方式については，身分的法律行為の方式に関する34条による（第**13**章第**2**節参照）。したがって上記の認知の成立の準拠法によるほか，行為地法による方式も有効となる（選択的適用）。判例としては，平成元年改正前法例8条2項を適用したものであるが，出生届に認知の効力が認められるかにつき，方式の問題として行為地法たる日本法を適用したもの（横浜地判平成元・3・24判時1332号109頁，東京高判平成2・2・27家月42巻12号31頁，大阪地判平成5・3・31判タ824号119頁）がある。

3　準　　　正

準　正　と　は

　準正とは嫡出でない子が嫡出子の身分を取得することをいう。各国実質法においては，子が非嫡出子の身分を認められた後に父母が

婚姻することにより嫡出子となる婚姻準正や，父母が婚姻した後に子が認知されることにより嫡出子となる認知準正がある。また，裁判所等の公的機関の宣言を必要とするか，子の死亡後の準正が認められるかなどの問題もあり，準拠法による判断が必要となる。

準正の準拠法

　平成元年改正前法例には準正の規定は置かれていなかったため，解釈による解決がなされていたが，平成元年法例改正において，新たに準正を単位法律関係として規定が置かれた。通則法もこれを引き継いでおり，準正の要件である事実の完成時における父もしくは母または子の本国法によると規定する（30条1項）。嫡出親子関係成立の準拠法（28条）において父または母の本国法が指定され，また認知の準拠法（29条2項）が子の本国法を指定していることから，子の嫡出性が容易に認められるよう，父，母，子の本国法の選択的連結がとられたものである。なお，基準時すなわち準正の要件である事実の完成時に，父または母，あるいは子が死亡している場合には，死亡当時の本国法がその者の本国法とみなされる（30条2項）。

準正の準拠法の適用範囲

　準正の準拠法は，準正の許否，態様，遡及効の可否などに適用される。準正の準拠法により判断されるのは，子の嫡出性の取得についてのみであり，準正の要件となる非嫡出親子関係の成立，婚姻の成立は，それぞれの準拠法（29条・24条）により判断される。

選択的連結と反致

　30条1項も選択的連結をとることから，この規定に反致が適用さ

れるかにつき学説は分かれる。詳しくは本節**1**の「**選択的連結と反
致**」を参照のこと。

4 実親子関係成立の準拠法の適用関係

　実親子関係成立の準拠法規定において，嫡出親子関係成立に関す
る28条と非嫡出親子関係成立に関する29条をどの順序で適用するか
については，通則法上明文規定は置かれておらず，解釈に委ねられ
る。嫡出親子関係の方が非嫡出親子関係よりも子の保護に適うこと
から，学説は，まず28条を適用し，それにより嫡出子とされない子
についてのみ，29条によって非嫡出親子関係の成立の有無が判断さ
れるとする。判例においても，法例17条と18条との関係についての
事案であるが，この立場がとられていた（最判平成12・1・27民集54
巻1号1頁）。なお，29条により非嫡出親子関係が成立する場合には，
その後さらに，30条を適用し，準正が成立するか否かをみることと
なる。また，28条により適用される準拠法が，嫡出・非嫡出の区別
をしない法である場合については，①28条にいう「嫡出となるべ
き」にあたらないため，29条をあらためて適用するとする見解と，
②28条と29条の適用は父母が婚姻しているか否かで区別すべきであ
り，このような場合も当該父母が婚姻しているときには28条を適用
するとする見解とに分かれる。

設例12-3

　日本人夫婦 X_1・X_2 がイスラム教国である T 国籍の Y と養子縁組
を結ぼうとしている。日本法上，X_1・X_2 は養子縁組の要件をみたし
ているが，T 国法では，宗教上の理由から，養子縁組そのものを認
めていない。X_1・X_2 が Y と養子縁組をすることは認められるか。

1　国際的な養子縁組

　イスラム教国やいくつかの南米諸国などでは，養子縁組が禁止さ
れていることから，国際的な養子縁組においては，養子縁組そのも
のが認められるか否かがまず問題となる。また，養子縁組制度を有
する国においても，その成立方法について，当事者間の契約として
その合意により成立を認める「契約型」の制度と，裁判所等の機関
の決定あるいは判決によるとする「決定型」の制度とに分かれ，養
子縁組の効果についても，養子と実方の血族との親族関係を断絶さ
せる「断絶型」とそうではない「非断絶型」とがある。さらに，養
親，養子の年齢や年齢差といった養子縁組の実質的成立要件も各国
により様々に異なる。これらの問題が準拠法により判断されること
となる。

2　養子縁組の準拠法

準拠法規定のポイント

　平成元年改正前法例においては，養子縁組の準拠法について養子

と養親双方の本国法が配分的に適用されていた。しかし，配分的適用では，実質的成立要件が双方的要件となる場合には，実際には累積的適用となって養子縁組成立を困難にすることから，平成元年法例改正においてこれを改め，縁組当時の養親の本国法によることとされた。この規定は通則法においても引き継がれた（31条1項前段）。養親の本国法を準拠法としたのは，養親子の生活は通常は養親を中心としたものになると考えられたためである。

セーフガード条項の導入

　他方で，養子の保護への配慮も必要であるため，養子の本国法上，養子もしくは第三者の承諾もしくは同意または公的機関の許可その他の処分があることを養子縁組の成立の要件としているときは，その要件を累積的に適用するとする，いわゆるセーフガード条項が規定されている（31条1項後段）。このセーフガード条項は，上記のような承諾，同意，許可等が必要かどうかのみを判断するものであって，養子縁組の成否や，養子縁組が断絶型か否かには適用されるものではないとされる。したがって養子の本国が，多くのイスラム教国のように養子制度を認めない国であっても，養親の本国法上養子縁組が成立するのであれば，養子縁組は認められる。また養子の本国法上断絶型養子縁組制度がなくとも，養親の本国法上その制度があれば，断絶型養子縁組の成立は認められることとなる。

　なお「第三者」の解釈については，養子の本国法上，養親の配偶者や嫡出子など，養子との間に縁組の時点まで身分関係のなかった者の同意を要件としている場合に，これらの者も「第三者」の範囲に入ると解するかに関して見解は分かれる。すなわち，これらの者は養子の本国法の適用に予見可能性を有していないとして，「第三

者」の範囲に入れるべきではないとする反対意見と，文言上そのような解釈には無理があることや，将来これらの者が同意しなかったことを理由に養子縁組の効力を争えば子の利益に反することを挙げて，範囲に入れるべきであるとする見解とに分かれる。

以上のことから，設例12-3 の場合は，$X_1 \cdot X_2$ の本国法である日本法上，養子縁組の要件をみたしているのであれば，Y の本国法上養子縁組制度が認められないとしても，$X_1 \cdot X_2$ と Y との養子縁組はわが国において認められる。

セーフガード条項と反致

31条1項後段のセーフガード条項に反致が適用されるかについては，認知におけるセーフガード条項（29条1項後段・2項後段）と同様に議論がある。セーフガード条項の趣旨からして反致は適用されるべきではないとの説が有力であるが，これに対し，反致適用除外が明記されていない以上，解釈論としては適用を除外するのは難しいであろうということ，反致により日本法が準拠法となっても必ずしも養子の保護に欠けるとは限らないことを理由として，反致適用に賛成する見解もある。なお養子縁組の準拠法と反致一般については，本節5「反致との関係および隠れた反致」参照のこと。

セーフガード条項と公序

セーフガード条項と公序の関係については，日本人養親とフィリピン人子の養子縁組の事案において，養子の本国法であるフィリピン法上，養親に10歳以上の嫡出子がある場合にはその同意を得ることを養子縁組の要件としているときに，養親の嫡出子はセーフガード条項にいう「第三者」にあたり，その同意を得る必要があるとし

ながら，同意が得られないために養子縁組の成立を否定することは公序に反するとして，養子縁組の成立を認めた判例がある（水戸家土浦支審平成11・2・15家月51巻7号93頁）。

3 準拠法の適用範囲

養子縁組の許否・養子・養親の年齢および年齢差等

　養子縁組の許否，養子や養親の年齢および両者の年齢差，法定代理人による代諾などの養子縁組に関する要件は，養子縁組の準拠法である31条1項により，養親の本国法によって判断される。したがって上述したように，養子の本国法上養子縁組が禁止されていても，養親の本国法上養子縁組が成立すれば，養子縁組は認められる。

養子縁組成立の方法

　養子縁組の成立について，各国の実質法は，①養子縁組は基本的に当事者間の契約としてその合意により成立し，裁判所等の公的機関が当該縁組の許可等を行うとしても，その関与は子の福祉を確保するための審査にすぎないとする「契約型」と，②裁判所その他の公的機関による決定や判決によって養子縁組が成立する「決定型」とに大別される。このような養子縁組成立の方法は，養子縁組の準拠法である31条1項により決められる。

　この点については，わが国において養子縁組成立の判断が求められ，その準拠法となる外国法上，裁判所や公的機関の許可，確認，養子決定手続が必要とされる場合に，わが国の家庭裁判所がこれらをどの程度代行できるかという形で，これまで問題となってきた。わが国では，決定型をとる特別養子縁組が昭和63年に創設されたものの，従来からの普通養子縁組は契約型をとり当事者の合意によっ

て成立し，家庭裁判所の許可の審判は未成年者の養子につきその福祉のため後見的に関与しているにすぎない。そこで，準拠外国法上普通養子に関しても決定型をとり裁判所の決定を要すると規定している場合に，そのような制度のないわが国での扱いをいかにするかがとくに議論となっている。これについては，①わが国の特別養子縁組でとられる審判手続で代行するとする説と，②養子を保護するため手続を慎重にしようとする目的において共通性を有する，普通養子縁組における未成年養子の許可の審判の手続を，準拠法の趣旨に適応するよう運用して代行するという説，③日本の手続法上の問題として考え，日本法上利用できる手続としては家庭裁判所の手続しかないため，その範囲内で準拠法の趣旨に沿って適用していくとする説とが主張されており，見解は分れる。戸籍実務は①をとる（平成元・10・2民二3900号基本通達第5の2(1)ア）。

養子縁組の効力

養子縁組の効力については，平成元年改正前法例はその19条2項に別途規定を置き，養親の本国法によるとしていた。これに対し平成元年改正法例は，養子縁組の効力については明文規定を置かなかったが，法例20条1項が「養子縁組ノ成立ハ」ではなく「養子縁組ハ」と規定していることから，養子縁組の効力も対象とされると解されていた。通則法もこれを踏襲しており，31条1項は養子縁組の効力にも適用されると解される。養子縁組の効力とは，平成元年改正前法例において解されていたように，養子が嫡出子と同一の身分を取得するか否か，その取得時期はいつか，養子と養親の血族との間に親族関係が発生するかをいう。なお，養子縁組により養子とその実方血族との親族関係が終了するか否かの問題ついては，下記

「養子と実方の血族との親族関係終了」を参照のこと。

夫婦共同養子縁組

　通則法には夫婦共同養子縁組についての特別の規定はないため，夫婦で養子縁組をする場合には，31条1項により，養親となる夫婦の夫，妻それぞれについて，その本国法を適用し判断することとなる。そのため，養親たる夫婦の国籍が異なり，夫婦いずれか一方しか自らの本国法上の要件をみたさない場合には，問題が生じる。例えば，夫の本国法上養子縁組が成立しない場合には，妻の本国法上養子縁組が認められても，夫婦共同養子縁組は成立せず，妻についての単独の縁組のみが成立することとなる。その場合，もしも妻の本国法上，夫婦共同養子縁組でなければならず単独養子縁組は認めない規定となっているときには，その単独養子縁組も成立しないこととなる。なお，イラン人夫と日本人妻の夫婦によるイラン人子の養子縁組申立てに際し，夫の本国法たるイラン・イスラム法が養子縁組を認めないことが問題となった事案において，判例は同法の適用が公序に反するとして養子縁組を許可している（宇都宮家審平成19・7・20家月59巻12号106頁）。

養子と実方の血族との親族関係終了

　各国の実質法上，いわゆる断絶型の養子縁組制度をとる国があることから，養子縁組により養子とその実方の血族との親族関係が終了するか否かを準拠法により判断する必要がある。平成元年法例改正前においては，これを養子縁組の問題と解するか，親子間の法律関係の問題，あるいは親族関係の問題と解するかで学説上の争いがあった。昭和63年にわが国においても断絶型養子制度である特別養

子制度が導入されたことから，解釈上の疑義を回避するため，平成元年法例改正に際してこの問題についての規定が新たに置かれ，縁組当時の養親の本国法によるとされた（法例20条2項）。断絶型養子制度においては，その成立と，養子とその実方の親族関係との断絶という効果は，不可分のものであると考えられるため，成立の準拠法と同じ法を適用することとしたものである。通則法もこれを踏襲しており，この問題については31条2項に規定を置き，縁組当時の養親の本国法が準拠法となる。この点につき，第*3*章第**1**節**2**参照。

離　　　縁

　離縁とは，養子縁組の解消のことをいう。各国の実質法上，断絶型養子縁組は実方の血族との親族関係が終了しているため，通常は離縁に対して厳しい要件を課している。これに対し，普通の養子縁組は緩やかな要件の下に離縁を認めている。そこで，断絶型として成立した養子縁組について離縁が問題となる場合，実方の血族との親族関係終了の問題と同様に，養子縁組の成立の準拠法と同じ法を適用して判断するのが適切であると考えられた。平成元年法例改正においてその旨の規定がおかれ（法例20条2項），通則法もこれを引き継ぐ（31条2項）。したがって，離縁については縁組当時の養親の本国法が準拠法となる。

4　養子縁組の方式

　養子縁組の方式は34条により，法律行為成立の準拠法すなわち養親の本国法と，行為地法が選択的に適用される。第*13*章第**2**節参照のこと。

5 反致との関係および隠れた反致

31条1項前段には反致が適用される。さらに養子縁組事件については「隠れた反致」の問題がある。アメリカの多くの州においては，養子縁組については裁判管轄ルールのみがあり，準拠法規定は存在しない。つまり当事者の住所地に裁判管轄を認めるとの裁判管轄ルールがあり，管轄が認められる場合には法廷地法が適用されることとなる。そこでこのような扱いを，養子縁組については「住所地法による」とする国際私法ルールが管轄規則の中に隠されているとして，これを「隠れた反致」と呼び，当事者の本国法がアメリカ州法で，かつその住所地が日本にある場合には，当事者の本国法ではなく，住所地法たる日本法が適用されるとするものである。学説は，隠れた反致を肯定するのが通説的見解であるが，このような場合にまで反致を認めることに反対する見解もある。判例においては隠れた反致を認めるものが多い（徳島家審昭和60・8・5家月38巻1号146頁，青森家十和田支審平成20・3・28家月60巻12号63頁など）。なお，31条1項後段のセーフガード条項と反致との関係については，上述**2**の「**セーフガード条項と反致**」を参照のこと。また反致一般については，第**3**章第**4**節を参照。

6 外国で成立した養子縁組のわが国における効力
——準拠法アプローチと承認アプローチ

外国で成立した養子縁組がわが国で効力を有するかどうかについて，戸籍実務は，当該縁組が外国裁判所の裁判により成立した場合においても，外国裁判承認の方法，すなわち「承認アプローチ」によるのではなく，通則法が指定する準拠法上の要件をみたす場合に

その養子縁組は日本で効力をもつとする，いわゆる「準拠法アプローチ」をとってきた。この点において，外国離婚裁判により成立した離婚とは異なる取扱いがなされてきたが，平成30年家事法改正により新たに家事法79条の2が追加されており，この取扱いと同条との関係が問題となる。第*18*章第**3**節**2**を参照のこと。

コラム12-①

夫婦共同養子縁組と分解理論

　夫婦共同養子縁組においては，夫の本国法と妻の本国法との養子縁組の方法が異なる場合，すなわち一方が契約型をとり他方が決定型をとる場合に，いかなる方法により養子縁組を成立させるかが問題となる。日本人夫と本国法が決定型をとる外国人妻とが，日本において，夫婦で共同で未成年の子を普通養子縁組しようとする場合などがその例となる。このような場合，わが国の戸籍実務においては，外国人妻についてのみ成立の審判をするわけにはいかないとして，いわゆる分解理論による取扱いをする。すなわち，外国人妻について必要とされる裁判所の養子決定を，実質的成立要件としての公的機関の関与を必要とする部分と，養子縁組を創設する方式の部分に分解し，前者はわが国の家庭裁判所の許可の審判で代行させ，後者は方式として行為地たる日本法により（34条）戸籍窓口へ養子縁組の創設的届出をすることで，夫婦養子縁組が有効に成立するとの取扱いである。これにより，夫婦ともに許可審判を得て養子縁組の創設的届出をすることによって養子縁組の成立が認められることとなる。この分解理論と呼ばれる取扱いは，かつてわが国に決定型である特別養子縁組制度が導入される以前において，決定型普通養子制度をとる外国法が準拠法となった場合に，許可審判しかなし得なかったわが国の家庭裁判所で実務上とられていた扱いであった（現在の取扱いおよび学説の状況については本節**3**「養子縁組成立の方法」を参照）。現在も，夫婦共同養子縁組において上記のような状況となる場合には，このような分解理論による扱いがなされている（盛岡家審平成3・12・16家月44巻9

第 **3** 節　親子間の法律関係

設例12-4

　S国人夫 X と T国人妻 Y は，日本において婚姻生活を営んでいた
が，婚姻生活が破綻したため離婚をしようとしている。X・Y には T
国籍を有する未成年の子 Z がおり，X・Y は互いに Z の親権者とな
ることを主張し争っている。そこで X は Y に対し，離婚および自ら
を Z の親権者に指定することを求めて，日本の裁判所に訴えを提起
しようと考えている。Z の親権者決定の準拠法は何国法となるか。

1　親子間の法律関係の準拠法

親子間の法律関係とは

　親子間の法律関係とは，法律上の親子関係が成立する場合に生じ
る，親子間の権利義務関係をいい，親権者の決定や，居所指定権，
懲戒権，職業許可権といった親権の内容などを指す。

親子間の法律関係の準拠法

　親子間の法律関係については，その親子の種類にかかわらず，ま
た身分的効力，財産的効力を問わずすべてについて，1つの単位法
律関係として準拠法規定を置くという点では，平成元年改正前法例
においても，また平成元年法例改正においても同様であり，通則法
もこれを引き継いでいる。ただし準拠法については，平成元年改正

前法例では父の本国法（父亡きときは母の本国法）と定められていたのが，平成元年法例改正において，抵触法上の両性平等の実現，および子の福祉の見地から子の属人法によるとの方針により改正された。通則法はこの準拠法規定を踏襲している。したがって32条は，28条から31条までの規定により成立した親子関係について，父または母の本国法が子の本国法と同一のときは子の本国法により，これらの本国法が同一でないときには子の常居所地法によると定める。

2　準拠法の適用範囲

親　　権

親子間の法律関係の準拠法は，まず親権に関して，親権者の決定・変更・消滅に適用される。親権の内容である，身上監護としての子の監護権・居所指定権・懲戒権・職業許可権や，財産の監護としての子の財産管理権，法定代理権なども対象となる。

離婚に際しての親権者指定

離婚する夫婦に未成年の子供がいる場合の，その子の親権者・監護権者の決定については，かつては離婚の問題として離婚の準拠法によるとする見解と，親子間の法律問題とみる見解とに分かれていた。しかし，平成元年法例改正により，離婚の準拠法規定（法例16条）が夫婦に焦点をあわせたものとなり，他方で親子間の法律関係に関する規定（法例21条）が，子を中心とした規定となったことから，親子間の法律関係の規定によるとするのが多数説となった。戸籍実務もその取扱いをしており（平成元・10・2民二3900号基本通達第2の1(2)），裁判例も同様である（東京地判平成2・11・28判時1384号71頁，神戸地判平成6・2・22家月47巻4号60頁，横浜地判平成10・5・29

判タ1002号249頁）。通則法32条も法例21条を踏襲していることから，この問題は同様に通則法32条によると解される。したがって，設例 12-4 において Z の親権者指定は32条により，Z と Y の本国法が同一となることから，T 国法が準拠法となる。なお第11章第3節3および第3章第1節3も参照のこと。

子 の 氏

氏の問題について，従来の多数説は身分関係の変動に伴って生じる氏の変更は当該身分関係の効力の準拠法によるとしており，それによると子の氏の問題については，親子間の法律関係によることとなる。もっともこれについては子の人格権であるとする説があり，また戸籍実務も子の本国法によるとの取扱いをしており，立場は分かれる。氏については第13章第5節参照のこと。

親子間の扶養義務

扶養の問題については，「子の扶養義務の準拠法に関する条約」あるいは「扶養義務の準拠法に関する法律」による。詳しくは第13章第3節参照のこと。

3　反致との関係

32条については，段階的連結が採用されており，当事者の本国法が準拠法となる場合であっても，41条ただし書により，反致はなされないと規定されている。反致については第3章第4節および第10章第2節を参照のこと。

代理母から生まれた子の法律上の親

　代理母から生まれた子の法律上の親子関係について，各国の実質法は鋭く対立する。日本の現行法は代理母を認めないが，代理母による出産を認める外国で日本人女性が代理母により子を得た場合には，その子の法律上の親子関係をどうするかという国際的な親子関係の問題が生じる。判例はこれまでに2件ある。第1の事案において，大阪高裁は，準拠法アプローチにより判断し，嫡出親子関係の準拠法規定である法例17条1項［通則法28条1項］により，依頼者である日本人夫婦の本国法たる日本法を準拠法とし，当該子と依頼人夫婦の妻との間には，分娩の事実がないことから親子関係は認められないとした（大阪高決平成17・5・20判時1919号107頁）。本件は最高裁への特別抗告も棄却されている。他方で第2の事案において，東京高裁は，依頼人夫婦を法律上の親であると認めた外国裁判所の非訟裁判が承認されるか否かを民事訴訟法118条により判断する方法，すなわち承認アプローチをとった。そして，当該裁判は公序要件をはじめとするわが国の承認要件をみたしており，わが国で承認されると判示した（東京高決平成18・9・29判時1957号20頁）。これに対し許可抗告を受けた最高裁は，当該外国裁判を承認することは民事訴訟法118条3号の公序に反するとの結論を下している（最決平成19・3・23民集61巻2号619頁）。もっとも，最高裁はその決定において，代理母を含めた生殖補助医療により出生した子の法律上の親子関係について，わが国における実質法規定の整備を促す異例の言及をしており，わが国での今後の動きが注目される。なお，準拠法アプローチと承認アプローチについては本章第**2**節**6**も参照のこと。

第 *13* 章　親族関係の諸問題

　本章では，親族関係に関するものの中でこれまでに取り上げられなかった事項，すなわち，24条～32条以外の親族関係（第**1**節），親族関係についての法律行為の方式（第**2**節），扶養（第**3**節），後見・保佐・補助（第**4**節），氏（第**5**節）について説明する。

第**1**節　親 族 関 係

設例13-1

　日本人 A 男は日本人 X 女と有効に婚姻し，現在 S 国で生活している。他方，A は日本人 B 女とも交際し，A・B 間には日本人子 Y が誕生し，A は Y を有効に認知した。X からみて Y は法律上子となるか。なお，S 国法によれば，夫と婚姻関係にない女性との間に生まれた子と夫の妻との間には親子関係（いわゆる嫡母庶子関係）が成立する。

33条：本国法主義

　24条～32条には規定されていない親族関係やこれによって生ずる権利義務が問題となる場合，それは当事者の本国法によって判断される（33条）。身分関係に関する問題は属人法，すなわち，本国法によるとの考えに基づく規定である。

33条の適用範囲

　もっとも、33条の適用範囲については、見解が分かれる。33条の対象となり得る問題としては、親族の範囲、婚約・内縁、別居などが考えられる。これに対して、平成元年法例改正時の議論では、これらは、婚姻の成立・効力や離婚の規定を類推適用することなどでも解決が可能であることから（婚約・内縁については、**コラム11-③**を参照）、親族関係の準拠法を当事者の本国法とする規定（改正前法例22条）が不可欠とはいえないため、この規定の削除論が強かった。しかし、親族間での犯罪に関する刑法の特別規定（例えば、窃盗の罪についての刑法244条や盗品等に関する罪についての刑法257条）で、親族の範囲を決定するなどのために必要であるとのことから、この規定は残すこととされた。通則法にも、それが踏襲されている。

　裁判例としては、婚約の成立および効力を本条により判断したものがある（東京地判平成21・6・29判タ1328号229頁）。また、いわゆる嫡母庶子関係の成立について、通則法33条と同じ内容の規定であった改正前法例22条の法意を理由の1つとして、当事者の本国法を適用したものもある（最判平成12・1・27民集54巻1号1頁）。戸籍実務の取扱いでは、この規定を根拠に氏の問題が当事者の本国法によるとされているとの見解もある（第**5**節参照）。

当事者が複数の場合

　33条の適用においては、例えば、ある者とある者の間に親族関係が成立するかという問題のように、当事者が複数存在するとき、それらの当事者の本国法を累積的に適用すべきかという問題が生じる。この点については、累積的適用を肯定する見解と、問題となっている当事者のみの本国法によるとする見解が主張されている。

設例13-1 で，ＸとＹとの親子関係の成立は24条〜32条には規定されていない親族関係であるとすると，その親子関係の成立は，33条によって判断されることになる。その際，当事者であるＸとＹの本国法を累積的に適用するか，それとも，Ｘの本国法によるかが問題となるが，ＸとＹ両方が日本人であることから，どちらの見解によっても日本法によって判断されることになる。そして，日本法によれば，Ｘ・Ｙ間には親子関係は成立しないので， 設例13-1 では，ＹはＸの子とはされない。

第2節 親族関係についての法律行為の方式

設例13-2

　日本に常居所を有するＳ国人Ｘ男は，自分の嫡出でないＳ国人子Ｙを日本で認知しようと考えている。Ｘは日本で日本民法781条1項に従った認知届を提出しようと考えているが，これは方式上有効とされるか。

34条：選択的連結

　親族関係が法律行為によって成立するためには，届出などの一定の方式が要求されていることもあり，国際的な事案ではどこの国の法が規定する方式を遵守しなければならないかが問題となる。

　親族関係についての法律行為の方式一般（25条〜33条に規定する親族関係についての法律行為の方式）については，法律行為の成立について適用すべき法（34条1項），または，行為地法（同条2項）が適用される。つまり，その法律行為の成立の準拠法と行為地法のどち

らかによればよく，選択的連結が採用されている。

　法律行為の方式の問題は，法律行為の成立の問題と密接な関係があるから，成立の準拠法によるとするとともに，当事者の便宜のため，行為地法が定める方式でもよいとされている（「場所は行為を支配する」の原則）。

34条の適用範囲

　34条の対象となる方式は，25条〜33条に規定されている親族関係に関する法律行為の方式であり，具体的には，夫婦財産契約，離婚，認知，養子縁組などの方式である。

　法律行為の方式については10条にも規定があるが（これについては第6章第1節4を参照），34条は，親族関係に関する法律行為の方式を規定するものとして，10条の特則となるものである。したがって，親族関係に関する法律行為の方式は一般的には34条によることとなり，10条は主として財産関係に関する法律行為の方式を定めることになる。ただし，親族関係に関する法律行為の中でも，婚姻の方式については24条2項・3項に特別の規定が存在する。なお，遺言の方式については，「遺言の方式の準拠法に関する法律」が適用される。

　 設例13-2 は，任意認知の方式が問題となるものであり，これは34条による。34条によれば，認知の成立の準拠法であるS国法（29条）が定める方式のほか（34条1項），認知を行う地の法である日本民法が定める方式によってもよい（同条2項）。したがって， 設例13-2 では，日本民法781条1項に従った認知届を提出することによって，任意認知は方式上有効となる。

第3節 扶 養

> **設例13-3**
>
> 　日本人Y男とS国人X女はS国の裁判所でS国法に基づき離婚し，その後Yは日本に戻り，日本で生活していた。離婚の際には扶養料が定められていなかったことから，Xは，YがXに扶養料を支払う旨の決定を求めて日本の裁判所に訴えを提起した。日本の裁判所がXの訴えについて国際裁判管轄を有するとすると，本件訴えの準拠法はどこの国の法か。なお，S国裁判所で下された離婚判決は日本で承認されるものとする。

扶養義務の準拠法に関する法律

　夫婦や親子間での扶養義務についての争いが国際的な事案として生じた場合，どの国の法によるかが問題となる。このような親族関係から生じる扶養義務は，通則法の特別法として定められている「扶養義務の準拠法に関する法律」によって判断されることが原則となる（同1条）。この法律は，1973年にハーグ国際私法会議で採択された「扶養義務の準拠法に関する条約」をわが国が1986年に批准し，これを国内法化したものである。通則法の規定は，夫婦，親子その他の親族関係から生ずる扶養義務に適用されないことが原則となる（通則法43条1項）。

扶養義務に関する原則規定

　扶養義務の準拠法について，扶養義務の準拠法に関する法律は，扶養権利者を保護し，扶養が与えられる機会を増やすことが原則と

されている（同2条）。すなわち，まず，扶養義務は扶養権利者の常居所地法によって判断される（同条1項本文）。そして，扶養権利者の常居所地法によれば扶養権利者が扶養義務者から扶養を受けることができないときは，当事者の共通本国法による（同項ただし書）。ここでいう「扶養を受けることができないとき」というのは法律上扶養義務者が存在しないことを意味し，扶養義務者は存在するが，その者に資力がない場合は，これにあたらない。さらに，扶養権利者の常居所地法でも当事者の共通本国法でも扶養権利者が扶養義務者から扶養を受けることができないとき，扶養義務は日本法によって判断されることになる（同条2項）。このように，ある1つの準拠法により一定の権利や効果を得られない場合には別の準拠法によるとする連結方法は，補正的連結とも呼ばれる。

傍系親族間および姻族間の扶養義務に関する特例

　以上に述べた準拠法によって扶養義務者が扶養義務を負うとされる場合であっても，傍系親族間や姻族間の扶養義務については特例が認められている。すなわち，この場合，扶養義務者が，当事者の共通本国法，それがない場合には，扶養義務者の常居所地法によれば扶養権利者に対して扶養義務を負わないことを理由として異議を述べたとき，その共通本国法または常居所地法にそれぞれよる（同3条1項）。

コラム13-①

共通本国法と同一本国法

　扶養義務の準拠法に関する法律の2条1項ただし書や3条1項で用いられている「共通本国法」と，通則法25条などで用いられている「本国

法が同一であるとき」（同一本国法）は，異なるものであるということに注意が必要である。当事者が複数の国籍を有する場合，共通本国法の決定では，両者に共通する国籍があるかどうかが検討され，それが存在すればその国の法が共通本国法となる。これに対して，同一本国法の決定では，まずは当事者それぞれにつき本国法が決定され，その本国法が同じであれば，それが同一本国法とされる。例えば，フランスに常居所を有する夫婦で，夫が日本とフランスの二重国籍者，妻がフランスとドイツの二重国籍者であるとする。この場合，夫婦に共通する国籍はフランスであるから，夫婦の共通本国法はフランス法となる。これに対して，夫の本国法は日本法，妻の本国法はフランス法となるから（通則法38条1項），夫婦の同一本国法はないということになる（第*3*章第**2**節3，第*11*章第**2**節1を参照）。

離婚をした当事者間等の扶養義務に関する特則

離婚をした当事者間等の扶養については特則が存在する。離婚をした当事者間等の扶養義務は，その離婚について適用された法による（扶養義務の準拠法に関する法律4条）。

ここでいう「離婚について適用された法」とは，離婚の際に現実に適用された法のことであり，離婚の準拠法（通則法27条）と常に一致するというわけではない。というのは，公序条項（同42条）によって，離婚の準拠法たる外国法の適用が排除され，日本法が適用された場合には，「離婚について適用された法」は実際に適用された日本法を意味するからである。また，離婚が外国裁判所の判決によって行われ，その離婚判決がわが国で承認される場合には（外国離婚判決の承認については，第*18*章第**2**節2を参照），「離婚について適用された法」は外国裁判所が実際に適用した法のこととなるからである。

設例13-3 は，離婚をした当事者間の扶養義務が問題となるもの

であるから，扶養義務の準拠法に関する法律の２条ではなく，４条による。つまり，離婚に適用された法による。そして，設例13-3では，S国でS国法に基づいて離婚が認められ，この判決が日本で承認されることから，この扶養義務は，離婚について適用された法として，S国法により判断されることになる。

公的機関の費用償還を受ける権利

社会保障法の中には，公的機関が扶養権利者に対して行った給付について，公的機関は扶養義務者からその費用の償還を受けることができるとするものがある（例えば，生活保護法77条１項や児童福祉法56条１項）。このような権利の存否や態様は，その公的機関が従う法による（扶養義務の準拠法に関する法律５条）。これは扶養義務そのものの問題ではないが，扶養義務に密接に関係する問題であるため，扶養義務の準拠法に関する法律に規定が置かれている。

扶養義務の準拠法に関する法律の適用範囲

扶養義務の準拠法に関する法律の対象となる扶養は，夫婦，親子その他の親族関係から生ずる扶養である（同１条）。ここでいう扶養には，親族関係以外から生じる扶養は含まれず，例えば，終身定期金契約に基づく給付の問題は，終身定期金契約の準拠法による。

より具体的にいうと，扶養義務の存否，扶養義務者の範囲，扶養権利者の範囲，扶養義務者の順位，扶養義務の程度や方法，扶養請求権の行使期間，扶養請求権の処分禁止の問題のほかに，扶養権利者のためにその者の扶養を受ける権利を行使することができる者の範囲，その行使期間，そして，公的機関から費用償還請求を受ける扶養義務者の義務の限度の問題は，扶養義務の準拠法による（同６

条)。

なお，公的機関の費用償還を受ける権利の存否や態様は，その公的機関が従う法による（同5条）ことはすでに述べたとおりである。

不統一法国に属する者の常居所地法や本国法の決定

当事者が地域的にまたは人的に法を異にする国に常居所を有し，または，その国の国籍を有する場合，その国の規則に従い指定される法が当事者の常居所地法または本国法となり，そのような規則がないときは，当事者に最も密接な関係がある法が当事者の常居所地法または本国法となる（扶養義務の準拠法に関する法律7条）。なお，不統一法国の一般については，第*3*章第**3**節を参照。

これに対して，当事者の常居所地法による場合で，その常居所が知れないときは，扶養義務の準拠法に関する法律によって判断されるのではなく，通則法39条本文によって判断され（通則法43条ただし書），その居所地法によることになる。

公　　序

扶養義務の準拠法に関する法律によって指定される法が外国法となる場合で，その規定の適用が明らかに日本の公の秩序に反するときは，その外国法は適用されない（同8条1項）。とくに，扶養の程度については，準拠法となる外国法が扶養権利者の需要と扶養義務者の資力を考慮するものではない場合には，その外国法の基準によるのではなく，扶養権利者の需要と扶養義務者の資力を考慮して，扶養の程度を判断しなければならない（同条2項）。これは，1項の公序の基準を具体的に示したものと解することもできる。

第**4**節　後見・保佐・補助

設例13-4

　日本に住所を有するS国人Xは日本の裁判所で後見開始の審判を受けた。この場合，後見人の選任はどこの国の法に従って行われるか。

後見等の準拠法に関する問題

　未成年者に親権者がいない場合，その未成年者を保護するために未成年後見人を選任する必要が生じる。また，ある成年者が成年後見開始の審判を受けた場合，その成年者を保護するために，成年後見人を選任する必要が生じる。保佐・補助の開始の審判を受けた場合も同様に保佐人・補助人を選任する必要が生じる。このような問題が国際的な事案として生じた場合にどの国の法が適用されるかという問題が，後見・保佐・補助（以下，後見等）の準拠法の問題である。

35条：本国法主義とその例外

　後見等の準拠法は，原則として被後見人等の本国法である（35条1項)。後見等は制限行為能力者の保護の制度であることから，国際私法上も制限行為能力者の最密接関係地法として，制限行為能力者の属人法（本国法）を適用する趣旨である。

　しかし，外国人が被後見人等である場合で，①その本国法によればその者について後見等を開始する原因がある場合であって，日本における後見等の事務を行う者がないときや，②日本で後見開始の審判等（第**5**章第**1**節5を参照）があったときには，後見人等の選任

の審判などの後見等に関する裁判所による措置については，日本法が適用される（同条2項1号・2号）。これは，①の場合には，外国人に対する保護措置の実効性を確保するため，また，②の場合には，後見開始の審判等の準拠法との整合性のため，後見等に関する裁判所による措置に限り，例外的に日本法を適用して対処するという趣旨である。

　設例13-4 において，被後見人であるXはS国人であるが，Xについて日本で後見開始の審判が行われていることから，35条2項2号により，後見人の選任の審判については日本法が適用される。

35条の適用範囲

　35条の「後見」は，未成年後見および成年後見等の両方を対象にする。そして，35条1項の後見等の準拠法によって決定されるのは，後見等の開始原因，後見人等の資格・選任・解任，後見人等の権利義務，後見等の終了原因などの問題である。

　後見等の準拠法の適用範囲に関しては，とくに，未成年後見について，親権（32条）との関係が問題となる。例えば，親子間の法律関係の準拠法である子の常居所地法（32条）によれば，親権者がいるにもかかわらず（第12章第3節を参照），後見の準拠法である子の本国法（35条1項）によれば，親権が消滅しているために後見が開始するということがあり得る。これは適応問題の1つとされているが，一般に，未成年者については親権による保護が原則とされているため，32条を優先して考えることになる。つまり，32条によって親権者がいないとされてから，35条によって後見が検討されることになる。

第 5 節 氏

設例13−5

S国に常居所を有する日本人X女は，S国に常居所を有するS国人Y男とS国で婚姻した。Xの氏はどうなるか。なお，S国法によれば，夫婦は常に夫の氏を称することとされている。

氏の変更の問題

氏の変更は，本人の意思に基づいて生じる場合と，本人の意思とは無関係に，婚姻，離婚や養子縁組などの身分変動に伴って生じる場合がある。変更の可否・有無，変更の要件などについての規定は国によって異なっているため，国際的な事案においては，それをどこの国の法に従って判断すべきであるかという問題が生じる。

本人の意思に基づく氏の変更

まず，本人の意思に基づく氏の変更について，明文の規定は置かれていないが，学説では，それは，当事者の本国法によると主張されている。その理由としては，氏の問題は人格権に関する問題であって，条理上，当事者の最密接関係地法である属人法（本国法）によるべきであることなどが挙げられている。

身分変動に伴う氏の変更

次に，身分変動に伴う氏の変更の問題も，氏が人格権の問題であることを重視し，本人の意思に基づく氏の変更と同様に，当事者の本国法によるとする見解（人格権説）がある。この見解によれば，

設例13-5 の場合，Xの氏はXの本国法である日本法によって判断され，Xは夫または妻の氏を称することになる（民法750条）。

これに対して，多くの学説は，身分関係の変動に伴う氏の変更が身分関係の変動に伴い法律上当然に生じるものであることから，その身分関係に付随する効力であると解し，その問題は，当該身分関係の効力の準拠法によるとする（身分関係の効力の準拠法説）。この見解によれば，設例13-5 の場合，婚姻の効力の準拠法（25条）により，夫婦の同一常居所地法であるS国法によることになる。その結果，Xは夫であるYの氏を称することになる。

なお，各国の氏は自国民についての識別符号であって，公法としての独自の規律に従うという見解（公法説）がある。公法説によれば，日本人の氏については，たとえ婚姻の身分的効力の準拠法が日本法になっても，日本民法の夫婦の氏に関する規定が適用されるわけではない。日本民法の夫婦の氏に関する規定は，戸籍法体系の一部である公法的規定であって，国際私法によって指定される規定ではなく，夫婦の氏に関する規定自らがその適用範囲を画定していると考えるのである。そして，日本民法の夫婦の氏に関する規定の対象は，その立法趣旨から，日本人同士の婚姻のみであり，外国人・日本人間の婚姻には適用されず，日本人の氏は変わらないと解するのである。この見解によれば，設例13-5 の場合，日本人X女については，日本民法の夫婦の氏に関する規定は適用されず，結局，Xの氏は婚姻によって変動しない。

戸籍実務の取扱い

確立した戸籍実務の取扱いによれば，設例13-5 のような事案では，日本人について新戸籍が編製され（戸籍法16条3項），Xの戸籍

の身分事項欄に婚姻事項が記載されるが，Xの氏は変更されない。

　なお，戸籍法によれば，外国人と婚姻した者が配偶者の称している氏に変更しようとするときは，婚姻の日から6ヵ月以内であれば，家庭裁判所の許可を得ることなく，届出によって氏を変更することができる（同107条2項）。したがって，設例13-5の場合，Xは，婚姻の日から6ヵ月以内に届出を行うことによって，Yの氏を称することができる。それ以外の場合で氏を変更しようとするときは，戸籍法107条1項が定める氏の変更手続，すなわち，家庭裁判所の許可を得た上で届け出るという手続によらなければならない。

第*14*章　相続・遺言

　通則法は，相続について36条で規定するほか，遺言の成立・効力について37条で規定している。ただし，遺言の成立に関する問題の中でも遺言の方式については，「遺言の方式の準拠法に関する法律」が適用される。以下では，まず，相続について説明をした後（第**1**節），遺言の成立・効力および遺言の方式について説明する（第**2**節）。

第1節　相　　続

設例14−1

　日本に住所を有するS国人X男は日本人Y女と婚姻し，X・Y間には日本人子Zが誕生した。その後，Xが日本に住み続け，遺言なしに日本で死亡した場合，Xの相続人は，Xの遺産である銀行預金1000万円をいくらずつ相続する権利を有することになるか。なお，S国法によれば，遺言なしに死亡した者に配偶者と子がいる場合，その配偶者と子が同順位で相続人となり，配偶者の法定相続分は子1人の法定相続分の1.5倍である。また，S国の相続に関する国際私法の規定は日本の規定と同じ内容である。

1 相続の準拠法

相続の準拠法の重要性

　相続とは，ある者の死亡によって，その者が有していた権利義務を別の者が承継する制度のことである。各国の実質法上，設例14-1のように法定相続分に関する規定が異なっている場合があり，この場合，どの国の法が適用されるかということが具体的な相続分を左右することになる。また，後述するように，相続に関する各国の実質法は法定相続分に関する規定以外にも大きく異なっている場合があり，相続の準拠法に関する分野は従来から争いが多い。

36条：被相続人の本国法主義

　相続の準拠法は，被相続人の本国法である（36条）。すなわち，相続財産の所在地にかかわらず，また，相続財産が動産であるか不動産であるかにかかわらず，相続に関する事項は一括して被相続人の本国法によって判断される。明文では規定されていないが，通説では，その基準時は被相続人の死亡時であるとされている。

相続統一主義と相続分割主義

　36条のように，相続財産が動産であるか不動産であるかを問わず，一律に被相続人の属人法によるとする立場は大陸法系諸国でみられ，このような立場は相続統一主義と呼ばれる。相続は，主に親族への財産の承継であることから，家族法的側面と財産法的側面の両側面を有するが，相続統一主義は，相続の家族法的側面を重視し，属人法によるとして立法するものである。36条もこの立場により，被相続人の本国法によるとしている。相続統一主義によれば，相続に関

する問題を単一の準拠法で解決することができ，準拠法の適用が容易であるという利点がある。

これに対して，英米法系諸国などでは動産と不動産を区別して，動産については被相続人の属人法（本国法または住所地法），不動産については不動産所在地法によるとする相続分割主義が採用されている。相続分割主義は，相続の財産法的側面を重視するものであり，財産所在地における取引の安全や相続の実効性をその根拠とするものである。しかし，この立場では，財産が動産であるか不動産であるかによって準拠法が異なる可能性があるほか，複数の不動産の所在地が異なればそれぞれの準拠法が異なり，相続をめぐる法律関係が複雑になる可能性がある。

当事者自治の否認

現行規定の36条は，それまでの規定であった法例26条と同じ内容である。通則法の制定時には，相続の準拠法について当事者による一定の法選択を認める諸外国の立法を考慮して，法選択を認めるとする改正も検討された。しかし，その必要性は必ずしも高くないなどの理由から，通則法36条では，法例26条が口語化されただけにとどめられた。

コラム14-①

相続の準拠法に関するハーグ条約

相続統一主義と相続分割主義が対立する状況の中で，ハーグ国際私法会議が1989年に採択した「死亡による財産の相続の準拠法に関する条約」は，相続統一主義を原則とし，国籍と常居所地を主な連結点とした上で，被相続人が指定をした当時または死亡時の被相続人の国籍国法ま

たは常居所地法から被相続人が準拠法を選択することもできるとした。つまり，相続の準拠法について限定的な当事者自治を認め，新しい方向性を示したのである（ドイツ，スイス，イタリアなどの立法も一定の範囲内で被相続人による準拠法の選択を認めている）。現在，アルゼンチン，ルクセンブルク，スイスが署名しているだけで，この条約は未発効である。日本はこの条約の締約国ではない。

2 相続の準拠法の適用範囲

相続の開始，相続人，相続分，相続の承認・放棄

　36条の対象となる相続の問題は，財産に関する権利義務や身分的地位の世代を超えた承継一般の問題である。相続の開始原因，時期などの相続の開始に関する問題，相続人は誰かという問題，相続分はいくらかという問題や相続の承認・放棄の問題は，相続の準拠法によって判断される事項である。

　設例14-1 において，誰が相続人となり，法定相続分はそれぞれいくらかという問題は，36条による。36条によれば，被相続人Xの本国法であるS国法によることになり，YとZが相続人となって，Yが600万円，Zが400万円を相続する権利を有することになる。

遺言による相続

　遺言による相続に関する問題も相続の準拠法による。遺贈，遺言執行人の指定・選任・権限に関する問題がそれにあたる。これに対して，遺言という意思表示自体の問題については，37条や「遺言の方式の準拠法に関する法律」が別に規定しているから，この問題は相続の準拠法によって判断されるものではない（これについては，第**2**節を参照）。

相続財産の構成

　どのような財産が相続財産になるかという問題については，①相続の準拠法と個別財産の準拠法を累積適用する見解，②相続の準拠法と個別財産の準拠法を配分適用する見解，③個別財産の準拠法によるとの見解が主張されている。

　また，これまで，相続財産の構成の問題では「個別準拠法は総括準拠法を破る」という原則が主張され（なお，第*11*章第**2**節2も参照），例えば，被相続人の不動産や損害賠償請求権が相続財産になるかという問題では，総括準拠法である相続の準拠法によれば相続財産になるとされていても，個別準拠法である不動産の所在地法や不法行為の準拠法では相続財産とされない場合には，相続財産とはならないとも主張されてきた。ただ，「個別準拠法は総括準拠法を破る」という原則は通則法上明文で規定されているわけではなく，この原則に対して批判的な見解も主張されている。

　裁判例においては，①によったものがある（大阪地判昭和62・2・27判時1263号32頁）。この事件は，カリフォルニア州での自動車事故で負傷した日本人が，死亡した日本人運転手の遺族に対して，遺族が損害賠償債務を相続したことを理由に，その債務の支払を求めたものであった。この事件で，裁判所は，相続の準拠法（被相続人の本国法たる日本法，平成元年改正前法例25条［通則法36条］）と不法行為の準拠法（原因たる事実の発生した地の法たるカリフォルニア州法，平成元年改正前法例11条１項［通則法17条に相当］）とがともに相続を認める場合でなければ損害賠償債務は相続されないと判示して，不法行為の準拠法であるカリフォルニア州法が債務の相続を認めていないことを理由に，その債務の相続性を否定した。もっとも，二重に法性決定する点等に関して，この裁判例には批判が多い。

相続財産の管理・清算

　相続財産の管理・清算に関する問題も相続の準拠法による。

　しかし，英米法系諸国の法が準拠法となる場合，複雑な問題が生じることになる。日本民法では，一身専属権を除く被相続人のすべての権利義務が相続人に承継され（民法896条），被相続人の債務も相続人に承継されることになる（このような立法主義を承継主義という）。これに対して，アメリカ合衆国などの英米法系諸国の法では，ある人の死亡によりその者が有していた財産はいったん遺産管理人に帰属し，遺産管理人により清算が行われた結果，残余財産がある場合のみ相続人へその財産が移転する（このような立法主義を清算主義という）。この立場では，清算の結果，債務が残った場合，相続人がその債務を承継することはない。このように立法主義が異なることから，清算主義を採用する国の法が相続の準拠法となる場合，例えば，わが国には存在しない遺産管理人の選任手続をどうするべきかという問題が生じることになる。この問題は，法廷地法である日本の手続法が定める手続のうち，どの手続で相続の準拠法の内容を実現するかを考えることで，解決されることになろう。

相続人が不存在の場合の国庫への帰属，特別縁故者への財産分与

　相続人が不存在の場合に相続財産が国庫へ帰属するかどうかの問題は，多数説によれば，被相続人と人的関係がある者への財産の承継である相続の問題ではなく，そのような関係のない国庫への帰属の問題であるから，相続の準拠法による問題ではないと解されている。学説上は，これを無主物の処理の問題と考え，財産所在地における法律関係の安定という公益保護のために，条理上，財産の所在地法（財産の準拠法）によるべきであるとする見解が有力である。

また，相続人不存在の場合に，特別縁故者へ財産が分与されるかという問題も同じである。すなわち，多数説によれば，特別縁故者への財産分与は，権利として認められている相続とは異なり，裁判所の裁量で認められるものであるから，この問題も相続とは性質を異にするものであると解されている。特別縁故者への財産分与について，これは相続財産の処分の問題であるから，条理により，相続財産の所在地法によるとした裁判例がある（名古屋家審平成6・3・25家月47巻3号79頁）。

3　物権の準拠法との関係

　判例では，共同相続人が遺産分割前にその遺産の持分権を処分することができるかどうかという問題は相続の準拠法によるが，その処分が行われた場合に権利が移転するかどうかという問題は物権の準拠法によるとしたものがある（最判平成6・3・8民集48巻3号835頁）。そして，この最高裁判決は，後者の問題について，不動産の所在地法である日本法を適用し（法例10条2項［通則法13条2項］），相続の準拠法である中華民国法によれば遺産分割前の持分権の処分が禁止されているにもかかわらず，持分権の処分を有効とした。なお，第**9**章第**1**節**6**も参照。

4　反致との関係

反致の成否

　36条は被相続人の本国法を準拠法とするものであるから，被相続人の本国法が外国法である場合，41条本文の反致条項との関係を検討しなければならない（反致については，第**3**章第**4**節を参照）。

　例えば，設例14-1 について考えると，相続に関するS国の国際

私法は日本の国際私法と同じ内容であるから，被相続人Xの本国法であるS国の国際私法によってもS国法が指定されることになる。したがって，この場合，「日本法によるべきとき」にはあたらないので反致は成立せず，法定相続分についてはS国法によって判断されることになる。

しかし，S国の国際私法が，相続については統一的に被相続人の死亡時の住所地法を準拠法としているとすると，被相続人であるXの住所地は日本であるから，S国の国際私法によれば「日本法によるべきとき」にあたる。したがって，この場合，反致は成立し，法定相続分については日本法によって判断されることになる。

部分反致

また，設例14-1 で，S国の国際私法が，動産の相続については被相続人の死亡時の住所地法，不動産の相続については不動産所在地法によるとする相続分割主義を採用しているとすると，Xの財産のうち動産（設例14-1 では銀行預金）については反致が成立し，被相続人であるXの住所地法である日本民法が準拠法になる。しかし，XがT国に不動産を有しているとすると，この不動産の相続の問題についてS国の国際私法は不動産所在地法であるT国法を指定しているから，「日本法によるべきとき」にはあたらず，反致は成立しない。したがって，T国にある不動産の相続の問題については，S国法が適用される。つまり，この場合，被相続人Xの動産についてだけ反致が成立し（部分反致），Xの動産の相続に関する準拠法と不動産の相続に関する準拠法が異なることになる。

このように部分反致を認めると，36条が採用する相続統一主義は崩れることになる。そこで，相続統一主義を採用することで準拠法

の適用を容易にした36条の趣旨に反すること，相続全体をみると判決の国際的調和に適うわけではないことなどを理由に，部分反致を否定する見解もある。しかし，多数説は，41条の規定上，部分反致を排除する文言が置かれていないこと，部分反致を認めることで少なくとも動産相続については判決の国際的調和に適うことなどを理由に，部分反致を肯定している。

5 公序との関係

外国法が準拠法として指定される場合，その外国法の適用が公序に反する場合には，その外国法は適用されない（42条）。例えば，日本に住んでいる外国人の本国法によれば，相続放棄の期間があまりにも短期間である場合には，この外国法の適用が排除されることも考えられるだろう。

第 **2** 節 遺　　言

設例14-2

　日本に住むS国人A男は，自己の銀行預金について，大阪の自宅で自分の声を録音して遺言を残し，その後死亡した。この遺言は方式上有効な遺言とされるか。なお，S国法によれば，録音による遺言も有効な遺言である。

設例14-3

　S国に住む日本人A男は，日本の裁判所により，後見開始の審判

を受け，後見人が選任された。そして，A は，一時的に事理弁識能力を回復したときに，自筆証書によって，S 国で遺言をした。その際，S 国法に従って，医師1人が立ち会い，その医師は A に事理弁識能力があることを確認する旨を遺言書に付記し署名・押印した。A が遺言能力を有したかどうかは，どの国の法により判断されるか。また，成年被後見人が遺言をするに当たって必要とされる医師の立会いに関する要件はみたされることになるか。

1 遺言の成立・効力

遺言とは，人がその死後に効力を生ぜしめる目的で行う一方的な意思表示のことである。通則法37条1項によれば，遺言の成立・効力は，遺言成立当時の遺言者の本国法による。

ここでいう遺言の成立・効力とは，遺言という意思表示自体の問題を指す。例えば，遺言能力や遺言の意思表示の瑕疵という成立の問題や，遺言の意思表示の効力発生時期という効力の問題が，それにあたる。多数説によれば，遺贈や認知という遺言の内容は，遺言の成立・効力の準拠法によって決定される事項には含まれず，相続の準拠法（36条）や認知の準拠法（29条）によってそれぞれ判断される。また，ここでいう成立には方式の問題は含まれず（43条2項本文），この問題については，「遺言の方式の準拠法に関する法律」が適用されることが原則となる（これについては本節3を参照）。

遺言の成立・効力の準拠法の基準時は，遺言成立当時である。遺言者の国籍が遺言時から死亡時の間に変わったとしても，それは準拠法の決定に影響を与えるものではない。

以上より，設例14-3においてAが遺言能力を有するかどうかは，通則法37条1項によって判断される。つまり，遺言成立時のAの

本国法である日本法による。

2　遺言の取消し

　遺言の取消しは，遺言取消時の遺言者の本国法による（37条2項）。ここでいう遺言の取消しとは，有効に成立した遺言の撤回における意思表示自体の問題である。意思表示の瑕疵による取消しは，遺言の成立・効力の準拠法（同条1項）によって判断される事項である。また，撤回の方式は，遺言の方式の準拠法に関する法律3条による（本節3を参照）。

　複数の相矛盾する遺言が存在する場合，日本民法1023条1項では，後の遺言によって前の遺言が撤回されたとみなされる。多数説によれば，このような問題は，遺言の実質的内容である法律行為とより密接な関係を有する問題であるから，通則法37条2項ではなく，その法律関係の準拠法による。

3　遺言の方式

遺言の方式の準拠法に関する法律

　日本民法上，遺言が有効に成立するためには，自筆証書や公正証書などの一定の方式が要求される。このような遺言の方式は，通則法の特別法である「遺言の方式の準拠法に関する法律」によることが原則になる。この法律は，1961年にハーグ国際私法会議で採択された「遺言の方式に関する法律の抵触に関する条約」をわが国が1964年に批准し，これを国内法化したものである。

遺言の方式とは

　遺言の方式とは，その外部的形式のことであり，設例14-2のよ

うに，録音によって遺言ができるかという問題も，遺言の方式の問題と考えることができる。遺言の方式の準拠法に関する法律では，疑義が生じうる一定の事項だけを取り上げて，それらが方式に属することを明らかにしている。すなわち，遺言者の年齢，国籍などの人的資格による方式の制限や，遺言が有効であるために必要とされる証人の資格は，方式の問題とされている（同5条）。したがって，設例14-3 における医師の立会いに関する要件も，方式の問題とされることになる。

遺言優遇の原則

遺言の方式の準拠法に関する法律では，遺言を方式上なるべく有効とし，遺言を保護するために，遺言は次のいずれかの法で有効とされれば，方式上有効となることが原則とされている（同2条。遺言優遇の原則）。すなわち，①行為地法（1号），②遺言者が遺言の成立または死亡の当時国籍を有した国の法（2号），③遺言者が遺言の成立または死亡の当時住所を有した地の法（3号），④遺言者が遺言の成立または死亡の当時常居所を有した地の法（4号），⑤不動産に関する遺言について不動産の所在地法（5号）のいずれか1つに遺言の方式が適合するとき，遺言は方式に関して原則的に有効となる。したがって，設例14-2 では，遺言は，②であるS国法の方式に適合するから，この遺言は方式上有効な遺言となる。また，設例14-3 では，①③④であるS国法によれば，医師1人が立ち会えばよいとされているとすると，医師の立会いに関する要件はみたされることになる。

同様に，遺言を取り消す遺言も方式上保護されている。すなわち，遺言を取り消す遺言の方式は，上述の①〜⑤のいずれかの法に適合

する場合に加えて，取り消される遺言を有効とする法の要件をみた
す場合も有効とされる（同3条）。取り消される遺言を有効とする法
も準拠法とするのは，遺言者がある遺言を取り消そうとするときに
は，その遺言の場合と同じ法が定める方式に従って取消しの遺言を
すればよいと考えるのが自然であり，そのような遺言者の意図を保
護するためである。

本国法や住所地法などの決定

遺言の方式の準拠法に関する法律2条2号で遺言者の国籍国の法
による場合で，遺言者が地方により法を異にする国の国籍を有する
ときには，その国の規則に従って遺言者が属した地方の法が遺言者
の国籍国の法となり，そのような規則がないときは遺言者が最も密
接な関係を有した地方の法が遺言者の国籍国の法となる（同6条）。
また，遺言の方式の準拠法に関する法律2条3号において，遺言者
が特定の地に住所を有したかどうかは，その地の法によって決定さ
れる（同7条1項）。

なお，遺言者が無国籍者であった場合の国籍国の法の決定（通則
法38条2項本文），遺言者の常居所が知れない場合の処理（39条本文），
遺言者の本国が人的不統一法国である場合の国籍国の法の決定（40
条）については，通則法が適用される（43条2項ただし書）。

公 序 条 項

また，遺言の方式の準拠法に関する法律により外国法が適用され
る場合，その外国法の適用が明らかに日本の公の秩序に反するとき
には，その外国法は適用されない（同8条）。外国法による遺言の方
式が明らかに日本の公の秩序に反するため，その適用が排除される

場合として考えられるのは，その方式が厳格すぎる場合や，その方式がきわめて緩やかであるため遺言の成立の真正が全く保障されないような場合であろう。なお，公序について詳しくは，第**4**章第**2**節1を参照。

第2編　国際民事手続法

　民事裁判において，被告が外国に居住する外国人や外国企業であったり，証人が外国に居住する者であったりするなど，裁判手続自体に国際的要素がある場合，通常の国内的民事事件とは異なる特別な問題が生じる。①「日本の裁判所は，その国際的民事事件について裁判する権限を有するか」という国際裁判管轄（権），②「同一の事件について外国でも訴訟が係属するときはどうなるか」という国際訴訟競合，③「裁判手続上の諸問題を規律する法はどの国の法か」という手続問題の準拠法決定，④「外国の居住者に対する訴状送達や証拠調べはどのようにすればできるか」という国際司法共助，⑤「外国の裁判所がした判決はどのような場合に日本で効力を有するか，また，外国判決に基づいて日本に所在する被告財産に強制執行をすることができるか」という外国判決の承認・執行などである。

　さらに，国際取引紛争は，国家の裁判所における訴訟でなく，民間機関による仲裁で解決されることも多い。このような国際商事仲裁では，仲裁合意や仲裁手続の準拠法，外国仲裁判断の承認・執行などが問題になる。

　これらの国際的な民事紛争の解決手続に関する諸問題を規律する法を，国際民事手続法という（第1章第1節3参照）。第2編では，国際民事手続法について検討する。

第15章　国際裁判管轄

　国際的私法生活上の紛争の解決にとって，第1編で検討した準拠法選択は重要である。しかし実は，訴えが日本で提起されたとき，準拠法の問題の前に，その事件について日本は裁判する権限を有するかという問題がある。これが国際裁判管轄（権）の問題である。本章は，財産関係事件の国際裁判管轄を中心に扱い（人事・家事事件については，第18章参照），関連問題として国際訴訟競合も検討する。

第1節　国際裁判管轄とは

設例15-1

設例1-2 を参照。

設例15-2

　日本会社 X は，S 国に主たる営業所を有する S 国会社 Y の英語・日本語のウェブサイトから Y 製品の購入の問合せをし，日本に派遣された Y の担当者と交渉して Y と日本で売買契約を締結した。後日，S 国から届いた製品が破損していたので，X は Y に対して債務不履行を理由として損害賠償を求める訴えを日本で提起した。日本の裁判所は国際裁判管轄権を有するか。

1 国際裁判管轄の重要性と意義

裁判における法廷地の重要性

国際取引などから紛争が生じ，裁判によって解決を試みる場合，どの国で裁判できるか。 設例15-1 や 設例15-2 で，Ｓ国が東南アジアやヨーロッパの国であると仮定してＸやＹの身になって考えると，次のような事情から，どの国が法廷地になるかが非常に重要であることが分かる。①司法制度や民事手続法は国によって様々であるうえ，②各国の国際私法が決める準拠法，ひいては訴訟の勝敗が異なる可能性もある。当事者にとって切実なのは，③法廷地国までの時間・費用・手間や④法廷言語，⑤その国の生活水準や貨幣価値をベースにした損害賠償額の相場などであろう。

原告は自分の住所地国など，都合のよい有利な地で訴訟しようとするが（これはフォーラム・ショッピング〔法廷地漁り〕とよばれることもある），被告はそれに強く抵抗する。 設例15-1 や 設例15-2 で，法廷地が日本になるか外国になるかは，当事者に出訴や応訴そのものをあきらめさせることになるかもしれない重大な問題である。

> **コラム15-①**
>
> **アメリカ合衆国の民事訴訟制度**
>
> 民事訴訟制度は世界で様々であるが，とくに米国のものは次のような特徴をもち，日本など他国の企業にとって米国訴訟への対応・戦略作りは重要になっている。①広い国際裁判管轄（ロング・アーム法），②陪審制度，③記載が簡単な訴状，④原告から被告への訴状の直接交付・直接郵送，⑤広範で制裁の強力なディスカバリ（証拠開示）手続（コラム16-②参照），⑥巨額の懲罰的損害賠償，⑦弁護士の成功報酬制度である。

国際裁判管轄の意義

　国際裁判管轄（権）とは，国際的な民事紛争を裁判することのできる国家権限である。国際裁判管轄は通常，訴えを受けつけた国が自国に管轄があるか否かを判断するときのもの（直接管轄）を意味する（間接管轄については，第17章第2節2参照）。直接管轄に関して日本は，日本の国際裁判管轄の有無を判断できるのみである。というのは，設例15-1 や 設例15-2 で日本の裁判所が「国際裁判管轄はS国にある」と判示しても，S国との間で条約でもない限り，S国の裁判所はこれに拘束されないからである。

　日本に国際裁判管轄が認められると次に，日本のどの地で裁判できるか（例えば大阪か東京か）という国内土地管轄が問題になる（民事訴訟法4条以下の，被告住所地の普通裁判籍〔4条〕や義務履行地などの特別裁判籍〔5条〕，合意管轄〔11条〕など参照）。直接管轄としての国際裁判管轄は，訴訟要件の一つである。国内土地管轄にあるような移送制度（16条以下）は国際的にないので，国際裁判管轄がなければ訴えは却下される。

過剰管轄と緊急管轄

　国際裁判管轄は，これに関する国際慣習法がないといわれる現在，各国の法に従って判断される。このため，各国法で認められる管轄の範囲は同じでなく，広い，狭いの差がある。管轄を認める範囲が他国からみても妥当であれば問題ないが，広すぎる管轄は過剰管轄と呼ばれ，非難の対象になる。例えば，フランスが認める原告のフランス国籍の管轄や，米国で認められている継続的・実質的な事業活動（doing business）の地（特に，被告に対する請求とその地との関連を問わない一般管轄的なもの）と被告の一時滞在地の管轄である。EU

には域内の過剰管轄を規制する立法（いわゆるブリュッセルⅠ規則）があるが，世界的な条約は今のところない。

ある事件について，どの国にも国際裁判管轄が認められないケースがあり得る。この場合，当事者の権利救済のために，自国法で認められる通常の管轄の範囲を超えて，例外的に管轄を認めるべきとの主張がある。このような例外的な管轄を緊急管轄という（コラム18-②の最判平成8年は緊急管轄を認めたとする考え方がある）。

2　裁　判　権

国際裁判管轄と裁判権

国際裁判管轄に関係する概念として，裁判権がある。これは，事件を裁判によって処理できる国家権力のことで，司法権の一作用である。国際法上，後述する裁判権免除を除き，自国と何らかの関連がある事件であれば裁判権は認められるといわれる。これに対して国際裁判管轄は，自国に裁判権が認められることを前提にして，国際的私法生活関係の安全や手続的公正の観点から，その国が自国の裁判権の行使範囲を自己抑制したものである。この自己抑制は，各国が締結する条約やその国の国内法によって行われる（このようなことから，国際法上の裁判権免除による制限は裁判権の外在的制約，そして，国際裁判管轄によるものは内在的制約と呼ばれることがある）。

裁判権免除──絶対免除主義と制限免除主義

外在的制約である裁判権免除について，ここで述べておく。裁判権免除とは，国際法上，国家やその機関等は他国の裁判権に服さなくてよいことであり，国家主権の独立・平等などを根拠とする。外国国家等を被告とする損害賠償などの民事の訴えは，原則として法

廷地国の裁判権，ひいては訴訟要件を欠くため却下される。

　裁判権免除に関しては，免除対象となる行為の範囲に関して，①絶対免除主義と②制限免除主義の対立がある。①は，一部の例外を除き免除を広く認めるもので，伝統的な立場であった。しかし近時は，国家が私人と同様の取引行為を営むことも多くなり，免除対象から私法的・業務管理的行為を外し，公法的・主権的行為にのみ免除を認める②が条約や各国法で一般的である。

日本の判例と制限免除主義への移行

　日本の判例は，長く絶対免除主義を採用してきた。しかし，制限免除主義への世界的傾向（2004年の「国及びその財産の裁判権からの免除に関する国際連合条約」の採択など）を受けて，最判平成18・7・21（民集60巻6号2542頁）が判例変更をし，日本も制限免除主義に移行した。日本は2007年に前述の国連条約に署名し（2010年に受諾。未発効)，2009年に，同条約を踏まえた「外国等に対する我が国の民事裁判権に関する法律」が制定された。日本では現在，外国等の民事裁判権免除はこの法律に従って判断される。

外国等に対する我が国の民事裁判権に関する法律

　この法律によると，外国等（2条参照）は基本的に日本の民事裁判権から免除される（4条）。しかしながら，次のような免除されない場合が広く定められており，制限免除主義の採用が明らかになっている。①外国等が明示的に（条約や書面による契約などによって)，日本の裁判権に服することに同意した場合（5条1項)，②外国等と当該外国等以外の国の国民・法人との間の商業的取引に関する裁判手続の場合（8条1項)，③外国等と個人との間の労働契約であって，

日本国内において労務が提供されるものに関する裁判手続の場合（9条1項），④外国等が責任を負うべきものと主張される行為（当該行為の全部又は一部が日本国内で行われ，かつ，当該行為をした者が当該行為の時に日本国内に所在していた場合に限る）による人の死亡・傷害又は有体物の滅失・毀損によって生じた損害又は損失の金銭による塡補に関する裁判手続の場合（10条）などである（なお，これらに関しては個別的に様々な条件の定めがある）。

保全処分や民事執行に関しては，特別な免除が認められる（17条〜19条）。また，外国等に対する訴状の送達等に関して民訴法の特則（20条〜22条）が定められており，注意が必要である。

3　国際裁判管轄の決定基準

国際裁判管轄に関する法源

国際民事事件一般について，裁判権の自己抑制として問題になる国際裁判管轄の有無は，どのような基準に基づいて決定されるか。まず，国際裁判管轄に関する国際慣習法の生成は，一般にないといわれる。そして，条約については，民事事件一般に関して広く国際裁判管轄を定める世界的なものは今のところ成功していない。

日本が加盟する条約には，特定の事項（国際航空運送や国際原子力損害賠償など）について国際裁判管轄に関する規定を置くものがある。例えば，国際航空運送に関するモントリオール条約（第**22**章第**1**節**3**参照）は，「国際」航空運送（同条約1条2項）における旅客の死傷による損害賠償請求について，旅客の居住地などの管轄を定める（同33条1項〜3項など）。事件が条約の適用範囲に該当する場合，この管轄規定が日本の国際裁判管轄の有無を決定する。しかし，設例15-1は，事故機の路線がS国の国内線であるため「国際」航空

運送でなく，同条約の適用範囲外である。

　現状として，多くの財産関係事件の国際裁判管轄は国内法によって決定されることになる。財産関係事件一般に関する国際裁判管轄を定める日本の国内法は民事訴訟法であり，平成23年改正（第*1*章第**1**節**3**参照）による3条の2以下等に条文がある。

2段階の判断枠組み

　民訴法によれば日本の国際裁判管轄は，基本的に次の判断枠組みで決定される。①被告住所地や契約債務履行地などの管轄原因（3条の2・3条の3等）のどれか1つでも日本にあれば，日本の国際裁判管轄が原則として認められることになるが，②この場合であっても例外的に，日本で裁判をすることが当事者間の衡平や審理の適正・迅速に反するような特別の事情があれば管轄は認められない（3条の9）。すなわち，①管轄原因と②特別の事情の2段階であり，日本の国際裁判管轄は，①管轄原因の1つ以上が日本にあり，かつ，②特別の事情がない場合に認められる。他方，①管轄原因のどれもが日本にないか，または，①管轄原因が日本にあるが②特別の事情がある場合，日本の国際裁判管轄は認められない。

　各種の①管轄原因は，原則として並列的な関係にあり，どれか1つが日本にあればよい。例えば被告住所地（民訴法3条の2第1項）が日本にないとき，それで終わりでなく，他の3条の3各号等に該当しないかを検討する必要がある。管轄原因は，日本に複数認められることもある（法性決定〔第**3**章第**1**節参照〕により1つの単位法律関係への該当性が検討される準拠法選択と異なる）。管轄原因は，大きく，被告住所地や契約債務履行地などの基本的なもの（第**2**節）と，合意管轄，併合請求管轄および専属管轄（第**3**節）に分けることがで

きる。第**2**節および第**3**節では，主な規定を検討する。

コラム15-②

平成23年民訴法改正以前の状況——特段の事情論

設例15-1 と同様の事案であるマレーシア航空事件（最判昭和56・10・16民集35巻7号1224頁）とドイツ在住の日本人に対する預託金返還請求に関するファミリー事件（最判平成9・11・11民集51巻10号4055頁）は，特段の事情論とよばれる判例理論を確立した。それは，国際裁判管轄は①民訴法の規定する裁判籍（4条以下）のどれかが日本にあれば，原則として認められるが，②例外的に，日本に管轄を認めることが当事者間の公平，裁判の適正・迅速の理念に反する特段の事情があるときは認められない，というものであった。次第に，①の原則的基準の明確さに基づく法的安定性と，②の柔軟な例外的判断に基づく具体的妥当性との間のバランスを理由に，これを支持する学説も現れてきた。そして，裁判例の相当の蓄積があったこともあり，平成23年民訴法改正において基本的な判断枠組みとして立法化されたのである（当時の裁判例の多くは，3条の2以下等の解釈に関しても基本的に参考になる）。

第**2**節 基本的な管轄原因

設例15-3

日本会社 X は，S 国に主たる営業所を有する S 国会社 Y との間で，Y 製品の日本での販売権を Y が X のみに与える独占的販売店契約を締結した。X は独占的販売店として Y 製品を販売していたが，数年後，Y が日本の別の会社を日本での販売店に加えた。X は，同契約上の債務の不履行を理由に，Y に対して損害賠償を求める訴えを日本で提起した。日本の裁判所は国際裁判管轄権を有するか。

日本に住所を有する日本人 X は，S 国旅行中に，世界有数の医薬品メーカーで S 国に主たる営業所を有する S 国会社 Y が S 国で製造し日本では医薬品医療機器等法上の承認を受けていない医薬品 A を購入して，日本に帰国後服用した。ところが X は，副作用により体調が悪くなり，日本の病院で入通院を余儀なくされた。X は Y に対して，不法行為に基づく損害賠償を求める訴えを日本の裁判所に提起した。日本の裁判所は国際裁判管轄を有するか。なお，A はインターネットを通じて日本にもある程度，個人輸入されている。

1 被告住所地

「原告は被告の住所に従う」の原則

「訴えは被告の住所地で提起する」ことは世界的に広く認められており，3条の2もこれを定める。主な根拠は，原告は十分な訴訟準備をした上で訴えるのに対して，被告は応訴を強いられる受動的立場にあるので，被告の防御のために手続的衡平を図る必要があることである。被告の住所地では，被告に対してどのような請求でも訴え提起でき，このような管轄は一般管轄とよばれる（これに対して，後述する契約債務の履行地〔3条の3第1号〕などのように，その地で訴えることができる請求の種類が制限されていたり，事件との関連が求められたりする管轄を，特別管轄という）。

自 然 人

被告が自然人である場合は，①住所（生活の本拠）が日本にあれば日本に管轄が認められる（3条の2第1項）。しかし，住所が世界中にないか，不明のときは，②居所（多少の時間継続して居住する場

所）が日本にあれば，日本に管轄が認められる。さらに，居所も世界中にないか，不明のときは，③世界中をみて被告が最後に住所を有していたのが日本であれば，日本に管轄が認められる。被告住所地管轄の趣旨に沿うよう，現在の住所が基本に据えられている。

法人その他の社団または財団

会社などの団体については，その主たる事務所または主たる営業所（一般に，後者は営利業務を遂行するが，前者はそうでない）が日本にあれば日本に管轄が認められる（3条の2第3項）。会社の主たる営業所とは一般に本店のことであり，日本に本店を有する会社に対する訴えには，同項により日本に管轄が認められる。世界中に事務所・営業所がないか，その所在地が不明である場合（外国における営業所等の調査には困難が伴うことがある），その法人などの代表者や主たる業務担当者の住所が日本にあれば，日本に管轄が認められる。つまり，外国法人である被告の単なる営業所（支店）などや代表者の住所が日本にあるだけでは，前述の被告住所地管轄の趣旨からみて，日本の管轄は認められない。 設例15-1 から 設例15-4 では，Yの主たる営業所はS国にあるので，3条の2第3項の管轄は日本に認められない（なお， 設例15-1 のYの日本にある単なる営業所に関しては，営業所所在地管轄〔3条の3第4号〕が考えられるが，業務関連性が認められる必要がある。本節**3**参照）。

2　契約上の債務の履行地

根拠と判断プロセス

3条の3第1号によれば，契約上の債務に関する訴えについては，当該債務の履行地にも国際裁判管轄が認められる（特別管轄）。その

根拠は，①当事者の予測可能性，②債務履行に関する証拠の所在，③判決後のスムーズな強制執行の可能性などである。

同号は長文であるが，次の3つのプロセスに順序よく従えば，管轄の有無をスムーズに判断できる。すなわち，①訴えは，契約債務履行地管轄を利用できる「適用対象」に入るか。入る場合，②履行地を決める基準になる「当該債務」は何か。最後に，③当該債務の「履行地」は日本にあるか，である。

適 用 対 象

3条の3第1号が定める1つ目の判断プロセスは，適用対象である。同号は，履行地管轄の適用対象を「契約上の債務」に関する訴えに限る。その理由は，①履行地管轄の歴史的沿革は契約事件にあること，②不法行為等の法定債権の準拠法により定まる履行地の予測は容易でないことなどである。　設例15-4 は契約に関係しない不法行為事件であって，本号の履行地管轄は利用できない。

本号を利用できる訴えの目的となる請求は，①「契約上の債務の履行の請求」と，②(a)「契約上の債務に関して行われた事務管理」に係る請求，(b)「契約上の債務に関して生じた不当利得」に係る請求，(c)「契約上の債務の不履行による損害賠償」，および(d)「その他契約上の債務」に関する請求である。②(d)の例として，売買契約で目的物引渡義務に付随する説明義務の違反に基づく損害賠償請求があるが，契約上の債務の不存在確認請求もこれに含まれよう。よって，設例15-1 ～ 設例15-3 は，債務不履行に基づく損害賠償請求であるため②(c)に該当する。

当 該 債 務

　2つ目の判断プロセスは，履行地を決める基準になる債務は何か
である。契約から発生する債務が複数のとき，問題が起きる。この
点，3条の3第1号を見ると，基準になる債務は「当該債務」であ
り，これは，適用対象の判断で出てきた「契約上の債務」と一致す
ることが分かる。すなわち，上記①履行請求では，履行が求められ
ている契約上の債務，②(a)と(b)では，事務管理が行われる，また
は不当利得を生じさせるもとになった契約上の債務，②(c)では，
不履行になった契約上の債務である。これは，履行地に対する当事
者の予測可能性は本来の債務にしか及ばないことなどを理由にする。
これによると，②(c)に関する 設例15-1 ～ 設例15-3 では，損害
賠償債務でなく，それぞれ不履行になっている Y の，旅客運送債
務，目的物引渡債務，日本では X 以外に販売権を与えないという
不作為債務が「当該債務」である。

履 行 地

　基準になる「当該債務」が特定されると，最後に3つ目の判断プ
ロセスである「履行地」の決定が問題になる。履行地の決定基準は，
当事者の予測可能性の観点から，①契約における定めか，または②
「契約において選択された地の法」に限られる。つまり，当事者が，
①契約で履行地を日本と定めている場合か，または②契約で準拠法
を選択していてそれによれば履行地が日本になる場合に，日本に履
行地管轄が認められる。①と②はどちらかに該当すればよく，①で
履行地の定めがなくても，②で当事者が選択した契約準拠法上，履
行地が日本であるなら，日本に履行地管轄が認められる。

　②に関しては，当事者による契約準拠法の選択（これはあくまで民

訴法 3 条の 3 第 1 号上のものであり，根拠条文は通則法 7 条・9 条でない）があるか否かのみであって，それがない場合の最密接関係地法（通則法 8 条。第 **6** 章第 **1** 節第 **2** 参照）で定まる履行地が日本にあっても，履行地管轄は認められない。結局のところ，①契約に履行地の定めがあるか（あるならそれは日本か），②当事者による契約準拠法の選択があるか（あるならそれによる履行地は日本か）が重要である。

　設例15-1 では，「当該債務」である旅客運送債務の履行地は①契約の定めとして S 国であると解され，また② X・Y による契約準拠法の選択がないとすれば，日本に履行地管轄は認められない。**設例15-3** では，X 以外に日本では販売権を与えない債務の履行地は①契約の定め上，日本であると解され，日本に履行地管轄が認められる（**設例15-2** では，国際物品売買契約における物品の引渡しに関して，インコタームズの貿易条件〔第 **21** 章第 **3** 節参照〕に従って，①契約の定めとして履行地が決まることが一般的である）。

3　営業所等所在地

根拠と営業所等の意義

　3 条の 3 第 4 号によれば，被告の事務所・営業所（本節 **1** 参照）が日本にある場合，これらに関連する業務に関する訴えについて，日本に管轄が認められる（特別管轄）。営業所等は拠点として住所に準じ，これらを通じて被告が日本で事業を行う以上，その業務に関して日本に管轄を認めても，①当事者の予測可能性や，②被告の訴訟追行能力等の観点から問題がないことを根拠にする。

　営業所等は，業務判断を下すことのできる人員が配置された物理的拠点であると解され，典型例は支店である。被告と別の法人格を持つ子会社や販売店・代理店は営業所等にあたらず，被告がこれら

を通じて日本で事業を行っている場合，**4**で述べる事業活動地管轄（3条の3第5号）の問題として扱えばよいとする説が一般的である。

業務関連性

　3条の3第4号の管轄原因に必要な，営業所等の業務と訴えとの間の関連性については，①具体的にその営業所等でされた業務から事件が発生していることを要するとの多数説（具体的業務関連性説）と，②その必要はなく，その営業所等の抽象的な業務範囲内に事件が入っていればよいとする説（抽象的業務関連性説）がある。 設例15 -1 では，①説によると，AがYの日本営業所で航空券を購入していれば，業務関連性が認められる。②説によれば，Aがそうしていなくても，当該営業所が同じ航空券を扱っていてそこでも購入できたのであれば，業務関連性が認められる。抽象的な業務範囲で足りるとすると管轄がかなり広範に認められるため，過剰管轄のおそれがあると考えると，①説に傾く。一方，本来なら訴訟追行能力上問題のない営業所であるのに，たまたま別の営業所で取引がされたら被告が管轄を免れるのは衡平でないと考えると，②説に傾く。

　4号の管轄は契約事件だけでなく，不法行為事件についても認められる。例えば，S国会社Yの日本支店で勤務するAがT国出張中に業務で自動車を運転していて交通事故を起こした場合，T国人の被害者Xは使用者責任に基づく損害賠償をYに求める訴えを，日本支店の業務関連の事件として本号に基づいて日本で提起できる。

4　事業活動地

事業活動地管轄の根拠

　3条の3第5号によれば，被告が日本において事業を行っている

場合に，訴えが被告の日本における業務に関するとき，日本に国際裁判管轄が認められる。本号の根拠は，日本でビジネスを行う者はそれで得た利益に関して日本の管轄権を認められても，予測可能性や衡平の観点から問題ないことにある。本号は，営業所等の設置のほか，子会社の設立や代理店・販売店契約の締結，またインターネットによる販売などの手段で日本市場に進出して事業を行っている場合もカバーする特別管轄である。

「日本において事業を行う者」

　「事業」は一般に継続性を内包する概念であるので，被告の日本における活動は継続して行われる必要がある。事業を行う方法は，営業所等（本号と4号の適用場面は重なることが多い），子会社，販売店・代理店，セールスマン，インターネットなど，多種多様である。被告の子会社や販売店・代理店については，これらが日本にあれば被告の日本における事業がすぐに認められるわけでなく，具体的な事実関係を調べる必要がある（例えば，子会社が親会社である被告を代理して日本で親会社の商品を販売する拠点になっている場合，被告は子会社を通じて日本で事業を行っていると判断できるであろう）。インターネットについては，ウェブサイトが日本語表記で日本市場をターゲットにしているかなどの個別具体的な検討が必要である。なお，被告が日本において取引を継続してする外国会社（会社法2条2号）である場合は（同817条以下参照），すぐさま「日本において事業を行う者」に該当する（民訴法3条の3第5号かっこ書）。

「日本における業務に関する」

　本号は業務関連性を要件とし，これについては3条の3第4号の

営業所等所在地管轄で述べた具体的・抽象的業務関連性の議論（本節**3**参照）がある。ただし，同条5号と4号の違いとしていわれるのが，5号では訴えとの関連性は「日本における」業務との間で必要になることである。例えば，S国会社Yの日本支店が日本とT国を担当し，同支店がT国会社XとT国で締結しT国で履行する契約について，Xが日本でYに対して訴えを提起した場合，4号の営業所所在地管轄が認められる。しかしながら，この事実関係で，Yについて日本にあるのが支店でなく子会社であると，この日本子会社がYを代理してXとしたT国での締結・履行の契約はT国における業務であって「日本における」業務でなく，5号の事業活動地管轄は日本に認められないと説明されることがある。

設例15-1 では，Yが実質的な事業活動を日本で行っているため，5号の管轄も問題になり得る。管轄が認められるか否かは，業務関連性と「日本における」の解釈次第である。 設例15-2 では，Yは，とくに日本語のウェブサイトで購入問合せできるようにしていること，担当者を日本に派遣して契約の交渉・締結をしていることから，「日本において事業を行う者」に該当すると考えられる。また，この契約から発生した紛争に関する訴えであるので，日本における業務関連性も認められる。

5 財産所在地

3条の3第3号は，財産権上の訴えについて，請求の目的または被告財産の所在地の特別管轄を定める。権利の現実的満足の容易性などを根拠にする。請求の目的が日本にある場合（売買契約で買主が，日本に所在する目的物の引渡しを売主に求める場合など）は問題ないが，単なる被告の財産に関しては過剰管轄になるおそれがあり（被告が

日本のホテルに忘れていったスリッパを被告の財産として日本で訴えるなど），次のような制限的な内容になっている。①担保の目的は，管轄の基礎として認められない（例えば，被告の保証人が日本に住所を有することでは，本号の管轄は認められない）。②差押可能財産の所在地管轄は，一般的な強制執行手続を念頭に置いて，「金銭の支払を請求する」財産権上の訴えに限られる。③「財産の価額が著しく低いとき」には，差押可能財産の所在地管轄は認められない。これは財産の価額自体が著しく低いか否かに着目するものと一般に説明されるが，請求額に比べて当該財産の価額が著しく低いか否かを基準にすべきとの説もある。

　本号の管轄が用いられる財産は通常は土地建物（3条の3第11号にも該当）や動産，預金債権などであるが，知的財産権についても認められる（平成23年民訴法改正前のケースであるが，**コラム15-③**で後述するウルトラマン事件で最高裁は，「日本における著作権」の存否確認請求について，目的財産である「日本における著作権」の所在地は日本であると判示した）。なお，事務所・営業所は財産の集合体であり，営業所等にも財産所在地管轄が利用できることは否定できないと解される。よって，設例15-1 においてはYの営業所という差押可能な財産が日本にあることから，財産所在地の管轄原因が認められる。

6　不法行為地

根拠と「不法行為に関する訴え」

　不法行為地での裁判は，①証拠収集の便宜，②被害者保護の観点からも望ましく，③当事者も予測可能である。3条の3第8号はこのようなことから，不法行為に関する訴えについて不法行為地の特別裁判管轄を定める（なお，船舶衝突等について3条の3第9号参照）。

「不法行為に関する訴え」には，製造物責任や知的財産権侵害の事件も含まれる。差止請求は，物権だけでなく知的財産権に基づくものも不法行為に関する訴えであり，将来発生する不法行為に本号を適用することも妨げられないと解される（間接管轄に関してであるが，最判平成26・4・24民集68巻4号329頁〔第 *17* 章第 **2** 節 **2**〕参照）。また契約事件であっても不法行為に基づく請求であれば，本号の管轄を利用することができる。製造物責任に関する 設例15-4 は，「不法行為に関する訴え」として不法行為地管轄が問題になる。

不法行為地

「不法行為があった地」には，①加害行為地と②結果発生地が含まれる（3条の3第8号かっこ書）。例えば製造物責任に関しては一般に，①加害行為地は欠陥のある製品の製造地であり，②結果発生地は身体傷害や死亡が起きた地であると解されている。不法行為の準拠法決定（通則法17条。第 **7** 章第 **1** 節 **2** 参照）と異なり，①と②のどちらかが日本にあれば管轄は認められる。ただし，①加害行為地が外国で②結果発生地が日本という隔地的不法行為については，②の管轄は当事者の予測可能性のために，日本での結果発生が通常予見可能である場合に限り認められる（民訴法3条の3第8号かっこ書。通常予見可能性の対象は，結果の発生でなく，結果の「日本国内における」発生であることに注意。第 **7** 章第 **1** 節 **2** も参照）。

設例15-4 では，体調の悪化という結果が日本で発生しているので②結果発生地は日本であるが，①加害行為地（製造地）がS国であるため，日本での結果発生についての通常予見可能性が問題になる。Aは日本で医薬品医療機器等法上未承認であることを重視すると，通常予見可能性はないとの判断に傾く。しかし，医薬品は個

人輸入されることも珍しくない現状を世界有数のメーカーが知らないことはないとすれば，通常予見の可能性が生まれる。

二次的・派生的経済損害

　3条の3第8号の「結果」には，直接の法益侵害である身体傷害や死亡などだけでなく，入院費の支払や死亡被害者の所得の逸失・遺族が受けていた扶養利益の喪失などの二次的・派生的経済損害も含まれるか（通常，その発生地は被害者や遺族の住所地になる）。加害者の予測が及びにくいことなどから，否定的な見解も少なくない。しかしながら，このような損害もまずは「結果」とみて，あとは日本における発生の通常予見可能性の判断に任せるとの解釈もある。

コラム15-③

管轄原因事実と請求原因事実の符合

　不法行為地管轄を用いるためには，「不法行為」の存在が必要であるが，「不法行為」の存在は実は，管轄判断の先にある実体審理で初めて決まるはずのものである。このように，手続法上の管轄原因を基礎づける事実と実体法上の請求原因を基礎づける事実が符合する場合，前者の証明が後者の証明を先取りするという本末転倒の事態が生じる。そこで，前者についてどのような証明があれば管轄を認めてよいかが問題になる。多数説は，不法行為の存在が一応の証拠調べに基づく一定程度以上の確かさで証明されればよいという一応の証明説である。これに対して，判例はウルトラマン事件（最判平成13・6・8民集55巻4号727頁）で，「原則として，被告が我が国においてした行為により原告の法益について損害が生じたとの客観的事実関係が証明されれば足りる」という客観的事実関係証明説を採用した。「この事実関係が存在するなら，通常，被告を本案につき応訴させることに合理的な理由があり，国際社会における裁判機能の分配の観点からみても，我が国の裁判権の行使を正当とするに

7　消費者の住所地

消費者住所地の原則

　3条の4第1項によれば，消費者契約に関して消費者が事業者を訴える場合，消費者の住所が日本にあれば日本の管轄が認められる（特別管轄）。根拠は，消費者の裁判所へのアクセスの保障である。

　「消費者契約」とは，原則として個人と事業者間の契約のことであり，契約の種類は関係がなく（ただし，3条の4第2項等が適用される労働契約は除かれる），消費者問題でよく出てくる訪問販売契約などである必要はない（消費者契約の準拠法に関する通則法11条1項の概念と同じであるが，同6項のような適用除外〔第6章第2節2参照〕はない）。消費者の住所地は契約締結時のものに固定されておらず，訴え提起時のものでもよい。　設例15-1　の旅客運送契約は，観光目的の個人Aと会社すなわち法人である事業者Yとの間の契約であり消費者契約に該当する。そして，消費者の側（Aを相続したX）から事業者Yに対する訴えであり，消費者Aの消費者契約締結時の住所が日本にあったことから，日本に管轄原因が認められる。

　事業者が消費者を訴える場合，契約債務履行地などを定める3条の3の適用はない（3条の4第3項）。事業者が利用できる管轄原因は，被告（消費者）の住所（3条の2第1項），合意管轄と応訴管轄（3条の7・3条の8。第3節1参照）になる（消費者の裁判所へのアクセス保障からすると，主観的併合請求管轄〔3条の6。第3節2参照〕は認められるべきでないことになるが，反訴〔146条3項〕は，消費者がすでに原告として日本の裁判所に出廷しているので，認められる余地がある）。

8 労務提供地

労務提供地の原則

　3条の4第2項によれば，個別労働関係民事紛争に関して労働者（解雇された元労働者や退職者も含まれる）が事業主を訴える場合，労務提供地（定まっていない場合は，労働者の雇入れ事業所所在地）が日本にあれば，日本の管轄が認められる（特別管轄）。根拠は，労働者の裁判所へのアクセスの保障である。労務提供地は，準拠法決定（通則法12条。第*6*章第**2**節3参照）と異なり1つに絞る必要はなく，複数ある場合はその1つが日本にあればよい。事業主が労働者を訴える場合における3条の3の不適用（民訴法3条の4第3項）は，前述の消費者契約と同様である。

第**3**節　合意管轄・併合請求管轄・専属管轄

設例15-5

　設例15-3で，X・Y間に，「この独占的販売店契約から発生するすべての紛争は，S国裁判所のみが国際裁判管轄権を有する」との書面による合意があったとする。Yはこれに基づいて，日本の裁判所は国際裁判管轄権を有しないと主張している。この主張は正しいか。

設例15-6

　S国に主たる営業所を有するS国会社Xは，T国に主たる営業所を有するT国会社Y（日本に主たる営業所を有する日本会社Zの全額出資子会社）との間で業務委託契約を締結したが，Yが報酬の支払を怠っ

ている。Ⅹは，Ｙにこの支払を求めるとともに，Ｚに対しても，Ｙ
とＺは実質的に同一でありＹの法人格はＺとの関係で否認されるべ
きであるとして，この支払を求める訴えを日本で提起した。日本の裁
判所は国際裁判管轄権を有するか。

1 合 意 管 轄

国際裁判管轄の合意

　３条の７は，国際裁判管轄を当事者が合意によって決めることが
できると定める（１項）。管轄は，裁判所の適正な事務配分という
公益的側面もあるが，当事者の便宜を根拠として当事者による処分
が基本的に認められている。これまで見てきたように，国際裁判管
轄の決定には法解釈の問題もあり，必ずしも明確であるとは限らな
い。紛争解決の地を予め合意により特定しておくことは，国際裁判
管轄決定に関するリスクを回避したい当事者にとって有用である。
　管轄の合意には，①本来の管轄（第**2**節参照）に加えて新たに訴
え提起できる国を指定する付加的管轄の合意と，②他の裁判所の管
轄を排除して当事者が指定する国のみに管轄を認める専属的管轄の
合意がある。３条の７は，２項・３項で，①②を問わず管轄合意
の方式を中心に定めを置く。４項で，②について，その援用の可能
性について定める。その後，５項・６項に，消費者契約と個別労働
関係民事紛争に関する管轄合意について特則を置く。

管轄合意の有効性と援用

　管轄合意はまず，一定の法律関係に基づく訴えに関するものであ
る必要がある（３条の７第２項）。次に管轄合意の方式については，

書面性が求められる（2項。なお3項により，電磁的記録でもよい）。当事者の署名について判例（最判昭和50・11・28民集29巻10号1554頁）は，船荷証券（第**22**章第**1**節2参照）中の専属的管轄合意に関して，当事者の一方が作成した書面で合意の存在が明白であればよく，当事者双方の署名までは求めないとする。さらに，訴えが法定の専属管轄の対象（3条の5。本節**3**参照）でないことも必要である（3条の10）。

　他方で，被告の住所地国の専属的管轄合意について，それがはなはだしく不合理で公序法に違反するものでないことが，前述の昭和50年最判で示されている（なお，同最判は，このような管轄合意について，①被告住所地原則との整合性と，②特定の法廷地への管轄集中という国際海運業の保護すべき経営政策の観点から合理性を認めた）。3条の7も，この要件を前提にすると解されている。

　その他の実質的成立要件（詐欺や錯誤等）については，解釈に委ねられている。「手続は法廷地法による」の原則（第**16**章第**1**節参照）に従って法廷地法によって判断する説や，通則法7条以下に従って定まる準拠法（第**6**章参照）によって判断する説などがある。

　以上により有効性が認められる場合でも，外国裁判所の専属的管轄の合意に関しては，それを援用できない場合がある。それは民訴法3条の7第4項によると，その外国裁判所が法律上または事実上，裁判権を行えないときである。「法律上，裁判権を行えない」とは，その外国の国際民事手続法によればその国に国際裁判管轄が認められないことであり，「事実上，裁判権を行えない」とは，内乱でその外国の司法機能が停止していることなどである。

管轄合意の効果

　管轄合意が有効であると，日本に管轄を認める合意の場合（専属的合意か付加的合意かを問わない），日本に管轄原因が認められる（付加的合意には，特別の事情による訴え却下〔3条の9〕の可能性がある。しかし，専属的合意にはその可能性がないこと〔同条かっこ書〕は，当事者意思の尊重として重要である）。他方，外国に専属的管轄を認める合意の場合，日本の管轄は否定され，訴えは却下される。

　設例15-5 の管轄合意は，書面性（3条の7第2項）や専属管轄の対象ではないこと（3条の10）などの点では有効である。また，この合意はS国の専属的管轄を認めるものであるが，被告Yの主たる営業所所在地国であるS国の法がS国の管轄を否定すること（3条の7第4項）は考えにくい。そして，これは，被告住所地原則（3条の2）との整合性や企業対企業の合意であることに照らすとはなはだしく不合理であるともいえないと考えると，実質的成立要件に関しても有効ということになる。そうすると，日本の裁判所は管轄を有しないというYの主張は正しい（ただし，独占的販売店契約における供給者の国の専属的管轄合意は，企業間の合意であるものの，販売店の従属的性質ないし経済的弱者性に照らして，はなはだしく不合理であって公序法に反して無効になる場合があるとの見解がある）。

消費者契約における合意管轄

　消費者契約において管轄の合意（3条の7第1項～4項）がされる場合，消費者保護の観点から特則が定められている。3条の7第5項によると，紛争発生後の合意は有効であることが前提であるのに対して，紛争発生前の合意は，次のときに限って有効性が認められる。すなわち，①当該合意が，消費者契約締結時の消費者住所地国

の管轄を合意するものであるとき（1号。これにより有効とされる管轄合意の効果は，たとえそれが専属的なものであったとしても，1号かっこ書により，付加的なものに修正される），②合意された国で消費者が訴えを提起したとき，または③事業者が訴えを提起した場合に，消費者が当該合意を援用したとき（2号），である。③は，例えば事業者が日本の管轄を定める合意に反して外国で訴えを提起した場合に，消費者が当該合意に基づいてその国で訴えの却下を主張したときである。外国裁判所がこの主張を認めて訴えを却下した結果，事業者が後に日本で訴え提起をした場合，消費者は日本の管轄を定めるこの合意の無効を日本の裁判所で主張できなくなる。

個別労働関係民事紛争における合意管轄

個別労働関係民事紛争に関しても消費者契約と同様の特則（3条の7第6項）があるが，同項1号の定める要件が消費者契約のもの（前述「消費者契約における合意管轄」の①参照）と若干異なる。すなわち，合意は労働契約終了時にされる必要があり，かつ，その時の労務提供地国の管轄を合意するものでなければならない。同号は，労働契約終了後に元労働者が競業避止義務に違反して外国で競業行為を行うケースなどを念頭に置いている。

応 訴 管 轄

当事者の黙示的合意の擬制に基づく管轄と考えることができる応訴管轄については，3条の8が定める。それによると，管轄が日本に認められない場合（専属管轄を定める3条の5により管轄が認められない場合を除く。3条の10）であっても，被告が管轄を争うことなく日本の裁判所で本案について弁論をしたりすると，日本の管轄が認

められる。日本に管轄がないことを被告が主張するにとどまるときは，応訴管轄は発生しない（なお，第**17**章第**2**節**3**の応訴と対比）。

2　併合請求管轄

併合請求管轄とは

　1つの訴えで複数の請求をする場合，そのうちの1つの請求について被告住所地や契約債務履行地などの原因に基づいて管轄が認められるが，他の請求については何らの管轄原因も認められないときは，一定の条件の下で他の請求についても管轄が認められる（3条の6）。この併合請求管轄が認められる形には，①同一の被告に対して複数の請求（例えば，貸金返還請求と不法行為に基づく損害賠償請求）をする場合である訴えの客観的併合と，②原告が複数の被告に対して訴えを提起する場合（例えば，製造物責任訴訟で被害者が，製造者と輸入者に対して損害賠償を請求する場合）のような訴えの主観的併合がある。併合請求管轄の根拠は，①当事者の便宜や②訴訟経済，③矛盾判決の防止などにある（なお，中間確認の訴えと反訴については，それぞれ145条3項と146条3項が国際裁判管轄の特則を定める）。

客観的併合

　客観的併合に基づく国際裁判管轄について，3条の6本文は請求間の密接関連性を要件にする。本来の管轄地で裁判する利益を被告がたやすく奪われてしまうことがないように，との趣旨である（ウルトラマン事件最高裁判決〔コラム15-③〕も，請求間に密接な関係の認められることが必要であるとしていた）。密接関連性の具体的な基準は解釈に委ねられるが，請求同士が実質的に争点を同じくしていればよいとした前述のウルトラマン事件最高裁判決が参考になる。

主観的併合

　主観的併合に基づく国際裁判管轄を認めると，他人への請求に関連づけられて，関係のない地での応訴を強いられる被告の不利益は大きい。しかしながら，事件全体の解決の可能性や矛盾判決の回避などの有用性が存在するため，3条の6は主観的併合を認めることにしている。ただし，①請求間の密接関連性の要件（同条本文）に加えて，②38条前段に定める場合，すなわち「訴訟の目的である権利又は義務が数人について共通であるとき，又は同一の事実上及び法律上の原因に基づくとき」に限って，これを認める（3条の6ただし書）。②については，例えば主たる債務者に対する管轄が被告住所地などにより日本に認められるならば，保証人について，被告住所地などの管轄原因が何ら認められないとしても，訴訟の目的である権利・義務が共通であることを理由として，主観的併合による国際裁判管轄が日本に認められるといわれる。

　 設例15-6 では，契約に基づく報酬の支払がＴ国会社Ｙと日本会社Ｚに対して求められている。まず，Ｚに対する請求に関しては，被告Ｚの主たる営業所所在地（3条の2第3項）が日本にあることから，後述（第4節）する特別の事情（3条の9）がなければ，日本に管轄が認められる。次に，Ｙに対する請求に関しては，3条の2や3条の3等が定める管轄原因が日本にないときでも，①債務不履行等の争点は実質的に同じであり，また，法人格否認については Ｙ・Ｚの関係性が争点になることから，請求間に密接な関連がある。さらに，②訴訟の目的である契約上の権利・義務が共通である。よって，主観的併合による管轄原因に基づき，特別の事情（3条の9）がなければ日本に管轄が認められる。

3　専属管轄

専属管轄とは

　3条の5は，次の3つの訴えに関して，日本にしか国際裁判管轄が認められないという専属管轄を定める。すなわち，①日本会社の組織等に関する訴え（1項），②日本でされるべき登記・登録に関する訴え（2項），③登録により発生する日本法上の知的財産権の存否・効力に関する訴え（3項）である。事件の効率的・統一的な解決の必要性を主な根拠とする。①〜③の訴えには，日本の管轄が認められることになるが（なお，3条の5が定める専属管轄は，3条の9の特別の事情判断に服さず〔3条の10〕，管轄原因に該当すればすぐに日本の管轄が認められる），専属管轄の効果は，次のような形でも認められると説明される。まず，①〜③の訴えの対象事項が外国の会社や外国での登録などのものである場合（例えば，外国の会社の設立無効や外国で登録された特許権の存否）については，前述してきた被告住所地（3条の2）等がたとえ日本にあっても，日本の国際裁判管轄は認められない（3条の10。中間確認の訴えに関して145条3項，反訴に関して146条3項ただし書も参照）。次に，①〜③の訴えについて外国がした判決は，間接管轄（118条1号。第*17*章第**2**節2参照）を欠くため，日本で承認・執行されない。

知的財産権の「効力」と前提問題

　③の知的財産権の「効力」は有効性の意味であり，差止請求権が認められるべきか否かは効力の問題でないと一般に解されている。

　被告住所地などに基づいて日本の国際裁判管轄が認められる外国法上の知的財産権の侵害訴訟において，当該権利の存否等が前提問

題として日本の裁判所で争われることがある。この場合，その判断については当事者間での相対効しか生じないこと等を理由に，日本の裁判所はこの存否等を判断してよいという見解が一般的である。

第4節　特別の事情の判断

特別の事情による訴え却下

　3条の9は，①第1段階として，管轄原因に基づいて「日本の裁判所が管轄権を有することとなる場合」であっても，②第2段階として「当事者間の衡平を害し，又は適正かつ迅速な審理の実現を妨げることとなる特別の事情」があれば，訴えは却下されると定める。法的安定性と具体的妥当性のバランスの観点から，判例における特段の事情論を明文化したものである（**コラム15-②**参照）。

　特別の事情判断がされるのは，3条の9の文言から明らかなように，3条の2以下の管轄原因に基づいて管轄が一応肯定される場合に限られる（ただし，3条の7に基づく専属的合意管轄の場合は3条の9かっこ書により〔**第3節1**参照〕，また10条の5に基づく専属管轄の場合は3条の10により〔**第3節3**参照〕，特別の事情判断の対象から除外される）。管轄原因が日本にないときは，特別の事情判断をする必要はない（管轄原因が日本にないにもかかわらず，特別の事情判断をして，特別の事情がないから国際裁判管轄があるとすることは認められない）。なお，ここでの訴え却下はあくまで，特別の事情がある場合には国際裁判管轄が認められないこと，すなわち訴訟要件としての国際裁判管轄が欠けることを根拠にすると解される。

　3条の9は特別の事情の考慮要素として，次の事柄を定める。

「事案の性質」

事案の性質とは，紛争に関する客観的な事情のことで，例えば請求の内容，当事者の国籍，事故発生地である。管轄原因が日本にあっても，事件全体の事情が外国に集中し，日本との関連性が大きくないときは，特別の事情があるとの判断に傾く。

「応訴による被告の負担の程度」

国際裁判管轄の有無の決定において，被告の応訴負担の大きさは「当事者間の衡平」に直結する重要な考慮要素である。被告が資力の十分でない個人であるために，法廷地である日本への物理的・経済的・心理的アクセスが便宜でない場合，特別の事情があるとの判断に傾く。被告が事務所・営業所（子会社でもよいケースがあるだろう）を日本に有することは，たとえ業務関連性（第**2**節3参照）がなくても，特別の事情がないとの判断を導く事情になり得る。というのは，営業所等は日本で訴訟追行する際の拠点となるため，被告の応訴の負担は軽減されるからである。

「証拠の所在地」

「適正な審理」のためには正確な事実認定が不可欠であり，証拠収集と証拠調べの便宜は重要な要素となる。「迅速な審理」のためにも，証拠の所在地は重要である。裁判官にとって，自国が証拠にアクセスしやすい状況にあるかどうかは，職責をまっとうする上で最優先の課題であるともいえる。その意味で，証拠が外国に集中している場合，特別の事情ありとの判断がされることもあり得る。ただし，この判断に際しては，その証拠が事件の本案における主たる争点に必要なものか否かや，国際司法共助（第**16**章第**4**節参照）の

利用可能性などが考慮されるべきである。

　台湾の国内線旅客機墜落事故をめぐる製造物責任訴訟である遠東航空事件（東京地判昭和61・6・20判時1196号87頁）では，責任追及に不可欠な事故原因を明らかにするための証拠が所在する台湾に対して国際司法共助による証拠調べ嘱託ができないことなどが理由で，日本で裁判すべきでない特段の事情があるとされた。マレーシア航空事件最高裁判決（コラム15-②参照）が管轄を肯定したのと対照的であるが，マレーシア航空事件では後述のように，事故原因でなく損害賠償額の算定が主たる争点でありその証拠は日本にあった，と考えると合点がいく。またファミリー事件最高裁判決（コラム15-②参照）でも，被告の防御のための証拠が被告住所地のドイツに集中していることが，特段の事情として考慮されている。このような裁判実務をみると，裁判官が最も重視している事柄は，事件の本案における主たる争点に必要な証拠調べの便宜であるとの分析もできる。

「その他」

　外国での提訴が原告に課す負担の大きさは，特別の事情判断の一要素となる（ファミリー事件最高裁判決〔コラム15-②参照〕では，原告がドイツからの自動車輸入業者であったこと〔原告の業務の専門性〕から，ドイツでの提訴は原告に過大な負担を課すわけでないということが，特段の事情肯定の一材料になっている）。また，同一の訴訟や関連する訴訟が外国で係属していることも，特別の事情を肯定する方向での一要素になり得る（最判平成28・3・10民集70巻3号846頁。なお，国際訴訟競合について第**5**節参照）。

当事者間の衡平，審理の適正・迅速

　以上のような事柄を考慮要素として，当事者間の衡平，審理の適正・迅速を妨げる特別の事情がないかが，総合的に判断される。

設例15-1 では，まず，消費者の住所地（3条の4第1項）が確実に日本にあることから，日本の管轄が一応認められる。そうすると次に，日本の管轄を否定すべき特別の事情があるか否かであるが，①Aの遺族Xが個人である一方，事故を招いたYが航空会社であること（当事者間の衡平の観点），②Yは，日本の営業所を通じて訴訟追行が可能であること（当事者間の衡平の観点），③事故原因に関して，ハイジャック犯の銃器持ち込みとコクピットへの侵入を防げなかったY側の落ち度が比較的明らかであると考えると，S国での証拠調べはあまり必要とならず，むしろ事件の実質的争点である損害賠償額の算定に関するAの給料明細などの証拠が日本にあると考えられること（適正かつ迅速な審理の実現の観点）を重視すると，特別の事情はなく，日本に国際裁判管轄を認めるという結論にいたることになる。

設例15-3 については，仮に3条の3第8号かっこ書の通常予見可能性（第2節6参照）を肯定する場合，①Xが個人である一方，Yは世界有数の会社であること（当事者間の衡平の観点），②医薬品の欠陥解明につながり得る証拠（副作用の状態や治療の記録など）は日本にあること（適正かつ迅速な審理の実現の観点）を重視するならば，特別の事情はないとの判断にいたる可能性もある。

コラム15-④

保全命令の国際裁判管轄

　国際取引紛争では，被告の財産（船舶など）に対して，強制執行の前

提として仮差押えをするケースがある。国際的な保全命令を発する日本の国際裁判管轄は，民事保全法11条によれば，①本案事件の管轄（民訴法3条の2以下）か②仮差押えの目的物または係争物が日本にある場合に認められる。①の本案管轄の裁判所には，事件解決に必要な保全命令の権限が認められるべきであるし（日本国外にある船舶でも，近々日本への入港予定が明らかな場合，仮差押えのニーズがある），②は実効性を根拠とする。行為（作為・不作為）の差止めの仮処分の場合，その作為・不作為が行われる地が日本であるときに，「係争物が日本にある場合」として管轄が認められると解される。また，保全手続では迅速な判断が求められるので，特別の事情判断（民訴法3条の9参照）は定められていない（①の場合は，すでにその中で判断済みであるともいえる）。

第 5 節 **国際訴訟競合**

設例15-7

　日本企業 X が日本で製造して S 国に輸出した機械の欠陥が原因で，S 国に住所を有する S 国人 Y が S 国で負傷した。Y が X に対して，S 国で製造物責任訴訟を提起したところ，X は Y に対して，日本で債務不存在確認請求訴訟を提起した。S 国の訴訟と競合するこの訴訟の提起は，日本において許されるべきか。

1　国際訴訟競合の意義と規制の必要性

国際訴訟競合とは

　同一の事件について日本と外国で訴訟が重複して提起された状態のことを，国際訴訟競合という。国際訴訟競合のタイプには，①原告が被告に対して複数の国で訴えを提起する原被告同一型と，②先

に提起された訴えの被告が原告となって，他の国で対抗訴訟を提起する原被告逆転型がある（ 設例15-7 は②である）。①は，一国に所在する被告の財産だけでは損害賠償額のすべてをカバーできないときに，権利救済を確実にするなどのためになされる。②は，被告にとって自分の本国などでの訴訟提起であるので有利な判決を期待して（さらには，外国判決の承認・執行〔第 *17* 章参照〕を阻止するため。コラム17-①参照），なされたりする。

　このような国際訴訟競合について，日本の裁判所としては，日本での訴えに関してそのまま審理して判決をしてよいかが問題になる。

規制の必要性

　かつての裁判例には，国内での重複訴訟を禁止する民訴法142条の「裁判所」に外国の裁判所は含まれないとして，国際訴訟競合をとくには制限・規制しないものもあった。しかしながら現在では，①当事者の負担・労力は甚大であること，②裁判所にとっても，自国での訴訟をしなくてすむなら訴訟経済に資すること，③内外国での矛盾判決（第 *17* 章第 **2** 節4参照）を防止することなどから，国際訴訟競合を規制する考えが一般的である。問題は，どのような場合にどのような規制が認められるかである。

2 学説と判例

　まず，条約に，国際訴訟競合を規律する明文規定を有するものは見あたらない。例えばモントリオール条約（第 *22* 章第 **1** 節3参照）33条4項は，手続法廷地法原則（第 *16* 章第 **1** 節参照）を定めるのみである（国際訴訟競合を手続問題の一つととらえれば，同条約が適用される訴訟では同項により法廷地法である日本の国内法が適用されることにな

る）。次に，国内法の明文規定も日本にない（平成23年民訴法改正〔第
1節3参照〕にあたっては国際訴訟競合も検討事項であったが，見解の統
一が果たせず，条文化は見送られた）。そして，国内の学説と裁判実務
は次の2つの説に大きく分かれる。

承認予測説

外国で先に係属する訴訟で将来下される判決が民訴法118条に従
って承認されることが予測できる場合，内国後訴の却下または中止
などの規制をする説である。外国判決の承認制度（第**17**章参照）と
の連続性・整合性などを根拠とする。

設例15-7 では，S国訴訟で将来下される判決が118条の承認要
件をみたすと予測されるならば，日本訴訟の却下等をすべきことに
なる。同条1号の間接管轄や4号の相互の保証は，要件具備の予測
が立ちやすいかもしれない。しかし，①とくに3号の手続的公序の
要件のことを考えると，承認予測は現実には困難である。また，②
たとえ1日でも日本訴訟の提起や係属が早ければ，この説では日本
訴訟が優先することになるが，先行訴訟のこのような原則的優遇に
十分な根拠はない，などの批判がある。

プロパー・フォーラム説（便宜法廷地説）

訴訟が係属する日本と外国のどちらがその事件を審理するのに便
宜・適切な法廷地であるかを利益衡量によって決定する説である。
利益衡量を，国際裁判管轄における特別の事情判断（3条の9。第
4節参照）の中で行い，外国の方が便宜であれば，特別の事情があ
るために日本の国際裁判管轄がないとして訴えを却下するが，日本
の方が適切であれば特別の事情はないとして日本での訴えを維持す

る（訴訟競合を規制する場合は，国際裁判管轄でなく訴えの利益がないとして訴え却下などをすべきという見解もある。重複する訴えの提起と管轄とは，訴訟要件としてのレベルが違うことを理由にする）。

　 設例15-7 では，日本とＳ国のどちらが法廷地として適切かが利益衡量で決せられることになる。①Ｓ国が不法行為の結果発生地であること，②事故原因の証拠となる機械はＳ国にあること，③個人被害者対企業の訴訟であることなどを重視すると，Ｓ国が適切な法廷地であるとの判断が導かれ得る。そうなると，欠陥製造物の製造という加害行為の地（民訴法3条の3第8号）は日本であるが，日本での訴えは，特別の事情（3条の9）があるため，国際裁判管轄がないとして却下される。この説に対しては，利益衡量の基準が不明確であるなどの批判がある。

裁判実務の立場

　学説上，上記の説のどちらも有力である。しかし裁判実務では，多くの下級審裁判例が，国際裁判管轄の決定における特段の事情判断の中に，外国における訴訟係属を考慮に入れる形で，プロパー・フォーラム説を採用してきた（東京地判平成3・1・29判時1390号98頁など）。また，この説の採用を明示した上でのことではないが，コラム15-③で前述したウルトラマン事件最高裁判決は，日本訴訟と外国訴訟の請求内容の同一性を特段の事情判断において検討しており，この説と実質的に同旨であると解される。平成23年民訴法改正下においても，裁判実務は特別の事情（3条の9）の中で訴訟競合を考慮するプロパー・フォーラム説を維持するものと考えられる（なお，第4節で前述した最判平成28・3・10は，日本訴訟と外国訴訟の対象である紛争の派生関係や，両訴訟の事実関係と法律上の争点の共通・関連

性を，特別の事情判断の中で指摘する）。

3 国際訴訟競合と対米訴訟・内外判決の抵触

国際訴訟競合と対米訴訟

　両説の検討においては，少なくない事例が対米訴訟との関係で発生していることにも注意すべきである。国際社会の現実として法制度の違いは大きく（**コラム15-①参照**），米国の懲罰的損害賠償や陪審に不安を抱く日本人（企業）当事者の適切な利益保護も，あながち不当とは言い切れない。このようなことも考慮して，様々な事情を柔軟に検討できるプロパー・フォーラム説が適切であるとの考えも有力に主張されている。

国際訴訟競合と内外判決の抵触

　国際訴訟競合は，内外判決が矛盾・抵触する場合の処理（**第 17 章第 2 節 4 参照**）にも関係し得る。例えばプロパー・フォーラム説を採用すると，利益衡量の結果，日本訴訟が維持されることになったならば，競合する外国訴訟で下される外国判決は118条 1 号の間接管轄を欠く（または同条 3 号の公序に反する）ことにより，承認執行されないとの帰結が可能である。

第16章　当事者・送達・証拠調べ

　裁判が開始すると，その進行に応じて様々な手続問題が発生する。国際的な民事事件についても，日本の裁判所は通常の国内事件と同じように，基本的には日本の民事訴訟法などに従って処理できると考えられるが，国際民事事件に特有の問題が生じたり，特別な配慮を必要としたりする場合がある。この章では，このような手続法上の様々な問題に焦点をあてる。まず，国際的な民事裁判手続をめぐる問題全般について基本的に妥当するとされている「手続は法廷地法による」の原則について簡単に触れ（第1節），その後で，訴訟の進行段階にあわせて，外国人が当事者である場合の能力および適格（第2節），外国における送達（第3節）および証拠調べ（第4節）の各問題について，順に取り上げる。

第1節　「手続は法廷地法による」の原則

「手続は法廷地法による」の原則とは

　民事裁判の手続を規律する法に関しては，「手続は法廷地法による」という不文の原則が存在する。「手続」とは，権利義務の内容を実現するために裁判所で行われる法的プロセスを意味しており，具体的には，訴えの提起の方法，当事者，訴状等の送達方法，口頭

弁論，証拠調べ，判決の言渡し，上訴など様々な問題がある。この原則によると，これらの問題について，日本の裁判所で問題となる場合には，法廷地法である日本法（具体的には民事訴訟法など）が基本的に適用されることになる。

「手続は法廷地法による」の原則の根拠

　この原則の根拠については，いろいろな主張がされてきた。①手続法の公序性，②手続法の公法的・属地的性格，③「場所は行為を支配する」の原則，④手続の画一的適用という実際上の必要性ないし訴訟進行のための実際上の便宜などである。いずれにせよこの原則の根本的な妥当性を疑問視するような見解はなく，各国でも広く認められている。

「手続は法廷地法による」の原則の性格

　一方，この原則がどのような性格を有しているかについては，国際民事手続法をどのようなものととらえるかという議論と関連して，評価が分かれるところである。国際民事手続法を国際私法の一部ととらえれば，「手続は法廷地法による」という原則は，国際私法上の抵触規範ととらえられる。したがって，国際私法上の法性決定により，ある問題が「手続」問題と性質決定されれば，準拠法として法廷地法が適用されることになる。それに対して，国際民事手続法を民事訴訟法などの一部ととらえる立場からは，手続法は公法であることからその適用は属地的でなければならない（したがって手続は法廷地法によるとの原則は当たり前のことをいっているにすぎない）と考えられる。しかし，現在有力な考え方は，国際民事手続法を国際私法や民事訴訟法と切り離して，実体の問題は国際私法の適用対象，

手続の問題は国際民事手続法の適用対象とする。そうだとすると「手続は法廷地法による」との原則は、国際民事手続法の準則の1つとして考えられるが、この原則がどのような場面に妥当するかは個別の問題ごとに分けて考えることになろう。

　ほとんどの手続問題に関しては、法廷地法である日本の訴訟法などによることで問題はない。しかし、以下で検討する当事者、送達、証拠調べに関しては、特別な考慮が必要である。

第2節　当 事 者

設例16-1

　S国法に基づいて設立されたパートナーシップである X は、代表者を S 国人 A と定めて本店を S 国首都に置き、そこで登録もされている。X と日本法人 Y との間で締結された売買契約をめぐり紛争が生じたため、X は日本の地方裁判所に対して、当該売買契約の債務不履行に基づく損害賠償を請求する訴訟を提起しようとしている。この訴訟において X は、当事者能力を認められるか。なお、S 国のパートナーシップ法によれば、パートナーシップには法人格（権利能力）が認められないが、当事者能力は認められる。

設例16-2

　 設例8-5 で、X と保証契約を締結したのが、S 国のシンジケート C であるとする。C シンジケートの構成員の1人である Z が、ほかの構成員全員から訴訟の提起・追行の授権を受けたとして、A に対する消費貸借契約に基づく弁済請求訴訟を、日本の裁判所に提起した場合、この訴訟において Z は、当事者適格を認められるか。なお、C

> シンジケートの内部関係の準拠法はS国法である。

1　当事者能力

当事者能力とは

　当事者能力とは民事訴訟において当事者となることのできる能力のことである。民事訴訟法によると、「当事者能力、訴訟能力及び訴訟無能力者の法定代理は、この法律に特別の定めがある場合を除き、民法その他の法令に従う。訴訟行為をするのに必要な授権についても、同様とする」（28条）とされ、また「法人でない社団又は財団で代表者又は管理人の定めがあるものは、その名において訴え、又は訴えられることができる」（29条）との規定もある。それでは外国人や外国法人が日本の民事訴訟の当事者となる場合、当事者能力を有するか否かはどのように判断されるか。

法廷地法説、属人法説および折衷説

　この問題をめぐって、学説は大きく3つに分かれている。1つは法廷地法を主として基準とするもの、もう1つは属人法を主として基準とするもの、最後にその中間をとるものである。

　まず、法廷地法を基準とする説は、基本的に、当事者能力を手続法上の問題ととらえ、「手続は法廷地法による」の原則（第1節参照）から、法廷地手続法である日本の民事訴訟法によるべきであると唱える。そして、この説の論者の多くは、民事訴訟法28条にいう「その他の法令」に権利能力に関する国際私法の規則（第5章第1節参照）を含めて考え、権利能力が本国実体法上認められる場合に当事者能力を認める。他方、民事訴訟法29条の適用もあり、外国の団

体であっても同条に該当する場合には，当事者能力が認められる。

　次に，属人法を基準とする説は，当事者能力は人の能力に関する問題であり，かつ訴訟法上の問題であるから，属人法である本国法中の訴訟法により，それが認められているか否かを考えるべきであると主張する。この説は，当事者能力の準拠法については条文が欠けており，条理上，「当事者能力は本国訴訟法による」との不文の手続的法選択規則があると考えるものである。ただしこの見解は，本国訴訟法により当事者能力が認められない場合であっても，29条の趣旨から，日本の民事訴訟法上，当事者能力が認められる場合には当事者能力を認める。

　最後の折衷説は，属人法か法廷地法のいずれかで当事者能力が認められればよいという考え方である。いわば属人法と法廷地法の選択的適用説であり，手続の安定・便宜のためには広く当事者能力が認められるべきことを理由とする。

　このうち折衷説を多数説と指摘する見解もあるが，近時は，法廷地法説がかなり有力になってきている。 設例16-1 の場合，法廷地法説によると，Xは属人法であるS国パートナーシップ法により権利能力が認められていないため民事訴訟法28条上当事者能力を認められない。しかしXは同法29条に該当する団体である。よって結果として，Xは当事者能力を認められる。他方，折衷説によると，属人法であるS国法上パートナーシップには当事者能力が認められているので，Xの当事者能力は，わが国の裁判所においても認められることになる。

2 訴 訟 能 力

訴訟能力とは

　訴訟能力とは，訴訟当事者として単独かつ有効に訴訟行為をする能力，もしくは，相手方や裁判所からの訴訟行為を有効に受領する能力をいう。当事者能力のところですでにみた民事訴訟法28条とともに，「外国人は，その本国法によれば訴訟能力を有しない場合であっても，日本法によれば訴訟能力を有すべきときは，訴訟能力者とみなす」とする民事訴訟法33条の解釈がここでは問題になる。

法廷地法説，属人法説および折衷説

　基本的には，当事者能力についての学説と同じように，外国人の訴訟能力についても，法廷地法説，属人法説および折衷説に大別される。

　法廷地法説は，「手続は法廷地法による」の原則から，訴訟能力について，まず民事訴訟法28条を適用する。具体的には，28条にいう「法令」として，行為能力に関する通則法4条以下の国際私法規則を介して判断を下すことになる。この立場からは民事訴訟法33条は例外規定であり，そこでいう「その本国法によれば訴訟能力を有しない場合」とは，その本国実体法によれば行為能力を有しない結果，訴訟能力が認められない場合という意味になる。

　これに対して属人法説は，訴訟能力の問題は実体法上の問題でもあるとの前提に立つ。そして民事訴訟法33条が，行為能力については触れず，その本国法によれば「訴訟能力」を有しない場合と規定していることを重視し，訴訟能力は本国訴訟法によって決定されるとの命題を導き出す。

折衷説は，属人法か法廷地法のいずれかで訴訟能力が認められればよいという考え方である。当事者能力の場合と同じく，属人法と法廷地法を選択的に適用することを認める説であり，広く訴訟能力が認められる方が望ましいことを理由とする。

　法廷地法説は従前の通説とされ，判例も法廷地法説に立つものが多いが，近時の有力説は折衷説であるとされていた。しかし，その後の学説の展開からみると，より近時の有力説は法廷地法説と思われる。

3　当事者適格

当事者適格とは

　当事者適格とは，ある請求について当事者として訴訟追行するのに必要かつ有効な能力をいう。以前は，「当事者適格」について一律に問題設定をし，包括して議論をする傾向があったが，現在は個々の問題に場合分けをして議論をする傾向が強い。したがって，ここでも，外国人・外国法人の当事者適格がとくに問題とされる場面をいくつか取り上げ，簡単に説明することにする。

任意的訴訟担当の場合

　任意的訴訟担当とは，本来の利益帰属主体の意思に基づいて，第三者に訴訟追行権が認められる場合のことをいう。日本民事訴訟法上もいかなる場合に任意的訴訟担当が認められるか議論があるが，選定当事者，手形の取立委任裏書の被裏書人，区分所有建物の管理者などが代表的なものとして挙げられる。このうち，選定当事者については実体法との関係が薄いため法廷地法によるが，それ以外の任意的訴訟担当については被担当者と担当者との間に実体的な法律

関係があることが前提となっており，注意を要する。 設例16-2 ではシンジケートCの構成員Zによる任意的訴訟担当が問題となる。近時の有力説は次のように考える。任意的訴訟担当は手続の問題であり，法廷地法である日本の民事訴訟法上の任意的訴訟担当に関するルールが適用される。さらに任意的訴訟担当の合理性などの要件を検討するために，実体関係であるシンジケートの内部関係の準拠法であるS国法が参照される。つまりこの考え方によれば，あくまで任意的訴訟担当の許容性を決定するのは法廷地法であり，法廷地法の要件充足を検討する中で，実体関係の準拠法が参照されるにすぎないことになる。

法定訴訟担当の場合①──債権者代位権

法定訴訟担当とは，法律の規定により，第三者が利益帰属主体の意思に関係なく訴訟追行権を有する場合をいう。この制度に関して，渉外的な訴訟でとくに問題になるのは，債権者代位の場合とアメリカ法上のクラスアクションの場合である。

債権者代位の場合には，これを手続法上の問題として法廷地法に全面的によらしめる判例や学説がある。一方，代位債権者に訴訟追行権が認められるのは，実体権としての債権者代位権があるからだとして，債権者代位権の準拠法（第8章第2節参照）によらしめる見解もある。最も有力な説は，法廷地法と債権者代位権の準拠法の重畳的な適用を説くものである。

法定訴訟担当の場合②──クラスアクション

クラスアクションとは，クラスと呼ばれる共通点をもつ一定範囲の人びとを代表して，1人または数名の者が全員のために原告とし

て訴えまたは被告として訴えられるという制度であり，アメリカに
おいて広く認められている。とくに製造物責任訴訟や，競争法違反，
証券取引法違反などに基づき，一般消費者が違反企業に対して損害
賠償を請求する場合によく用いられている。このアメリカ法を準拠
法としたクラスアクションを日本で認めることができるだろうか。
この点については，クラスのメンバー相互間の実体法上の権利関係
の薄さから，実体法上の準拠法によるべきではなく，手続法上の問
題として法廷地法によるべきとの見解が最も有力である。

第3節 送　　達

設例16-3

　日本法人であるY社に対して，突然S国から書留郵便が送られて
きた。中を開けてみると，長年の取引相手であるS国法人X社が，S
国裁判所に，Yに対する債務不履行に基づく損害賠償請求訴訟を提
起した旨の訴状であった。なお翻訳文は添付されていなかった。S国
ではこのような送達が法律上有効であり，一般的に利用されているも
のとした場合，この送達は日本では有効であるか。

1 国際的送達

送 達 と は

　送達とは，裁判上または裁判外の文書を名宛人が内容を知り得る
状態に置き，それにより法律上一定の効果を生じさせる行為のこと
をいう。国によって，送達の方式は大きく異なっており，とくに

設例16-3 のように，送達について職権送達主義を採用している大陸法系の国に対して，私送達主義の英米法系の国からなされる直接郵便送達は，大きな司法摩擦を引き起こしてきた。これは，送達という裁判上の行為（第**4**節の証拠調べも同様である）を外国で行うことは，当該外国の主権を侵害するとの伝統的な理解が大陸法国を中心に存在するからである。このため，各国は古くより，外国の裁判所に送達を嘱託して実施してもらうなどの国家間の相互協力関係を築いてきた。このような，ある国における裁判手続の審理進行を促進するためになされる外国の協力は，国際司法共助と呼ばれる。

送達に関する国際条約

外国における送達については，多数の司法共助条約や二国間条約が存在し，日本も複数の条約を締結している。中でもとくに重要なのは，1954年の「民事訴訟手続に関する条約」（以下，民訴条約）と，1965年の「民事又は商事に関する裁判上及び裁判外の文書の外国における送達及び告知に関する条約」（以下，送達条約）の2つの多国間条約である。また，日本がアメリカおよび英国とそれぞれ締結した二国間領事条約には，領事送達に関する定めがある。それ以外にも日本は複数の国と二国間共助取決めを交わしている。ここではとくに送達条約を中心に，外国への送達（送達の嘱託）と外国からの送達（送達の受託）の制度を概観する。

日本の裁判所から外国への送達

外国への訴状等の送達は，民事訴訟法108条により「裁判長がその国の管轄官庁又はその国に駐在する日本の大使，公使若しくは領事に嘱託してする」とされている。このためには当該外国との間に

司法共助条約などのあることが必要とされる。被告の所在する国が，例えば送達条約の締約国であるならば，同条約による送達の嘱託が可能となる。同条約では，当該締約国（受託国）が指定する中央当局（例えば米国では司法省）に送達の要請書を送付する方法が原則的な共助方法として採用されている（送達条約3条）。日本からは最高裁判所を経由して，名宛人のいる外国の中央当局に送付されることになっている。そして，受託国における送達の実施は，原則として受託国法に従って行われる（同5条1項）。これ以外に領事送達制度も認められてはいるが（同8条），日本は同条を拒否宣言している。

民訴条約の締約国間では，嘱託国の領事官から受託国の指定当局に送達を要請し受託国の指定当局が送達実施機関に転達するという方法による（民訴条約1条・2条）。

両条約の締約国以外への送達は，領事条約があればそれにより領事送達をすることとなる（日米領事条約17条1項(e)，日英領事条約25条）。

いずれの条約も取決めもない場合には，当該外国に個別に申し出て応諾を得る試みが実務では行われている。

外国裁判所から日本への送達（送達の受託）

送達条約締約国または民訴条約締約国からの送達の受託は，前述した外国への送達嘱託の逆ルートで行われる。日本での中央当局・指定当局は外務大臣とされており，これに対して外国から送達すべき文書が送付されることとなる。

また領事条約の締約国からの送達については，当該国の領事官が日本において派遣国のために送達を行うことが認められている。領事条約，送達条約，民訴条約締約国以外の国からの送達の受託につ

いては，外国裁判所ノ嘱託ニ因ル共助法（以下，共助法）により，外交機関を通じて行われることになる。

したがって，設例16-3において，S国が送達条約，民訴条約締約国あるいは領事条約の締約国であれば，これらの条約に則っていない送達は有効なものではない。また，共助法に規定するように外交機関を通じて行われているわけでもないので，この点からも有効な送達とはいえない。

2 公 示 送 達

公示送達とは

公示送達とは，送達の名宛人である当事者の住所が知れないなど特別な場合に，裁判所書記官が送達すべき書類を保管し，いつでも送達を受けるべき者に交付する旨を裁判所の掲示場に掲示するという方式で行われる送達である。このような送達はあくまでも例外的な場合に限られているが，当事者が外国にいる場合においても公示送達は可能である。

外国への公示送達の要件

日本法上，外国にいる当事者に対して公示送達が認められる場合は以下の場合に限定されている。①外国においてすべき送達について民事訴訟法108条の規定によることができない場合（民訴法110条1項3号前段），②民事訴訟法108条の規定によっても送達をすることができないと認めるべき場合（同号後段），③民事訴訟法108条の規定により外国の管轄官庁に嘱託を発した後6ヵ月を経過してもその送達を証する書面の送付がない場合（同項4号），④もしくは送達条約15条1項の文書の送達について同条2項の要件がみたされた場

合（民事訴訟手続に関する条約等の実施に伴う民事訴訟手続の特例等に関する法律28条）である。

第4節　証 拠 調 べ

設例16-4

　S国に住むXは，日本の車メーカーY₁が製造販売した車を運転していたところ，突然タイヤがパンクしてハイウェイの側壁に激突してしまった。その後調べてみると，Y₁社製の車には，日本のタイヤメ

ーカー Y_2 の作ったタイヤが標準装備としてついているが，そのタイヤにかなりの割合で亀裂の生じやすい欠陥品が混入していることが判明した。しかも，Y_1・Y_2 両者ともその事実を知っていながら，顧客に隠蔽していた節がみられた。そこで X は Y_1・Y_2 に対して S 国地方裁判所に製造物責任に基づく損害賠償を請求する訴えを提起した。その事実審理前協議において，X は，同地の訴訟手続に則ったディスカバリに基づき，Y_1・Y_2 に対して本件事故に関連すると思われる書証をすべて提出するよう命じて欲しい，また，本件のタイヤの製造に関与していた証人すべてから証言を録取してほしいと，同裁判所に求めた。

1 外国での証拠調べ

　国際的な事件においても，証拠調べは必要である。しかし，証拠や証人が外国に所在していることが往々にしてある。このような場合，国内事件とは異なり，外国の協力無しには証拠調べを行うことができない。具体的にはどのようにして行われているのだろうか。

　民事訴訟法は「外国においてすべき証拠調べは，その国の管轄官庁又はその国に駐在する日本の大使，公使若しくは領事に嘱託してしなければならない」と規定するが（184条），先にみた民訴条約の締約国間では民訴条約によってなされることになる。同条約によると，わが国の受訴裁判所が作成した嘱託書を最高裁判所と外務省を経由して相手国の指定当局に送り，外国指定当局が受託当局に転達し証拠調べを実施することになる。これ以外にも日本の領事官や外交官が直接証拠調べを実施する領事証拠調べも認められている（民訴条約15条）。この点に関する領事条約を締結しているアメリカやイギリスとの間では領事条約に則って領事証拠調べが認められている

ことにも注意が必要である。

2 外国から嘱託されたわが国での証拠調べ

日本から外国に証拠調べを嘱託する場合と同様に、民訴条約締約国からの証拠調べの受託は、指定当局による証拠調べと領事証拠調べの2種類が認められる。この場合、証拠調べは日本の民事訴訟法に従って、地方裁判所が行うことになる。ここでも、アメリカやイギリスとの間では領事条約に則って領事証拠調べをすることが可能である。

> **コラム16-②**
>
> アメリカにおけるディスカバリ手続
> 　設例16-4 のように、英米法系の国においては、当事者が証拠を収集する方式が大陸法諸国とかなり異なっている。とくにアメリカ訴訟法上のディスカバリ（証拠開示手続）は、証言録取書、質問書、文書等の提出、土地等への立入許可、身体または精神検査、自白の要求という6つの方法を含んでおり、実務上、しばしば、民訴条約のルートを経ることなく外国でも当然のことのように実施されてきている。この制度も大陸法諸国とアメリカとの間に司法摩擦を生む大きな原因の1つとなっている。

第17章　外国判決の承認・執行

　日本の裁判所が下した判決は，日本国内において既判力，執行力，形成力を有することになる。このような判決の効力が認められる範囲は，あくまでも日本の司法権が及ぶ範囲，つまり，日本の主権が及ぶ範囲に限られている。同じように，外国の裁判所が下した判決は，その国の領土内であれば様々な効力がその国の訴訟法によって認められる。本来であればそのような外国の判決は，日本においてはなんの効力ももたないはずである。したがって，それに基づいて，勝訴当事者が日本においていくら自分に権利があると主張したところで，画に描いた餅でしかない。とはいえ，外国でいったん審理が尽くされ，その国の裁判所の判断が下されているという事実を全く無視して，同じ事件，同じ訴訟物について，日本でもう一度裁判をするよう当事者に要求するのは，あまりにも酷である。そこで，一定の要件を備えている外国裁判所の判決の効力を日本国内で承認し，それに基づく執行を認めようとするのが，本章で扱う「外国判決の承認・執行」の問題である。

　以下では，まず，外国判決の承認・執行制度の趣旨を説明した後（第 **1** 節），次に，個々の承認要件の解釈について検討し（第 **2** 節），最後に，執行手続について簡単に触れることとする（第 **3** 節）。

設例17-1

　日本法人 A は，S 国法人 X との間で，X 所有の営業秘密に関する
ライセンス契約を締結した。当該契約に基づき，A の社員 Y_1 を S 国
での研修に派遣したが，Y_1 は日本帰国後，A を退社し，日本法人 Y_2
を立ち上げ X 所有の営業秘密類似のサービスを提供しはじめた。X
は Y_1Y_2 に対して，S 国裁判所で，S 国での同営業秘密利用の予備的
差止めおよび営業秘密侵害に基づく損害賠償を求める訴えを提起し，
同請求はすべて認められた。X が日本の裁判所にこの判決の執行を
求めて訴えを提起した場合，これは認められるか。

設例17-2

　S 国に住所を有する X が，S 国の裁判所において，日本に住所を有
する Y に対して売買代金の支払請求訴訟を提起し，X 勝訴の判決を
得て，その判決は確定した。しかし，S 国の裁判所はこの訴訟を開始
するにあたり，Y に対して公示送達を行い，Y は応訴していなかっ
た。X が日本の裁判所にこの判決の執行を求めて訴えを提起した場
合，これは認められるか。

設例17-3

　日本法人のオートバイメーカー Y 社は，自社製品のバイクを S 国
に大量に輸出していた。ところがそのバイクのエンジン部分に欠陥が
あり，一定の条件が重なると燃料のガソリンに引火し爆発する事故が
起こることが判明し，実際そのような事故で S 国内で何人かの死亡
者が出てしまった。死亡した被害者のうち，S 国居住の A の遺族 X

が，S国地方裁判所に，損害賠償を求める訴えを提起し，Xの請求額どおりの損害賠償に加えて，懲罰的損害賠償として，本来の損害額の3倍の金銭の支払が命じられた。YはS国に資産を有していないため，Xがこの判決の執行を求めて日本の裁判所に訴えを提起した場合，これは認められるか。

設例17- 4

設例15- 7 において，日本で競合する訴訟の提起が認められ，S国ではS国裁判所がX勝訴の判決を下し，日本ではY勝訴の判決が下され各々確定した。その後Xが日本でのS国の当該判決の執行を求めて日本の裁判所に訴えを提起した場合，これは認められるか。

外国判決の承認・執行制度

　民事訴訟法118条は，外国判決承認の要件について規定する。同条によると，①外国裁判所の確定判決であること（民訴法118条柱書），②判決裁判所に国際裁判管轄があったこと（同条1号），③適切な送達が敗訴の被告に対してなされていたこと（同条2号），④判決の内容と訴訟手続が日本の公序に反しないこと（同条3号），⑤判決国と日本との間に相互の保証があること（同条4号）の各要件がみたされている場合，当該外国判決は日本において承認される。承認のための特別な手続は必要ない（自動承認制度）。また，外国判決の執行については，民事執行法24条5項が，「外国裁判所の判決が，確定したことが証明されないとき，又は民事訴訟法第118条各号に掲げる要件を具備しないときは，却下しなければならない」と規定しており，先の5要件がここでも満たされる必要がある。ただし，執行は承認と異なり，自動的に認められるわけではない。執行判決を求

める訴えを提起して，それを日本の裁判所が認めるという手続が必要となる（民事執行法24条）。

　ここで注意しなければならないのは，これらの要件を審査する際に，当該外国判決の内容に立ち入って，事実認定などの審査をしてはならないということである。これは実質的再審査の禁止と呼ばれる原則である。外国判決の執行に関しては民事執行法24条4項に明文規定があるが，承認についても同様と解されている。

外国判決の承認・執行制度の趣旨

　そもそもなぜ外国判決の承認や執行という制度があるのだろうか。前に述べたように，一度外国の裁判所で審理が尽くされ判断が下された判決が，日本でなんの効力ももたないならば，勝訴当事者がその判決に基づき日本での強制執行を望んだり，あるいは，その判決の効力を日本でも認めてほしいと望んだとしても意味はなく，もう一度一から日本で裁判を起こさなければならないことになる。これは明らかに当事者にとって不都合であるだけでなく，司法制度自体にとっても不経済である。さらに，仮にあらためて日本で訴訟を起こすとして，その判決が他国で下された判決と異なった内容のものとなることも十分あり得る。この場合には，同一の法律関係をめぐり国際的な不調和が生じてしまうことになる。これらの不都合を回避するために，外国判決の効力を内国でも認めようとする外国判決の承認執行制度が生まれたのである。しかし，外国での裁判手続において，被告となった当事者の正当な防御の権利が保護されていなかったり，判決の内容が内国法秩序に照らして到底許容できないような内容を含んでいたりする場合にまで，無制限にその判決の効力を内国に及ぼすべきではない。このような観点から，例えば日本に

おいては，問題となる外国判決が民事訴訟法118条の各要件を備えていることを要求するのである。

　以下，順番に各要件でどのようなことが問題になるのかをみていくこととしよう。

第2節　外国判決の承認の要件

1　外国裁判所の確定判決：要件1

「外国裁判所」の判決の「確定」とは

　外国裁判所の判決が確定しているか否かについては，判決国法上認められている通常の不服審査申立ての手段が尽きているか否かにより判断する。ここでいう「外国裁判所」には未承認国家の裁判所も含まれるが，国際司法裁判所や国際海洋法裁判所のような国際裁判所は含まれないとするのが通説的な見解である。

2　判決裁判所に国際裁判管轄があったこと：要件2

直接管轄と間接管轄

　この要件で問題とされているのは，日本の裁判所に当該事件を裁判するための国際裁判管轄が認められているか否かではなく，判決を下した外国裁判所に当該事件を裁判するための管轄が認められていたか否かである。第15章で扱った前者の問題を直接管轄の問題，ここで問題となる後者は間接管轄の問題といわれる。

　間接管轄については2つの問題が考えられる。第1に，判断の基準となる国は判決国か承認国かという問題，第2に，判断の基準と

なるのが承認国であった場合，そこでの基準は直接管轄と同じか異なるのか，という問題である。

判決国基準か承認国基準か

　まず，民事訴訟法118号1号の要件を検討するに際して，その判断基準を判決国と承認国のどちらに求めるべきだろうか。例えば 設例17-1 で，S国裁判所に裁判管轄権があったか否かについて，S国の国際裁判管轄ルールを基準とすべきか，日本のルールを基準とすべきか，との問題である。そもそも間接管轄を承認の要件とする趣旨は，事件との関連が薄いにもかかわらず，判決国裁判所が不当に管轄を行使し，そのために被告の権利保護が不十分となってしまうという異常な状態を救済するためである。仮に判決国法を基準とすると，判決国の管轄判断を単に追認するだけのこととなり，わざわざ118条1号で間接管轄の要件を置いている意味がなくなってしまう。この趣旨からすると，間接管轄の基準は承認国である日本の基準によるべきであろう（最判平成26・4・24民集68巻4号329頁）。

間接管轄の基準と直接管轄の基準の関係

　間接管轄の基準も承認国である日本の基準によるべきであれば，その基準は直接管轄と同一でなければならないのだろうか。主として身分関係事件における不均衡状況の解消を念頭に，内外の法的状況の調和を重視し，承認をできる限り認めようと，間接管轄の基準を直接管轄の基準よりも緩やかにするべきとする見解もある（第 *18* 章第 **2** 節2参照）。これに対して通説は，間接管轄の基準と直接管轄の基準は表裏一体のものと考えるべき（鏡像理論）とする。しかし，直接管轄では「特別の事情」を通じた裁判所の裁量が認めら

れることや，例えば債務履行地管轄（民訴法3条の3第1号）のように比較法的にみて特殊な管轄ルールが存在することを考慮すると，間接管轄と直接管轄の基準が全く一致することは難しいといえる。この点，前出最判平成26・4・24は，設例17-1 のような場合において，「人事に関する訴え以外の訴えにおける間接管轄の有無については，基本的に我が国の民訴法の定める国際裁判管轄に関する規定に準拠しつつ，個々の事案における具体的事情に即して，外国裁判所の判決を我が国が承認するのが適当か否かという観点から，条理に照らして判断すべきものと解するのが相当である」と判示した。この判旨については，間接管轄に関し独自の判断を認める趣旨であると評価する見解が一般的である。

例えば，設例17-1 において，S国裁判所にわが国の国際裁判管轄基準からみて管轄が認められない場合には，この要件を満たしていないことになり，S国の判決はわが国では承認されない。

なお，民訴法3条の5により，日本の裁判所に専属管轄が認められる事項について下された外国判決は，間接管轄なしとして，日本での承認執行は認められない。

3 送達：要件3

外国判決承認要件としての適切な送達

第3の要件として，適切な送達が敗訴被告に対してなされたことが挙げられている。このような要件が必要とされるのは，手続開始時点での審問請求権および手続関与権を保障するためである。設例17-2 では，S国裁判所が公示送達しか行っていないため，この要件を欠いており（民訴法118条2号かっこ書），日本の裁判所は当該判決を承認し，それに基づき強制執行をすることができない。

最判平成10・4・28（民集52巻3号853頁）によれば，この要件を具備するためには，①「我が国の民事訴訟手続に関する法令の規定に従ったものであることを要しない」，②「被告が現実に訴訟手続の開始を了知することができ，かつ，その防御権の行使に支障のないものでなければならない」，③「判決国と我が国との間に司法共助に関する条約が締結されていて，訴訟手続の開始に必要な文書の送達がその条約の定める方法によるべきものとされている場合には，条約に定められた方法を遵守し」なければならない，とされる。

送達の適式性と適時性

　一方，学説では，送達の適式性と被告の了解可能性（送達の適時性）の2点が問題とされている。まず適式性に関しては，先にみた送達条約など判決国とわが国との間になんらかの条約がある場合にも，それを無視して判決国法のみに則ってなされた送達の適式性が問題となる。このような場合でも，判決国法に従って送達がなされていることを重視してその適式性を認める見解もあるが，現在の多数説は，最高裁判決と同様，条約に則っていることを要求するものと思われる。

　適時性については，とくに直接郵便送達の場合に翻訳文の添付と関連して問題とされてきた。判例では，翻訳文の添付のない直接郵便送達を，一律に，民事訴訟法118条2号の要件をみたさないものと判断するものが多い。例えば，東京地八王子支判平成9・12・8（判タ976号235頁）は，「通常の弁識能力を有する日本人にとって，送付されてきた文書が外国裁判所からの正式な呼出し若しくは命令であると合理的に判断できる体裁を整えたものでなければならず，そのためには，当該文書の翻訳文が添付されていることが必要であ

り，かつ，右文書の送付が司法共助に関する所定の手続を履践した
ものでなければならないと解すべき」とする。他方，学説では被告
に与えられた時間的余裕や言語能力などを総合的に勘案して，その
要否を個別具体的に判断すべきとする見解が多数であろう。ただし，
上述のように日本が送達条約10条(a)号の拒否宣言を行ったことから，
今後この問題の実務上の意義は少なくなると思われる。

応訴による追完

　上でみたように，適式かつ適時な送達がなされていれば民事訴訟
法118条 2 号の要件はみたされるが，それがない場合でもこの要件
がみたされる場合がある。被告が送達を受けなかったにもかかわら
ず応訴した場合である。この場合の「応訴」は，応訴管轄発生の場
合（第*15*章第 **3** 節 **1** 参照）とは異なり，管轄違いの抗弁のみをなす
ために応訴した場合でも，これに該当するとされている（最判平成
10・4・28民集52巻 3 号853頁）。

4　公序：要件 4

手続的公序と実体的公序

　準拠法決定において，通則法42条が公序という概念を利用して内
国法秩序の維持を認めているのと同じく，外国判決の承認・執行に
おいても公序というセーフティネットが用意されている。ここで問
題とされるのは，判決の内容が日本の公序に反しないこと，および，
訴訟手続が日本の公序に反しないことである（民訴法118条 3 号）。一
般に，前者を実体的公序，後者を手続的公序と呼んでいる。

　このうち，手続的公序の審査には慎重を期す必要がある。手続上
の瑕疵の治癒は，本来は判決国訴訟法での不服申立てや再審に委ね

られるべきだからである。したがって手続的公序の審査はあくまでも手続的基本権の尊重という観点からなされるべきとされる。外国裁判所の判決文が送達されないまま確定したことが手続的公序違反となるかが争われた事件において、最判平成31・1・18（裁判所ウェブ）は、「外国判決に係る訴訟手続において、判決書の送達がされていないことの一事をもって直ちに民訴法118条3号にいう公の秩序に反するものと解することはできない」とした上で、同号にいう手続的公序違反に該当するのは「外国判決に係る訴訟手続において、当該外国判決の内容を了知させることが可能であったにもかかわらず、実際には訴訟当事者にこれが了知されず又は了知する機会も実質的に与えられなかったことにより、不服申立ての機会が与えられないまま当該外国判決が確定した場合」とした。前述したような慎重な判断をしたものと評価できよう。

審査の基準

　判決承認・執行要件としての公序については、①当該外国判決を承認・執行した場合の結果の異常性、および②当該事案と承認・執行国である日本との牽連性の2点から審査するべきとの見解が一般的である。これは、第4章第2節でみた準拠法適用の場合の公序審査と平仄を合わせるものといえよう。ただし、前述した実質的再審査禁止の原則との関係には注意が必要である。とくに公序審査の対象には、判決の主文だけでなくその理由も含まれると考えられているため、この審査が実質的再審査禁止の原則に抵触するのではないかとの危惧が示されることがある。しかし、理由にまで立ち入って公序の審査を行ったとしても、判決国裁判所の行った法解釈のやり直しや事実の再認定を行うことを要求するものではないため、問

題にはならないとされる。

懲罰的損害賠償と公序

　設例17-3 のS国のように，アメリカをはじめとする英米法系の国においては，大陸法系諸国で原則となっている塡補賠償とは別に，裁判所が懲罰的損害賠償（punitive damages）と呼ばれる損害賠償を認めることがある。懲罰的損害賠償とは，補償的な意味合いの損害賠償制度とは異なり，主として制裁的ないしは予防的な機能・目的を有する制度である。それを命じる外国判決を日本において承認執行することについて様々な議論がある。

　制裁的な意味合いを有する懲罰的損害賠償について，民事判決としての性質を有さないため，そもそも民事訴訟法118条の外国裁判所の確定判決に該当しないとする考え方もあるが，学説の多くは，民事判決性は肯定する。その上で，具体的な内容に応じて，個別的に公序に反するか否かを判断すべきとするのが通説的な見解であろう。判例においては，契約における欺罔的行為に基づく損害賠償請求につき，補償的損害賠償として42万ドル余り，懲罰的損害賠償として112万ドル余りの支払を認めたアメリカ合衆国カリフォルニア州地方裁判所の判決の承認・執行が求められた事件で，最高裁は「外国裁判所の判決が我が国の採用していない制度に基づく内容を含むからといって」それだけで即公序違反になるわけではないとした。そしてその前提に立ちつつ，懲罰的損害賠償が，見せしめと制裁のための制度であって，日本法の予定する損害賠償制度と本質的に異なるため，「我が国における不法行為に基づく損害賠償制度の基本原則ないし基本理念と相いれないものであると認められる」としてこの制度を一律に公序違反と判断した（最判平成9・7・11民集

51巻 6 号2573頁）。この立場に立てば，設例17-3 において，填補賠償部分については日本での承認・執行が可能であるが，懲罰的損害賠償部分については公序違反となり許されないということになる。

外国判決後の事情変更と公序──公序審査の基準時

　日本における外国判決の承認制度は，特別な手続を必要としない自動承認制度に立っているとすでに説明した。これを敷衍すると，外国判決が下された時点で，民事訴訟法118条の要件が具備されている限り，わが国でその判決の効力は承認されていることになる。したがって，各要件は外国判決が下された時点で審査されているといえる。しかし，往々にして，外国判決が下されてから，わが国で当該外国判決の承認や執行が求められるまでの間に，重要な事情が変更してしまっている場合がある。典型的には家事事件関連で争われるが，公序審査の基準時との関連で，ここで一言触れておきたい。

　学説においては，自動的承認原則を重視し，外国判決確定後の事情変更を公序審査において一切考慮すべきでないとする見解が有力に唱えられている。その一方，118条 1 号や 2 号の要件については，その後の事情が変更したとしてもその影響を受けることは考えられないが，結果の異常性と日本との牽連性を考慮する公序の審査においても，判決確定時に審査時を固定してしまう必要があるのか疑問とし，公序の審査においては承認審査時を基準にすべきとの見解も有力である。後者の見解に立つ判例もある（子の引渡しについて外国判決後の事情変更を公序判断に取り入れた判例として東京高判平成 5・11・15高民46巻 3 号98頁）。

内外判決の抵触

すでに第**15**章第**5**節（国際訴訟競合）でみたように，日本においては国際的な二重起訴を一律に禁止する立場はとられていない。その結果として，同じ訴訟物について日本の裁判所と外国の裁判所が矛盾した判決を下す危険がある。このような場合，いかなる解決がふさわしいのだろうか。

外国判決の自動承認制度を重くとらえ，先確定判決の既判力と抵触する判決は再審手続によってのみ取り消されることに着目し，この問題を外国判決承認の問題ではなく，再審手続を認める民事訴訟法338条1項10号との関連で検討すべきとの見解もある。しかし，内外判決の抵触という問題を，まず，外国判決の承認に伴って生じる手続的公序違反の問題ととらえ，118条3号の枠組みで検討し，その後外国判決との関係で内国判決の取消しが問題となる場合に338条1項10号の問題と考えるべきとの有力な見解がある。この見解に立つならば，内国判決が先に確定し，その後に確定した外国判決は，手続的公序に反するとの理由で民事訴訟法118条3号に基づき承認が拒絶される。逆に，外国判決が先に確定し，その後に内国判決が確定した場合には，先に確定した判決が外国判決であろうとも，自動承認の結果わが国にその既判力が確定時に及んでいるため，民事訴訟法338条1項10号にいう「前に確定した判決と抵触する」状態が生じている。したがってこの場合には内国判決が再審の手続により取り消されることとなる。

一方，裁判例には，内国確定判決があれば判決の言渡し・確定の先後に関係なく，外国判決の承認は公序に反することとなると判示したものがある（大阪地判昭和52・12・22判タ361号127頁。コラム17-①参照）。この裁判例に従えば，設例17-4においては，S国の判決と

わが国の判決のどちらが先に下されているかを問わず，S国の判決
は民事訴訟法118条3号の要件をみたさず承認執行されないことに
なる。他方，前述の有力説によれば，S国の判決とわが国の判決の
どちらが先に確定したかをまず検討し，S国判決が先であれば内国
判決を再審手続で取り消し，内国判決が先であれば，S国の判決を
民事訴訟法118条3号に基づき承認拒否することになる。

コラム17-①

関西鉄工事件

　関西鉄工事件は，日本のメーカーX社が製造したプレス機により負
傷した米国人が米国で提起した製造物責任（PL）訴訟に端を発する。こ
の米国PL訴訟では，プレス機を米国に輸出した日本商社Aの米国子
会社Yも被告の1人とされ，YはXに対して，Yが損害賠償金を支払
うことになった場合にはXに求償する旨の訴えを同じ米国裁判所に提
起した。Xがこの米国求償訴訟に対抗して大阪地裁において，Yに対
して求償債務不存在確認の訴えを提起したため，日米で訴訟が競合する
事態となった。Yは国際訴訟競合を理由とする訴え却下を大阪地裁で
主張したが，同地裁はこれを認めず，日本でも訴訟が続く中，米国裁判
所がYによる求償を認める判決を下し，この米国判決は確定した。そ
の後，大阪地裁ではXの主張どおりに債務不存在を認める判決が出さ
れ，米国判決の確定から約1ヵ月半後に確定した。このように内外判決
が矛盾・抵触する中，米国判決の執行判決を求めて，Yが大阪地裁に
訴えを提起した。大阪地裁は，「同一司法制度内において相互に矛盾抵
触する判決の併存を認めることは法体制全体の秩序をみだすものである
から訴えの提起，判決の言渡し，確定の前後に関係なく，既に日本裁判
所の確定判決がある場合に，それと同一当事者間で，同一事実について
矛盾抵触する外国判決を承認することは，日本裁判法の秩序に反し，民
訴法200条［現118条］3号の『外国裁判所の判決が日本における公の秩
序に反する』ものと解する」と判示した。これによれば，内外判決が矛

盾・抵触する場合，常に日本判決を優先させることになるが，この点に
対しては学説から批判も強い。

5 相互の保証：要件 5

相互の保証とは

　民事訴訟法118条 4 号に定められている「相互の保証」要件とは，
日本で承認・執行が求められている外国判決が下された国において，
日本がその判決を承認・執行するのと同じような条件で，日本の裁
判所の下した判決が承認・執行されることを要求するものである。
日本判決を承認・執行するよう外国に促すという政策的な目的など
から定められた要件である。

　最高裁によれば，この要件は，「当該判決をした外国裁判所の属
する国……において，我が国の裁判所がしたこれと同種類の判決が
同条各号所定の条件と重要な点で異ならない条件のもとに効力を有
するものとされていることをいうものと解するのが相当」とされる
（最判昭和58・6・7民集37巻5号611頁）。これは学説の通説的見解と
同じ解釈であり，この点では学説の大勢と判例は一致している。

相互の保証が認められた国と認められなかった国

　これまで多くの判例において，様々な国・地域との間に相互の保
証が認められてきた。例えば，イギリス，ドイツ，オーストラリア
国クィーンズランド州，香港（中国返還前の事例），アメリカ合衆国
ニューヨーク州・カリフォルニア州・ワシントンD. C.・ハワイ州
などである。これに対して，実質的再審査を行うベルギーと，日本
との間には相互の保証がないと判断した人民法院の判決が存在する

中国については，相互の保証がないと判断した裁判例がある（ただし，ベルギーはその後法改正があり，現在では実質的再審査が禁じられているため，この点問題とならないように思われる）。なお，相互の保証の要件については，その判断基準時を承認時とするのが通説・判例の立場である。

相互の保証要件の削除論

　基準が緩和されてきている相互の保証であるが，学説の中には，118条4号は削除すべきであるという根強い立法論的批判がある。その主たる理由は，相互の保証を構築するという国家の努力不足が原因で，勝訴した私人の権利救済が拒絶されてしまうのは不合理であるということである。また，とりわけ離婚などの身分関係については，相互の保証がないだけで，内外において不均衡な身分関係が発生してしまうこともあるので，その正当性を疑問視する見解も少なくない（この点については，詳しくは第*18*章参照）。

第**3**節　外国判決の執行

執 行 手 続

　すでに指摘したように，外国判決の承認は自動承認であるが，執行については，裁判所で，あらためて，執行判決を求める訴えを提起する必要がある（民執法24条）。この手続においては，裁判所は当該外国判決が民事訴訟法118条の要件を具備しているか否かを審査する。その際に問題となる点は承認のところでまとめて述べたところに準ずる。

第18章　国際家事事件

　第15章～第17章では，主として，財産事件に関する国際民事手続法上の諸問題を検討した。本章では，家事事件に関する国際民事手続法上の諸問題を説明する。まず，国際家事事件の特性を説明した上で（第1節），家事事件に関する国際民事手続法の中心問題となる国際裁判管轄と外国裁判の承認について，人事訴訟事件（第2節），家事審判事件（第3節），相続に関する訴訟事件（第4節）に分けて解説する。さらに，国際的な子の奪取の場合における子の返還事件についても説明する（第5節）。

　なお，失踪宣告や後見・保佐・補助開始の審判に関する国際裁判管轄や外国裁判の承認の問題については，すでに準拠法とともに検討を行った（第5章第1節3・5参照）。

第1節　国際家事事件の特性

国際家事事件とは

　国際家事事件とは，夫婦，親子，相続などに関する裁判であって，国際的な要素を含むものである。

　日本法では，国際家事事件も含めて，離婚，婚姻無効，嫡出否認，認知や養子縁組無効の訴えなどは，訴訟という類型の裁判（訴訟事

件）とされている訴えである（人訴法2条）のに対して，養子縁組の許可や子の監護に関する裁判などは，審判という類型の裁判（非訟事件）とされている（家事法39条）。さらに，国際家事事件には，国際的な子の奪取の場合における子の返還に関する裁判もある。

国内法規定

　家事事件の国際裁判管轄や外国裁判の承認については，人訴法や民訴法，家事法などが法源となる。他方，国際的な子の奪取の場合における子の返還事件の手続や裁判の準則については，「国際的な子の奪取の民事上の側面に関する条約の実施に関する法律」が定めている（なお，「手続は法廷地法による」の原則については，第*16*章第*1*節参照）。

家事事件と財産事件の違い

　一般に，家事事件は，財産事件と異なる特性を有することから，国際民事手続法でも，財産事件とは異なる取扱いがなされる。

　第1に，家事事件は，人の身分や生活全般に重大な影響を及ぼすことから，財産事件と比べて，原告の救済にも比重が置かれる傾向がある。そのため，離婚事件などの訴訟事件でも，その管轄の決定では，原告側の事情も考慮されることとなる。また，子が関係する裁判の国際裁判管轄の決定では，子の利益が重視される。

　第2に，家事事件は，身分関係に関わるものであり，財産事件と比べて公益性が強いことから，当事者の任意処分が制限される傾向にある。すなわち，離婚事件などの対等な当事者間の訴訟事件でも，管轄合意を認めないとする見解が有力に主張されてきた。また，財産事件の管轄原因としては，当事者の国籍に基づく管轄（本国管轄）

は通常は認められていないが、家事事件については、自国民の身分関係・身分登録などに国家が利害関係を有することなどを根拠に、本国管轄が肯定されることがある。

第3に、家事事件では、財産事件と異なり、不均衡な法律関係の発生防止を考慮することが主張されている。例えば、外国離婚判決の承認において、外国で認められた離婚が日本では認められないという事態を避けるため、民訴法118条がそのまま適用されるかどうかが議論されてきた。

第2節 人事訴訟事件

設例18-1

日本人X女とS国人Y男はS国で婚姻しS国で婚姻生活を始めたが、2人の関係はうまくいかず、XはYをS国に残したまま日本に帰国した。現在、YはS国に、Xは日本にそれぞれ住所を有する。そして、Xは日本の裁判所に離婚の訴えを提起しようと考えている。この場合、日本は国際裁判管轄を有するか。

設例18-2

S国に住所を有するS国人夫Xは、日本に住所を有する別居中の日本人妻Yとの離婚を求めて、S国の裁判所に離婚の訴えを提起し、離婚を認める判決を得た。S国と日本の間に相互の保証がない場合、この離婚判決は日本でも効力をもつか。

1 国際裁判管轄

国内法規定

　離婚，婚姻無効，嫡出否認，認知，養子縁組無効の訴え等（「人事に関する訴え」）について，どのような場合に日本が国際裁判管轄を有するかを定める規定は，人訴法にある（同3条の2〜3条の5）。この国際裁判管轄規定は，平成30年4月に公布された「人事訴訟法等の一部を改正する法律」（平成31年4月1日施行）によって，人訴法に追加されたものである。民訴法の国際裁判管轄規定は適用されない（人訴法29条1項）。

新規定の判断枠組み

　人訴法に追加された国際裁判管轄規定でも，民訴法に定められている国際裁判管轄規定（第**15**章第**2**節〜第**4**節参照）と同様の判断枠組みが採用されている。すなわち，①管轄原因を定めた規定（人訴法3条の2〜3条の4）のいずれかの規定に該当すれば，日本の管轄が原則として認められることになるが，②この場合であっても，日本で裁判することが当事者間の衡平，裁判の適正・迅速に反する特別の事情（同3条の5）があれば，管轄は認められないという2段階の判断枠組みが採用されている。

これまでの状況

　新規定が追加される以前は，人事訴訟事件の国際裁判管轄について定める明文規定は存在せず，これは条理によって判断されてきた。そして，条理の具体的内容としては，離婚の訴えの国際裁判管轄について判示した最高裁昭和39年大法廷判決（コラム18-①）や最高裁

平成 8 年判決（コラム18-②）を中心にして，第 **1** 節で述べた国際家
事事件の特性を踏まえて，様々な学説・裁判例が現れていた。

コラム18-①

最高裁昭和39年大法廷判決

最大判昭39年 3 月25日（民集18巻 3 号486頁）では，最高裁は，離婚
の訴えについて日本の管轄を認めるためには，①被告の住所が日本にあ
ることを原則とすると述べた。そして，その例外として，②「原告が遺
棄された場合，被告が行方不明である場合その他これに準ずる場合」に
は，原告の住所が日本にあれば，日本の管轄を肯定し得ると判示した。
この事件の原告である妻は，被告である朝鮮人夫と戦前に婚姻したこと
によって朝鮮籍を取得した元日本人であり，朝鮮での被告家族との同居
に堪えることができず，戦後すぐに被告から離婚の承諾を得て日本に引
き揚げてきた。そして，それ以来，夫から 1 回の音信もなく，夫の所在
も不明であった。最高裁は，このような事情から，原告の住所地国であ
る日本の管轄を肯定した。

コラム18-②

最高裁平成 8 年判決

最判平成 8 年 6 月24日（民集50巻 7 号1451頁）は，日本に帰国した日本
人夫からドイツ在住のドイツ人妻に対する離婚請求事件であった。平成
8 年判決は，まず，国際裁判管轄を判断する理念として，財産事件に関
するマレーシア航空事件最高裁判決（コラム15-②参照）と同様に，「当事
者間の公平や裁判の適正・迅速の理念」により条理に従って決定するの
が相当であると判示した。そして，国際裁判管轄ルールとして，被告の
住所地国の管轄を当然としつつも，他方で，被告が日本に住所を有さな
い場合であっても，原告の住所やその他の要素から日本の管轄を肯定す
べき場合もあると述べた。この事件は，ドイツ人妻から日本人夫に対し
て提起された離婚判決が，ドイツではすでに確定していたが，この判決

は日本では承認要件を欠く（ドイツの裁判所では，日本人夫に対して公示送達がされ，夫は応訴をしていなかった。民訴法118条 2 号については，**第17章第2節**参照）ために，日本では離婚の効力が認められず，婚姻関係が日本では終了していないというケースであった。最高裁は，夫としては，日本で離婚の訴えを提起する以外に方法がないことを考慮し，原告の住所地国である日本の管轄を肯定した。

人訴法 3 条の 2

　人事訴訟事件の国際裁判管轄に関する一般規定は，人訴法 3 条の 2 である。同条では，離婚の訴えや嫡出否認の訴えなどの個別の訴えごとに国際裁判管轄規定を定めるのではなく，これらを人事訴訟事件（人事に関する訴え）として 1 つにまとめて，どのような場合に日本が管轄を有するかを定める。

　人訴法 3 条の 2 によれば，次のいずれかのとき，日本は人事訴訟事件の管轄を有する。①被告の住所が日本にあるとき（ 1 号），②身分関係当事者の双方に対する訴えにおいて，その少なくとも一方の住所が日本にあるとき（ 2 号），③身分関係当事者の一方からの訴えにおいて，他方がその死亡時に日本に住所を有していたとき（ 3 号），④身分関係当事者の双方が死亡し，その少なくとも一方がその死亡時に日本に住所を有していたとき（ 4 号），⑤身分関係の当事者の双方が日本の国籍を有するとき（ 5 号），⑥日本に住所がある身分関係当事者の一方からの訴えにおいて，その身分関係当事者の双方が最後の共通住所を日本に有していたとき（ 6 号），⑦日本に住所がある身分関係当事者の一方からの訴えにおいて，(a)他方が行方不明であるとき，(b)他方の住所地国でされた同一の身分関係についての訴えに関する確定判決が日本で効力を有しないときなど，

日本の裁判所が審理および裁判をすることが当事者間の衡平を図り，または適正かつ迅速な審理の実現を確保することとなる特別の事情があると認められるとき（7号）。

　なお，人事訴訟事件について，合意管轄や応訴管轄は認めないものとされている。それらを認めると，事件とは関連性がない地が管轄地となり，適切な審理・裁判ができなくなるおそれがあるからである。

被告の住所

　①は，被告住所地主義を採用するものである。被告住所地主義については，第*15*章第**2**節1参照。

　また，②によれば，夫婦以外の者が夫婦を被告として婚姻無効の訴えを提起する場合のように，身分関係当事者の双方に対する訴えにおいては，被告である夫婦の少なくとも一方が日本に住所を有せば，その訴えについて日本は管轄を有する。これも，被告住所地主義の一種と考えることができよう。

　なお，①②において，住所がないまたは住所が知れない場合には，居所が基準となる。

身分関係当事者の死亡時の住所

　死後認知の訴えのように，身分関係当事者が死亡していることを前提とした訴えや，実親子関係の存否の確認の訴えのように，身分関係当事者が死亡後も提起することができると解されている訴えがある。これらの訴えにおいては，身分関係当事者の死亡時の住所が日本にあれば日本の管轄を認める規定が③④である。

身分関係当事者の国籍

⑤は，身分関係当事者の国籍を管轄原因とする規定である（本国管轄）。日本人の身分関係・身分登録などに日本が利害関係を有することなどを根拠にするものである。

もっとも，当事者一方が日本人であることだけで日本の管轄を認めるとすると，例えば，外国在住の夫婦の一方が日本人であることだけで，日本の管轄を肯定することになり，過剰管轄になることも考えられる（過剰管轄については，第**15**章第**1**節参照）。そのため，⑤によれば，身分関係の当事者の一方が日本人であることだけでは足りず，両方が日本人である場合にのみ，日本は管轄を有する。

ここでいう両方が日本人である場合には，身分関係当事者の一方または双方が死亡している事案では，その者が死亡時に日本人であった場合も含まれる（5号かっこ書）。

原告の住所

⑥⑦は，身分関係の当事者の一方からの訴えにおいて，原告の住所が日本にある場合の管轄規定である。もっとも，原告の住所が日本にあるだけで，日本の管轄を肯定することは過剰管轄になることも考えられるので，⑥⑦は，原告の住所が日本にあるだけでは日本の管轄を認めるのに十分であるとせず，さらなる要件を付加している。

すなわち，⑥は，身分関係当事者の一方からの訴えにおいて，原告の住所が日本にあり，かつ，身分関係当事者双方の最後の共通住所が日本にあるとき，日本の管轄を認める。最後の共通住所地国は，身分関係当事者と関連性が深く，被告もその地が法廷地となりうることが予測でき，また，証拠が存在する蓋然性が高いことから，最

後の共通住所が管轄原因とされている。

また，⑦は，身分関係当事者の一方からの訴えにおいて，原告の住所が日本にあり，かつ，(a)他方が行方不明であるとき，(b)他方の住所地国でされた同一の身分関係についての訴えに関する確定判決が日本で効力を有しないときなど，日本の裁判所が審理および裁判をすることが当事者間の衡平を図り，または適正かつ迅速な審理の実現を確保することとなる特別の事情があると認められるとき，日本の管轄を認める。(a)(b)は，管轄を肯定する特別の事情の例示である。(a)は，最大判昭和39年で判示された基準の1つである。(b)は，最判平成8年と同じ状況において，日本の管轄を肯定するものである。さらに，(a)(b)以外の「その他」の特別の事情があるとき（例えば，暴力から逃れるために帰国しているとき）にも，日本の管轄が肯定される。

離婚の訴えの場合

例えば，離婚の訴えについて考えてみると，離婚の訴えの管轄原因は，①⑤⑥⑦である。

設例18-1 では，⑦（特別の事情）が存在するのであれば，日本の管轄が認められることが原則になる。

関連請求の併合

人訴法3条の3によれば，人事訴訟事件の被告に対して，その訴えと同時に，同じ請求原因事実によって生じた損害賠償を請求をする場合，人事訴訟事件について日本が管轄を有すれば，その損害賠償の訴えについても日本は管轄を有する。民訴法が定める損害賠償の訴えのうち，人事訴訟事件と関連する一定のものを人事訴訟事件

に併合する規定である。例えば，不貞行為や夫から妻に対する暴力を理由にする離婚の訴えと，不貞行為やその夫による暴力から生じた損害の賠償を請求する訴えを妻が提起する場合，人訴法3条の3によれば，離婚の訴えについて日本が管轄を有せば，損害賠償の訴えについても日本は管轄を有することになる。

　国内土地管轄に関する関連請求の併合を定めた人訴法17条とは異なり，人訴法3条の3によれば，併合される損害賠償の訴えは，人事訴訟事件の被告以外の者に対するものであってはならず，例えば，夫の不貞行為の相手に対する損害賠償の訴えは，人事訴訟事件に併合されない。

親権者指定等の同時審理

　人訴法3条の4第1項によれば，離婚・婚姻取消しの訴えについて日本が管轄を有するとき，それに伴う親権者指定，そして，子の監護に関する裁判（例えば，子の監護者指定・面会交流・養育費などに関する裁判）についても，日本は管轄を有する。この規定は，人事訴訟事件とされている離婚や婚姻取消しの訴えと，それに伴う親権者指定や子の監護に関する裁判の同時審理を無条件に可能とする規定である。このように同時審理を可能とすることにより，離婚・婚姻取消しと親権者指定・子の監護に関する裁判の同時解決が可能となる。この規定によれば，子が日本に住所を有さないときにも，離婚・婚姻取消しの訴えについて日本が管轄を有すれば，親権者指定や子の監護に関する裁判が日本で行われることになるが，この場合，未成年子の利益の保護の観点から，特別の事情による却下を認めた人訴法3条の5（「**特別の事情による却下**」参照）の適用が問題になることも考えられよう。

これに対して，人訴法 3 条の 4 第 2 項によれば，財産分与に関する裁判については，財産分与に関する裁判の国際裁判管轄規定（家事法 3 条の12）にも該当することを条件に，離婚・婚姻取消しの訴えとの同時審理を認める。家事法 3 条の12については，第 **3** 節 **1** 参照。

特別の事情による却下

人訴法 3 条の 2 から 3 条の 4 のいずれかにより，日本が管轄を有する場合であっても，3 条の 5 によれば，事案の性質，応訴による被告の負担の程度，証拠の所在地，未成年子の利益その他の事情を考慮して，日本の裁判所が審理および裁判をすることが当事者間の衡平を害し，または適正かつ迅速な審理の実現を妨げることとなる特別の事情があると認めるときは，その訴えの全部または一部を却下することができる。これは，民訴法 3 条の 9 と同機能を果たす規定であるが（民訴法 3 条の 9 については，第 **15** 章第 **4** 節参照），人訴法 3 条の 5 では，特別の事情の有無の判断における考慮要素として，家事事件で重要となる未成年子の利益が追加されている。

2 外国判決の承認

これまでの学説

財産事件に関する外国判決が日本で承認されるかどうかは，民訴法118条に従って判断されることはこれまでに述べたとおりである（第 **17** 章第 **1** 節・第 **2** 節参照）。では，人事訴訟事件に関する外国判決にも，民訴法118条が適用されるのか。この点について，これまで学説では，民訴法118条 4 号不要説と民訴法118条の全面適用説が主張されてきた（コラム18-③参照）。

民訴法118条４号不要説

　人事訴訟事件に関する外国判決の承認は，民訴法118条の規定のうち，４号の相互の保証の要件を除いた要件によって判断されるとの見解（４号不要説）がある。①４号は強制執行を念頭に置く規定であるが，離婚判決については強制執行を必要としないこと，②外国では身分関係が認められているが，日本では身分関係が認められないという不均衡な身分関係の発生をできる限り防ぐことなどを理由に，この見解は相互の保証の要件を不要とする。

民訴法118条の全面適用説

　他方で，人事訴訟事件に関する外国判決の承認にも民訴法118条が４号も含めて全面的に適用されるとの見解（全面適用説）がある。この見解は，民訴法118条の一部のみを排除するのは，立法論としてはともかく，解釈論としては不自然であること，不均衡な法律関係の発生防止については財産事件においても同様であることなどをその根拠とする。全面適用説が有力であり，判例・戸籍実務もこの

立場であると言われていた。

平成30年人訴法改正では，民訴法118条の適用による規律を維持するという理解のもとで，人事訴訟事件に関する外国判決の承認についての明文規定は定められなかった。全面適用説によるということになろう。

両説の検討

両説の違いは4号の相互の保証の要件の要否である。もっとも，全面適用説でも，相互の保証の要件を解釈上緩やかにすることが主張されており，両説の実際上の違いは，見かけよりは大きくない。

設例18-2 では，民訴法118条の全面適用説によれば，S国離婚判決は4号の相互の保証の要件をみたさないことが明らかであるので，日本で効力を有さない。これに対して，4号不要説によれば相互の保証は必要なく，民訴法118条のそれ以外の要件がみたされれば，離婚判決は日本でも効力を有することになる。

民訴法118条1号の間接管轄の要件

設例18-2 では，S国裁判所に民訴法118条1号の間接管轄が認められるかどうかも問題となる。この点，①間接管轄の基準と直接管轄の基準は一致すべきであるとの見解（鏡像理論）がある一方で，②離婚判決などの身分関係に関する判決については，とくに，不均衡な身分関係の発生防止という見地から，間接管轄の基準を直接管轄の基準よりも緩やかに解すべきであるとの見解も有力に主張されている（第*17*章第**2**節2も参照）。平成30年人訴法改正は間接管轄の基準を設けることを目的としておらず，間接管轄の基準については，依然として解釈に委ねられることになる。

①の見解によれば，人訴法３条の２以下の直接管轄規定（直接管轄に関しては，本節1参照）をそのまま間接管轄規定に読み替えることになり，**設例18-2**では，S国は原告であるXの住所地であるので，人訴法３条の２第６号または７号のいずれかがS国であれば，S国の間接管轄が認められることになる。②の見解によれば，このような場合でなくても，事情によってはS国の間接管轄が認められる余地がある。

外国判決に基づかない離婚などの取扱い

外国での協議離婚など，身分行為が判決によらずに外国で行われた場合，外国判決は存在しないから，その取扱いは民訴法118条によって解決される問題ではないと解されている。外国判決に基づかない離婚などは，通則法が指定する準拠法上の要件をみたす場合に，日本で効力をもつことになる。例えば，外国で行われた協議離婚は，通則法27条や34条が指定する準拠法上の要件をみたす場合，日本で効力をもつことが原則になる。

第3節　家事審判事件

1　国際裁判管轄

国内法規定

養子縁組の許可や子の監護に関する裁判等の家事審判事件について，どのような場合に日本が国際裁判管轄を有するかを定める規定は，家事法にある。この国際裁判管轄規定は，平成30年４月に公布

された「人事訴訟法等の一部を改正する法律」によって，家事法に追加されたものである。これまで，家事審判事件の国際裁判管轄に関する明文規定がなく，裁判例や学説が大きな役割を果たしてきたが（コラム18-④），この改正によって，状況が大きく変わった。

コラム18-④

並 行 理 論

　かつて，とくに，家事審判事件などの非訟事件については，管轄の有無を準拠法に関連づけて，準拠法が日本法になる場合に日本に管轄があるとする並行理論と呼ばれる考え方があった。これによれば，例えば，相続の準拠法は被相続人の本国法である（通則法36条）が，相続に関する審判事件では，被相続人の本国が日本である場合に日本に管轄があるとする。しかし，管轄の有無は，準拠法の決定に先行すべきものであり，準拠法とは別に決定すべきであろう。

新規定の判断枠組み

　家事法に追加された国際裁判管轄規定でも，民訴法や人訴法の国際裁判管轄規定と同じ判断枠組みが採用されている。すなわち，①管轄原因を定めたいずれかの規定（家事法3条の2～3条の13）に該当すれば，日本の管轄が原則として認められることになるが，②この場合であっても，日本で裁判することが当事者間の衡平，裁判の適正・迅速に反するような特別の事情があれば，管轄は認められない（家事法3条の14）という2段階の判断枠組みが採用されている。

養子縁組の成立に関する審判事件

　養子縁組の成立に関する審判事件としては，養子縁組の許可審判事件や特別養子縁組の成立審判事件がある。家事法3条の5によれ

ば，これらの事件については，養親となる者または養子となる者の住所が日本にあるとき，日本は管轄を有する。養子縁組の成立を目的とする審判事件では，養親と養子の利害が対立することは多くなく，養親となる者または養子となる者いずれかの住所が日本にあれば，養親や養子の適格性等の審査に支障が生じないことなどが根拠になる。なお，同条によれば，住所がないまたは住所が知れない場合には，居所が基準となる。

親権・子の監護に関する審判事件

　家事法3条の8によれば，親権・子の監護に関する審判事件については，子の住所が日本にあるとき，日本は管轄を有する。これらの事件では，子の利益を保護するために，裁判所は，子の生活状況等を調査し，迅速に処理する必要があることから，子の生活の本拠である子の住所地に管轄を認めている。なお，同条によれば，住所がないまたは住所が知れない場合には，居所が基準となる。

　ここでいう親権・子の監護に関する審判事件は，親権者変更・子の監護者指定・面会交流などに関する裁判のことであるが，離婚・婚姻取消しの訴えに伴う親権者指定・子の監護に関する裁判は含まれない。離婚・婚姻取消しの訴えに伴う親権者指定・子の監護に関する裁判の国際裁判管轄規定は，人訴法3条の4である（第2節1参照）。

　なお，親権・子の監護に関する審判事件が係属中に，子の連れ去りなどがあったとの通知があった場合の取扱いについては，第5節参照。

扶養に関する審判事件

　家事法3条の10によれば，夫婦，親子その他の親族関係から生ずる扶養に関する審判事件については，①扶養義務者であって申立人でない者，または，②扶養権利者（子の監護に要する費用の分担に関する処分の審判事件では，子の監護者または子）の住所が日本にあるとき，日本は管轄を有する。①は，扶養義務者となる者に対する手続保障の観点，②は，資力を有さないことが多い扶養権利者を保護する必要があること等に基づく規定である。なお，同条によれば，住所がないまたは住所が知れない場合には，居所が基準となる。

相続に関する審判事件

　相続に関する審判事件としては，推定相続人廃除，遺産分割，相続放棄，相続財産管理人の選任，遺言の検認，遺言執行者の選任などに関する裁判がある。相続に関する裁判のうち，民事訴訟事件とされている訴え（相続権，遺留分，遺贈などに関する訴えや相続債権などに関する訴え）（第**4**節参照）は，相続に関する審判事件に含まれないことに注意が必要である。

　家事法3条の11第1項によれば，相続に関する審判事件については，相続開始時の被相続人の住所が日本にあるとき，日本は管轄を有する。これは，被相続人の最後の住所が日本にあるときには，相続財産や相続に関する証拠等が日本に存在する可能性が高く，日本の裁判所が，関係者の利害関係を調整した上で適切に事件を処理することができると考えられることを根拠とする。なお，同条によれば，被相続人の住所がない場合または住所が知れない場合には居所，さらに，居所がない場合または居所が知れない場合には最後の住所が基準になる。

また，家事法3条の11第3項によれば，相続財産の保存・管理に関する審判事件については，相続財産が日本にあるときにも，日本は管轄を有する。これは，相続財産が日本にある場合には，日本の裁判所がその財産の状況を的確に把握でき，適切な判断ができると考えられることや，相続財産の保存・管理の実効性を確保しやすいこと等を根拠にする。

　さらに，3条の11第4項によれば，遺産分割に関する審判事件については，当事者は，合意により，管轄裁判所を定めることもできる。遺産分割は，相続人間の協議によって行うことが可能であるので，任意処分が許されるとの観点に基づくものである（管轄合意については，第*15*章第**3**節第1参照）。

財産分与に関する審判事件

　家事法3条の12によれば，次のいずれかのとき，日本は，財産分与に関する審判事件の管轄を有する。①夫または妻であった者の一方からの申立てにおいて，他方の住所が日本にあるとき（住所がないまたは住所が知れない場合には，居所），②夫妻であった者双方が日本の国籍を有するとき，③夫または妻であった者の一方からの申立てにおいて，申立人が日本に住所を有し，かつ，夫妻であった者の最後の共通住所が日本であったとき，④夫または妻であった者の一方からの申立てにおいて，申立人が日本に住所を有し，かつ，(a)他方が行方不明であるとき，(b)他方の住所地国での財産分与に関する確定裁判が日本で効力を有しないときなど，日本の裁判所が審理および裁判をすることが当事者間の衡平を図り，または適正かつ迅速な審理の実現を確保することとなる特別の事情があると認められるとき。

財産分与に関する審判事件は，婚姻関係の清算の一環であり，離婚などの効果の一内容ということができるものである。そのため，財産分与に関する審判事件の国際裁判管轄規定では，離婚等に関する訴えと同様の管轄原因が定められていると考えられる（離婚等の訴えの国際裁判管轄規定については，第**2**節1参照）。

後見等に関する審判事件

　後見・保佐・補助開始の審判の国際裁判管轄については，通則法5条に定められていることは既に説明したとおりであるが（第**5**章第**1**節**5**を参照），他方で，例えば，成年後見人や未成年後見人の選任の審判等の後見等に関する審判の国際裁判管轄については，これまで，明文の規定がないと理解されていた。そして，これについては，条理によって，被後見人の常居所地・住所地に原則的な管轄を認めるとする見解が主張されていた。その理由として，通常，被後見人を保護する最大の関心を有するのはその地であること，その地が被後見人の状況を最も適切に判断することができる地であること，その地の機関のとる措置が最も実効性を有することなどが挙げられていた。また，被後見人の財産管理の必要性から，被後見人の財産所在地管轄を認める見解や，被後見人が未成年者である場合，未成年者の保護の必要性から，未成年者の本国にも管轄を認める見解なども主張されていた。

　しかし，平成30年家事法改正によって，未成年後見に関する審判事件の国際裁判管轄規定が家事法3条の9に置かれた。これによれば，①未成年子の住所もしくは居所が日本にあるとき，または，②未成年子が日本国籍を有するとき，日本は管轄を有する。①は，未成年子の状況を最もよく知ることができるのがその地であること，

②は，未成年子が日本人であれば，日本の裁判所としてはその保護の要請に応えるべきであること等を根拠にする。

　他方で，成年後見等に関する審判事件の国際裁判管轄規定は置かれなかった。それは，成年後見開始の審判等に関する外国裁判の承認については，大きな議論の対立があり，その否定説もあることから（第**5**章第**1**節**5**），後見開始の審判等に関する外国裁判の承認と関連する成年後見等に関する審判事件の国際裁判管轄規定についても，まだ規定を置くべきではないと考えられたことによる。したがって，成年後見等に関する審判事件の国際裁判管轄については，前述のこれまでの条理による状況が依然として妥当することになる。

コラム18-⑤

家事調停事件の国際裁判管轄

　家事法3条の13第1項によれば，まず，家事調停事件全般については，調停を求める事項に関する人事訴訟事件または家事審判事件について日本が管轄を有するとき（1号），日本は管轄を有する。これは，家事調停事件の管轄原因と，人事訴訟事件や家事審判事件の管轄原因が一致することが望ましいと考えられたためである。

　さらに，離婚および離縁の訴えに関する調停事件や，人事訴訟事件とはされない事項に関する家事調停事件については，上述の1号のときに加えて，相手方の住所等が日本にあるとき（2号）や，当事者が日本の裁判所に家事調停の申立てをすることができる旨の合意をしたとき（3号）も，日本に管轄がある。2号の管轄原因が定められたのは，当事者間の衡平の理念に合致するためであり，また，3号の管轄原因が定められたのは，家事調停が当事者間の協議による紛争解決であり，管轄合意を認めることが合理的と考えられたためである。

特別の事情による却下

　家事法3条の14によれば，遺産分割に関する審判事件において管轄合意により日本が専属管轄を有する場合を除き，家事法3条の2から3条の13のいずれかにより，日本が管轄を有する場合であっても，特別の事情がある場合には，その申立ては却下される。この規定は，人訴法3条の5（第**2**節**1**参照）とほぼ同趣旨の規定である。

　遺産分割に関する審判事件において管轄合意により日本が専属管轄を有する場合に特別の事情による却下が認められないのは，この場合には，専属管轄合意を理由に他国でも申立てが却下されることが考えられ，日本で申立てを却下してしまうと，申立てを行うことができる国がなくなってしまうこと等を考慮したものである。

2　外国裁判の承認

これまでの状況

　これまで，家事審判事件に関する外国裁判の承認については，条理により，または，民訴法118条の一部の要件を準用して，間接管轄の要件（1号）と公序の要件（3号）のみをみたすことが必要であるとの見解が有力に主張されていた。この見解は，家事審判事件などの非訟事件は，通常，争訟性の弱い事件類型であることから，被告の防御の機会を保障する送達の要件（2号）は不要であり，また，不均衡な身分関係の発生防止の要請から，相互の保証の要件（4号）も不要であると考えるものであった。これに対して，非訟事件の中には，財産分与に関する審判等，争訟性の強い事件類型もあり，争訟性の強い事件類型については民訴法118条を全面適用するか，準用するにしても要件をあまり緩和しないことが妥当であるとの主張もなされていた。

家事法79条の2

　本節1で述べた平成30年家事法改正によって，家事審判事件など関する外国裁判の承認に関する規定として，家事法79条の2が追加され，この規定が，家事審判事件などに関する外国裁判の承認についての明文規定となった。もっとも，同条は，家事審判事件などに関する外国裁判の承認について，「その性質に反しない限り，民事訴訟法第118条の規定を準用する」と定めるにとどまっている。また，平成30年家事法改正は間接管轄の基準を設けることを目的としていない。したがって，同条は，これまでの議論を立法的に解決するものではなく，議論は今後も残ることになる。

養子縁組の成立に関する外国裁判

　これまでの戸籍実務の取扱いでは，養子縁組は，外国裁判に基づくものであっても，通則法31条等が指定する準拠法上の要件をみたす場合に限って，日本で効力をもつことを原則としてきた。しかし，養子縁組の成立に関する事件は家事審判事件であるから，その外国裁判の承認は，家事法79条の2によることになり，準拠法要件は不要となった。

外国裁判所で選任された未成年後見人の日本での活動

　未成年後見等の審判に関しては，外国裁判所が選任した未成年後見人等の日本での権限行使が認められるか，また，認められるとしてその要件をどのように考えるかということも問題となる。

　かつては，この問題も後見の準拠法の適用範囲であるとし，未成年子の本国法が適用されると解されていた。この立場に立つ裁判例として，日本に居住していたスウェーデン人母が，死亡直前にスウ

ェーデン人である未成年の子マリアンヌ（M）の養育を日本人に託
して死亡したが，母の死亡後にスウェーデンで選任された後見人が
Mの引渡しを求めたマリアンヌちゃん事件がある（東京高判昭和
33・7・9家月10巻7号29頁）。この事件で，裁判所は，通則法35条1
項と同じ内容であった平成元年改正前法例23条1項により，その後
見人の権限をスウェーデン法に従って判断し，Mの引渡しを認め
た。

　これに対して，準拠法という方法ではなく，むしろ外国の非訟裁
判の承認という方法で処理すべきであるとの見解も有力となってい
た。この見解によれば，後見人等の選任の裁判は，国家の後見的役
割に基づく裁判であって，非訟事件の中でも争訟性が弱い類型のも
のであるため，民訴法118条の間接管轄の要件（1号）と公序の要
件（3号）のみを準用して，その承認を判断すべきであるとされて
いた（本節2「これまでの状況」を参照）。この見解に立てば，マリア
ンヌちゃん事件の場合，スウェーデンは未成年者本人たるMの住
所地でないこと（1号の間接管轄の要件），子の引渡しを認めること
は子の福祉に反すること（3号の公序の要件）などの理由から，M
の引渡請求を退けるとする結論もあり得ることになる。

　家事法79条の2は，既に述べたとおり，「その性質に反しない限
り，民事訴訟法第118条の規定を準用する」と定めるにとどまって
いるため，議論は今後も残ることになる。本節2「これまでの状況」
を参照。

外国裁判に基づかない養子縁組などの取扱い

　外国裁判に基づかない養子縁組など，身分行為が裁判によらずに
外国で行われた場合，その身分行為は通則法が指定する準拠法上の

要件をみたす場合に日本で効力をもつことは，外国裁判に基づかない離婚などの取扱いについて第**2**節**2**で述べたことと同じである。

第**4**節　相続に関する訴訟事件

1　相続に関する訴訟事件とは

　第**3**節で説明した相続に関する審判事件とは異なり，相続に関する裁判のうち，①相続権，遺留分，遺贈などに関する訴えや②相続債権などに関する訴えは，訴訟事件とされている訴えである。①の例は，相続権や遺留分の確認を求める訴えである。②の相続債権に関する訴えとは，相続人が相続すべき債務に関する訴えのことである。これらの訴えをあわせて，相続に関する訴訟事件とされる訴えと呼ぶことにする。

2　国際裁判管轄

　平成23年民訴法の改正により，相続に関する訴訟事件とされる訴えの国際裁判管轄規定が，民訴法の中に置かれた。それによれば，相続に関する訴訟事件とされる訴えについては，被告住所地管轄（３条の２）や財産所在地管轄（３条の３第３号）などが認められる（これらについては，第**15**章第**2**節参照）のに加えて，被相続人の死亡時の住所地管轄も認められる（３条の３第12号・13号）。相続に関する訴訟事件とされる訴えのうち，相続権，遺留分，遺贈などに関する訴えについて，被相続人の死亡時の住所地管轄を認めるのは，多数の人が関係する相続関係事件について，共通の管轄裁判所を確

保することを可能にするとともに，多くの場合，財産や記録が存在するこの地の管轄を認めることが審理の便宜に資するからであるといわれている。また，相続債権などに関する訴えについて被相続人の死亡時の住所地に管轄を認めるのは，債権者の予測する国で，相続財産を相続人間で分割する前に債権の実現を図ることを容易にする趣旨であるといわれている。なお，同条によれば，被相続人の住所がない場合または住所が知れない場合には居所，さらに，居所がない場合または居所が知れない場合には最後の住所が基準になる。

　もっとも，民訴法3条の9の特別の事情がある場合には，訴えは却下される（第*15*章第**4**節参照）。

3　外国判決の承認

　相続に関する訴訟事件とされる訴えについての外国判決の承認は，民訴法118条による。民訴法118条については，第*17*章参照。

第 **5** 節 **国際的な子の奪取の場合における子の返還事件**

1　子奪取条約と実施法

法　　源

　婚姻関係が破綻した後，夫婦の一方がその子を無断で外国に連れ去ることがある。このような場合において子の返還を実現する方法の1つが，「国際的な子の奪取の民事上の側面に関する条約」（以下，子奪取条約という）に定められている。子奪取条約は，ハーグ国際私法会議で1980年に採択され，1983年に発効した条約であり，2021年

1月5日現在，101ヵ国がこの条約の締約国となっている。

日本でも，2013年5月，子奪取条約の締結が国会で承認され，そして，子奪取条約を実施するための法律（「国際的な子の奪取の民事上の側面に関する条約の実施に関する法律」。以下，実施法という）が，同年6月に公布された。実施法は2014年4月1日より施行されている。

子奪取条約と実施法の概要

子奪取条約は，締約国に常居所を有していた16歳未満の子が，別の締約国へ不法に連れ去られた，または，留置されている場合に適用される（子奪取条約4条・35条）。そして，条約では，不法に連れ去られた，または，留置されている子の迅速な返還を確保すること，および，子を監護する権利や子と接触する権利が尊重されることを目的として，締約国が指定した中央当局間で協力しあうシステムが作られているとともに，子の返還を命じる裁判の準則などが定められている。

そして，実施法は，子奪取条約を日本で的確に実施するため，子の利益に資することを目的として，①日本の中央当局を指定し，その権限等を定めるとともに，②子を常居所地国に迅速に返還するために必要な裁判手続などを定めている（実施法1条）。

2　中央当局

子の返還の援助などを行う日本の中央当局は外務大臣である（実施法3条）。実施法は，中央当局である外務大臣が行う援助を，①子が日本に所在する場合の外国への子の返還援助（外国返還援助）や面会交流援助（日本国面会交流援助），そして，②子が他の締約国に所在する場合の日本への子の返還援助（日本国返還援助）や面会交流

援助（外国面会交流援助）に分けて定めている。

3　子　の　返　還

子の返還裁判

　子の返還裁判に関して，実施法は，子が日本へ連れ去られている，または，日本で留置されている事案（インカミング・ケース）において，常居所地国である外国への子の返還を命ずる裁判手続を定めている。子が日本から連れ去られている事案（アウト・ゴーイング・ケース）において，子を日本に連れ戻すための裁判手続は，子が所在する締約国の法律が定める。

　子の返還裁判の申立人は，「日本国への連れ去り又は日本国における留置により子についての監護の権利を侵害された者」であり，相手方は，「子を監護している者」である（実施法26条）。管轄裁判所を集中させるため，子の返還事件の審理が行われるのは，東京または大阪の家庭裁判所だけである（同32条）。その裁判は非公開で行われる（同60条）。

子の返還命令

　子奪取条約は，子が不法に連れ去られ，または，留置されている場合には，原則として，常居所地国に返還することが子の利益に資するという考えに立つ一方で，子の利益の観点から返還を拒否することができる場合を例外的に定めている。実施法も，子奪取条約に則した返還事由と返還拒否事由を定めている。

返　還　事　由

　①子が16歳に達していないこと，②子が日本に所在していること，

③常居所地国の法令（国際私法を含む）によれば，連れ去りまたは留置が，子の監護に関する申立人の権利を侵害していること，④連れ去りの時または留置の開始時に，常居所地国が締約国であったこと，これらすべての事由をみたす場合，原則として子の返還が命じられる（実施法27条）。これらの事由は，申立人が証明しなければならないと解されている。

返還拒否事由

　他方で，上記①〜④のすべての事由をみたしても，実施法28条の1号から6号に定められている事由のいずれかに該当する場合，子の返還を命じる義務は裁判所に課されない。1号から6号までの事由は，次のとおりである。

　(a)子の返還の申立てが連れ去りの時または留置の開始時から1年を経過した後にされたものであり，かつ，子が新たな環境に適応していること（1号），(b)申立人が連れ去りの時または留置の開始時に子に対して現実に監護の権利を行使していなかったこと（ただし，連れ去りまたは留置がなければ申立人が子に対して現実に監護の権利を行使していた場合を除く）（2号），(c)連れ去りまたは留置に，申立人が同意または承諾したこと（3号），(d)常居所地国に子を返還することによって，子の心身に害悪を及ぼすことその他，子を耐え難い状況に置くこととなる重大な危険があること（4号），(e)子の年齢および発達の程度に照らして子の意見を考慮することが適当である場合で，子が常居所地国に返還されることを拒んでいること（5号），(f)常居所地国に子を返還することが，人権および基本的自由の保護に関する日本の基本原則により認められないものであること（6号）。

1号～3号・5号の事由がある場合であっても，裁判所は，一切の事情を考慮して常居所地国に子を返還することが子の利益に資すると認めるときは，裁量で子の返還を命ずることができる（裁量返還事由）。他方で，4号・6号の事由がある場合には，それらに該当しつつ，常居所地国に子を返還することが子の利益に資すると認められる場合は想定できないため，裁判所の裁量による返還は認められない。

　なお，4号・5号，裁量返還事由について争われた事件として，最決平成29・12・21（判時2372号16頁）がある。

返還拒否事由の有無の判断

　返還拒否事由があることは，相手方が証明しなければならないと解されている。

　1号から6号までの承認拒否事由のうち，4号の事由の有無の判断では，常居所地国で子が申立人から身体に対する暴力等を受けるおそれの有無，相手方および子が常居所地国に入国した場合に相手方が申立人から子に心理的外傷を与えることとなる暴力等を受けるおそれの有無，申立人または相手方が常居所地国において子を監護することが困難な事情その他の一切の事情が考慮される（実施法28条2項）。

　返還拒否事由の有無を判断する際，裁判所は，日本で効力を有する子の監護に関する裁判があることのみを理由として，子の返還の申立てを却下してはならないが，その裁判の理由を子の返還を求める裁判で考慮することはできる（同28条3項）。

出国禁止命令・旅券提出命令

　子の返還に関する裁判が係属中に，子が国外に連れ去られるおそれがあるとき，裁判所は，一方当事者の申立てにより，他方当事者に対して，子の出国禁止や子の旅券の提出を命じることができる（実施法122条1項・2項）。

子の返還命令の強制執行

　さらに，実施法は，子の返還命令の強制執行の手続も定めている。その方法には，①執行官が子の解放を行い，指定された返還実施者（例えば，債権者）が実際に子を常居所地国に連れて帰ることで返還が実施される代替執行と，②子を返還するまで金銭の支払を命じる間接強制の方法がある（同134条1項）。

　代替執行は，実施法136条によれば，間接強制の決定が確定した日から2週間が経過したとき（1号），間接強制を実施しても，債務者が常居所地国に子を返還する見込みがあるとは認められないとき（2号），子の急迫の危険を防止するため直ちに代替執行をする必要があるとき（3号）に行うことができる。令和元年の実施法改正で，間接強制前置の原則は見直された。

　代替執行の決定では，執行裁判所は，債務者による子の監護を解くために必要な行為をすべきことを執行官に命じる（同法140条1項，民執法175条）。「子の監護を解くために必要な行為」とは，①債務者に対し説得を行うこと，②執行官が債務者の住居等に立ち入り，子を捜索すること（この場合，必要があれば，閉鎖した戸を開くため必要な処分をすること），③債務者の住居等で，返還実施者を子や債務者と面会させること，④返還実施者を債務者の住居等に立ち入らせたりすることである（実施法140条1項，民執法175条）。子の監護を解く

ために必要な行為をするに際し抵抗を受けるとき，執行官は，その抵抗を排除するために，威力を用いたり，警察上の援助を求めたりすることができる（実施法140条2項）。

また，執行官は，子の心身に及ぼす影響，債務者の住居等およびその周囲の状況その他の事情を考慮して相当と認めるときは，債務者の住居等以外でも，その占有者の同意または執行裁判所による許可を得ることによって，①から④の行為をすることができる（実施法140条1項，民執法175条2項）。令和元年の実施法改正で，子の解放が子が債務者とともにいる場所でだけとされていた同時存在の原則は見直された。

代替執行では，執行裁判所や執行官は，子の年齢および発達の程度その他の事情を踏まえ，できる限り，代替執行が子の心身に有害な影響を及ぼさないように配慮しなければならない（実施法140条1項，民執法176条）。

親権者指定等に関する裁判との関係

親権者指定等の裁判が係属している裁判所に対して，連れ去りまたは留置があったことが通知されたとき，親権者指定等の裁判が係属している裁判所は，子の返還の申立てが相当の期間内にされないとき，また，子の返還の申立てを却下する裁判が確定したときを除いて，親権者指定等の裁判をしてはならない（実施法152条）。

子奪取条約は，子の監護に関する本案の紛争については，原則として，子を常居所地国に返還した後に，その常居所地国で解決されるべきことを前提としており，子奪取条約には，実施法152条と同旨の規定がある（同条約19条）。実施法152条は，子奪取条約のこの規定を受けた規定である。

4 面会交流

　面会交流（条約では，「接触」という語が用いられている）について，子奪取条約は，中央当局の役割や関与について定めているものの，その裁判手続に関する具体的な規定はない。また，子奪取条約によって面会交流を実現しようとする親は，現在の家事法における子との面会交流を求める家事審判などを利用することができる。そのため，子の返還の場合と異なり，実施法には，面会交流を求める場合の詳細な手続規定は定められておらず，その手続は家事法によることになる。

第 *19* 章 仲　　裁

　ここまで，国家の裁判所における国際的な民商事紛争の解決を説明してきた。特定の国家裁判所を用いるのは，オーソドックスで究極的な紛争解決方法ではあるが，国際的な民商事紛争を解決する上で，例えば国際裁判管轄や，外国における判決の承認執行など，複雑な問題が少なからず存在するのが事実である。

　そのため，和解に向けた当事者の直接交渉をはじめとして，調停（メディエイション，mediation），仲裁など国家の裁判所によらない裁判外紛争解決方法（ADR）は国際的な民商事紛争を解決する上で，重要な役割を果たしている。そのうちでも，とくに仲裁は国際取引紛争の解決手段として，実務上よく利用されている。

第 1 節　仲 裁 と は

国際商事紛争と仲裁

　仲裁とは，当事者が合意（仲裁合意）に基づき，自分たちの紛争の解決を，第三者（仲裁人）の判断に委ね，その判断（仲裁判断）に従う紛争解決手続である。仲裁は国内事件でも利用されるが，とりわけ国際取引紛争の解決手段として，裁判に代わって利用されることが多く，この場合一般的に国際商事仲裁と呼ばれる。日本では平

成15年に，100年以上手つかずだった「公示催告手続及ビ仲裁手続ニ関スル法律」に代わって，1985年に国連国際商取引法委員会（アンシトラル，UNCITRAL）が策定した国際商事仲裁模範法（UNCITRAL モデル仲裁法。以下「モデル法」）にできるだけ沿った内容の近代的な「仲裁法」が制定されている。

仲裁のメリット

　国際商事仲裁が多用されるには，以下のように多くの理由がある。

　①　非公開性　　仲裁手続は，当事者の合意がない限り，原則的に第三者には公開されない。一般に公開することを原則とする裁判と比較して，とりわけ営業秘密やノウハウなどの保持に役立ち，企業にとって大きな魅力である。

　②　中立性　　国際取引紛争の当事者は，相手国の裁判所での紛争解決に対して，自分に不利な判断が下されるのではないかという疑念を抱きがちである。これに対して仲裁では，原則として当事者は私人である仲裁人を，異なる国籍の仲裁人候補者から自由に選任することができ，仲裁人によって組成される仲裁廷によって紛争が解決されるため，当事者双方にとって中立的な場であるという信頼度が高い。

　③　専門性　　当事者は仲裁人を自由に選任できるため，例えば知的財産紛争や建築工事紛争など問題となる具体的紛争の解決に精通した専門家を選ぶことによって，人的な制約を受ける国家の裁判所よりも，迅速で適切な審理が期待できる。

　④　手続の柔軟性　　裁判を利用する場合，「手続は法廷地法による」との原則があり，裁判所所在国の訴訟法が自動的に手続を決めることになる。また，裁判に使う言語も通常その国の公用語に限

定されるため，通訳や書面の翻訳が必要となることが多い。これに対して仲裁では，原則として当事者は仲裁人の数や選任方法，手続に使用する言語，手続の期間と場所を含め，広く仲裁手続を自由に決定することができる。

⑤　国際性　　仲裁判断を外国で承認・執行する必要が生じた場合，1958年にニューヨークで成立した「外国仲裁判断の承認及び執行に関する条約」（以下「ニューヨーク条約」。2022年7月20日現在，日本を含め170の締約国がある）が存在し，きわめて限られた承認・執行拒否事由を除けば，承認・執行が保証されている。これに対して裁判ではこのような世界的な条約は存在せず，判決の外国における承認・執行は当該外国の法律によることになり，第*17*章ですでに説明したように容易ではない。

これらのほか，仲裁は一審制をとるため，通常，迅速かつ安価であることも理由として挙げられることがある。もっとも，費用の低廉さと紛争解決の迅速性は相対的なものであり，国や事案によっては裁判と比較して優位性を有しないこともあり得ると指摘される。

仲裁のデメリット

以上仲裁のメリットを述べてきたが，仲裁が裁判と比較して完全に優れているかといえばそうでもない。次のようなデメリットにも注意する必要がある。

①　仲裁合意の調達が不可欠　　仲裁は仲裁合意に基づく私的紛争解決手段であり，そもそも仲裁合意がなければ当事者の一方の申立てによって仲裁が行われることはない。つまり仲裁手続を始める前提として仲裁合意の調達が不可欠である。しかし，不法行為のように，紛争が発生して初めて関係する当事者間では，紛争の後に仲

裁合意を取りつけることは至難の業である。したがって，仲裁合意が存在し得るのは，ほとんどの場合，もともとなんらかの契約関係にある者の間である。

② 仲裁人の権限の限界　仲裁は当事者間の私的手続である以上，裁判所と違って，当事者以外に影響を及ぼす保全処分などの措置は必然的にとれない。また，仲裁人は当事者に対し保全措置を講ずるよう命じることは可能であるが，強制力をもたないため，当事者の任意の履行に期待するほかない。

③ 仲裁は上訴不可能　すでに述べたように，仲裁は一審制をとり，上訴することは原則できない。これは紛争を迅速に解決するメリットをもたらすと同時に，不本意な結果を甘受せざるを得ないことをも意味する。

___

コラム19-①

機関仲裁とアドホック仲裁

　仲裁を利用する場合，常設の仲裁機関を利用する機関仲裁と，仲裁機関を利用せず，個々の紛争ごとにその紛争だけのための仲裁廷を創設するアドホック仲裁がある。前者は仲裁手続の管理事務を仲裁機関から提供を受ける代わりに，管理費用が発生する。

　代表的な仲裁機関として，LCIA，ICC と AAA とが挙げられる。LCIA（ロンドン国際仲裁裁判所）は，1892年に設立された世界最古の仲裁機関である。ICC（国際商業会議所の国際仲裁裁判所，パリに所在）は，国際仲裁で最も広く利用されている仲裁機関で，近年では年間約800件の仲裁申立てを扱っており，1923年の設立以来2万件以上の仲裁事件を解決してきた。AAA（アメリカ仲裁協会）は，1996年に国際事件を処理する紛争解決国際センターを設立し，外国の仲裁機関と提携するなど積極的に国際商事仲裁業務を広げている。

　このほか重要な仲裁機関として，ストックホルム商業会議所仲裁裁判

所，オランダ仲裁協会，中国国際経済貿易仲裁委員会（CIETAC），シンガポール国際仲裁センター，香港国際仲裁センター（HKIAC）を挙げることができる。日本には日本商事仲裁協会（JCAA）があるが，仲裁事件の取扱実績は少ない。

第2節 仲 裁 合 意

設例19-1

　日本法人 X と S 国法人 A との間で締結されたサーカス興行契約に仲裁条項が含まれている。この仲裁条項はいわゆる「クロス式仲裁合意」であり，仲裁を申し立てられた側の所在地の仲裁機関による仲裁で解決する旨の条項である。ところが興行が不振に終わったことから，X は A の代表者 Y の詐欺的行為により損害を受けたとして，日本の裁判所で不法行為による損害賠償訴訟を提起した。これに対し Y は X・A 間の仲裁合意の準拠法は仲裁地である S 国法であり，それによれば仲裁合意の効力は本件のような X・Y 間の不法行為訴訟にも及ぶと主張し，妨訴抗弁を提出した。本件における仲裁合意の準拠法はどのように決定すべきか。

設例19-2

　設例19-1 において，仮に X が A ならびに Y が契約締結に際して詐欺的行為を働いたとして契約の無効ないし取消しを主張し，その主張が認められた場合には，仲裁合意も無効となるのか。

設例19-3

　日本特許権を有する X 社は，Y 社の新製品が同特許権を侵害して

いるとして，Y社に対し警告書を送付した。これに対しY社は同特許権が無効であると反論した。そこでX社とY社は，X社が有する同特許権の有効性に関する争いを仲裁に付託すると合意した。このような仲裁合意は許されるのか。

仲裁合意とは

仲裁合意は，私的自治として仲裁手続が行われる根拠であり，基盤である。この合意には，当事者間の紛争を第三者の解決に委ねるという合意と，その判断に従うという合意の2つの意味が含まれる。

したがって，仲裁合意がなければ仲裁は成立し得ない一方，仲裁合意があるにもかかわらず，当事者の一方が裁判所に訴えを提起した場合，相手方は妨訴抗弁を主張することができ，訴えは却下される（仲裁法14条1項）。このように仲裁合意が有効に成立しているかどうかは，きわめて重要である。

仲裁合意の独立性

当事者は紛争発生後に，現にある紛争を仲裁に付託する合意（仲裁付託契約）をすることも可能であるが，国際取引における仲裁合意は，かかる国際取引契約の一条項（仲裁条項。第**3**節を参照）として規定されることが多い。そこで，主契約がなんらかの原因で無効となった場合に，仲裁条項としてその一部をなす仲裁合意も無効になるのかという問題がある。

この問題に対して，各国法およびモデル法によれば，仲裁合意が主契約の一条項として規定されている場合であっても，主契約と仲裁合意はそれぞれ独立の合意と解され，主契約が無効となっても，仲裁合意は当然には無効とされない（仲裁法13条6項）。これは，仲

裁合意の独立性（separability）と呼ばれる。したがって，国際商事仲裁の合意は，その準拠法によって独自に有効性が判断される。

設例19-2 において，仲裁合意が有効か無効かは，主契約とは別に，仲裁合意の準拠法によって独自に判断される。

仲裁合意の準拠法

仲裁合意の準拠法について，仲裁法が制定される以前から，通常の契約と同様に国際私法によって決定すべきという見解がある。設例19-1 のもととなった最判平成 9・9・4（民集51巻 8 号3657頁〈リングリング・サーカス事件〉）において，最高裁はこの立場に立ち，「仲裁契約の成立及び効力については，法例 7 条 1 項［通則法 7 条］により，第 1 次的には当事者の意思に従ってその準拠法が定められる……明示の合意がされていない場合であっても，仲裁地に関する合意の有無やその内容，主たる契約の内容その他諸般の事情に照らし」黙示の意思を探求すべきと判示し，その結果，仲裁地法（設例ではＳ国法）を準拠法とする旨の黙示の合意を認めた。

ところで，仲裁合意の成立と効力は，①妨訴抗弁の判断の局面，②仲裁手続の中で争われ，仲裁廷が自身の仲裁権限を判断する局面（第 **3** 節で後述），③仲裁判断の取消しの局面，④仲裁判断の承認・執行の局面，以上 4 つの局面で問題となり得る。このうち，③と④の局面における仲裁合意の準拠法について，仲裁法44条 1 項 2 号・45条 2 項 2 号は当事者自治と仲裁地法という段階的連結を明文で規定している。判断基準の一貫性という観点から，設例19-1 のような①の局面においてもこれらの規定を類推適用すべきとする見解が近時有力である。

仲裁合意の方式

　仲裁合意は口頭でも締結できるのか，それとも書面を要するのかという方式の問題について，仲裁法に準拠法は規定されていないが，仲裁地が日本にある場合には13条2項ないし5項の方式に関する実質規定が適用され，書面が要求される。なお，ファクシミリのほか，電子メールのような内容を記録した電磁的記録も書面による合意とみなされる（仲裁法13条4項）。

仲　裁　適　格

　仲裁は私人による紛争解決手段であるが，法はどの範囲でこのような私人間の紛争解決を容認するかという問題があり，仲裁適格ないし仲裁可能性と呼ばれる。これはとりわけ当事者の自由処分が制限を受ける分野や，裁判所による紛争処理の独占が定められる分野のような，公益性の強い領域に存在する問題であり，国家の一定の法政策を反映する。そのため，国や時代によってその範囲が異なる。

　例えば，米国では仲裁利用を促進する強力な政策が打ち出されて以来，反トラスト法，特許法や証券取引法の分野においても，広く仲裁適格が認められるようになってきた。一方日本では，仲裁法13条1項は原則「当事者が和解をすることができる民事上の紛争（離婚又は離縁の紛争を除く。）」に仲裁適格を認めるとしているが，特許権の有効性，独禁法違反など具体的な問題についてはたして仲裁適格が認められるかについては，なお結論が出ていない。

　仲裁適格の準拠法についても同様で，仲裁合意の準拠法説，当該実体関係の準拠法説，法廷地法説，仲裁地法説ないしこれらのうち複数の法の組合わせによる見解など，学説は混沌とした状況にあるといえるが，当該実体関係の準拠法説が有力である。この見解によ

ると，設例19-3 において特許権の有効性に関する仲裁合意が許容
されるかは，当該特許権の準拠法によることになる（特許権の準拠
法については第**9**章第**2**節**1**を参照）。

第 3 節　仲裁地，仲裁廷と仲裁手続

設例19-4

　X 社は Y 社との建設工事契約から生じた紛争について，仲裁合意
に基づき，仲裁を申し立てた。仲裁人が選任され審理手続に入ったが，
Y 社は仲裁廷に対して，仲裁合意がそもそも成立していないと主張
した。仲裁廷は自身の仲裁権限をいかに判断すればよいのか。

仲裁地とは

　日本商事仲裁協会が推奨する仲裁条項は，次のとおりである。
　　「この契約から又はこの契約に関連して生ずることがある
　　すべての紛争，論争又は意見の相違は，一般社団法人日本
　　商事仲裁協会の商事仲裁規則に従って仲裁により最終的に
　　解決されるものとする。仲裁地は東京（日本）とする。」
　ここでいう「仲裁地」は，物理的な意味よりも，法的な意味が重
要である。例えば，仲裁法28条は，仲裁地は当事者の合意によって
定められ，合意がないときは仲裁廷が決定するとする上，3 項にお
いて仲裁廷は仲裁地以外の場所で評議，陳述聴取などの手続を行う
ことができるとしている。つまり，「仲裁地」は実際の仲裁手続が
行われる地とは必ずしも一致する必要はない。むしろ，仲裁法の適
用範囲を一部の例外を除き仲裁地が日本国内にある場合について限

定する仲裁法3条にみられるように，仲裁地は仲裁を特定の国の仲裁法と結びつける紐帯である。そこで，当事者は仲裁合意において仲裁地を選択することによって，特定の国の仲裁法の適用を受けることを可能にしている。

仲 裁 手 続

　仲裁手続は，当事者が仲裁合意に基づき仲裁を申し立てることによって開始する。仲裁手続が開始すると，仲裁手続の準則によって仲裁人が選任され，仲裁廷が組成される。さらに，仲裁廷は仲裁手続の準則によって審理手続に進み，審理の結果，仲裁判断を言い渡す。日本が仲裁地である場合，これら仲裁手続の準拠法は日本の仲裁法となる（仲裁法3条）。また，細部にわたる具体的仲裁手続の準則について，当事者は合意によって自由に決定することができるが（同26条1項），常設の仲裁機関による仲裁を選択する場合，その仲裁機関の仲裁規則を利用することが多い。

仲裁廷の自己管轄決定権

　仲裁合意の成立と効力が仲裁手続の中で争われる局面（第2節参照）において，仲裁合意がなければ本来存在し得ない仲裁廷が，仲裁合意の成立と効力を判断するのは論理矛盾であるようにも考えられるが，仲裁を促進するため，各国法およびモデル法は一般に，仲裁廷に自己の管轄を決定する権限（Competence-Competence）を与えている（仲裁法23条1項）。したがって，設例19-4 において仲裁廷は仲裁合意が有効に成立しているか，自らに管轄があるかを判断することができる。

　もっとも，仲裁廷が自身の管轄を肯定したとしても，その判断は

最終的なものではない。当事者は一定の場合に，裁判所に対し，仲裁廷が管轄を有するかどうかを判断するよう申立てることができる（同23条5項。ただしこの場合の裁判所の判断は仲裁廷を拘束するものではなく，既判力もないとされる）。さらに，妨訴抗弁の判断，仲裁判断の取消し，仲裁判断の承認執行のそれぞれの局面においても，仲裁合意の効力が裁判所の判断を受けることになる（同14条・44条・45条）。

第4節　仲 裁 判 断

仲裁判断の準拠法

　仲裁法によれば，日本を仲裁地とする仲裁において，仲裁廷は当事者が準拠法として指定した法によって仲裁判断を下すべきである（仲裁法3条・36条1項）。36条1項と2項において，「法」と「国の法令」を使い分けていることから，ここでいう「法」は国家法に限らず，モデル法や，商人法（lex mercatoria，レクス・メルカトリア。第**20**章第**2**節2を参照）などの非国家法も含まれると考えられる（第**6**章第**1**節2コラム6-①と対比）。一方，当事者による準拠法の指定がない場合には，仲裁廷は最密接関係国の国家法（国際私法を除く）を適用しなければならないが（同36条2項），当事者双方による明示の求めがあるときは，1項・2項によらず，衡平と善の基準によって紛争を判断することができる（同条3項）。

仲裁判断の取消し

　仲裁は一審制であり，仲裁判断がいったん言い渡されると，訂正等ごく例外的な場合を除き，内容が変更されることはない。しかし，

仲裁地が日本にある仲裁に限って，仲裁判断に対して唯一の不服申立手段として，当事者は日本の裁判所に仲裁判断の取消しを申し立てることが許される（仲裁法44条）。このような仲裁判断を取り消す権限は，通常仲裁地裁判所の専属管轄に属すると解されている。

　取消事由は，モデル法の規定にほぼ準じており，後述する仲裁法45条の承認拒絶事由とも非常に近い。

第5節　仲裁判断の承認と執行

仲裁法に基づく仲裁判断の承認と執行

　前述のように，仲裁合意は，第三者が下す仲裁判断に従うという合意も含むが，仲裁廷自身に強制力がないため，当事者が自発的に履行しない場合，財産が所在する地の裁判所による仲裁判断の承認と強制執行が必要となる。

　仲裁法45条は，仲裁地が国内か国外かを問わず，同様な仲裁判断の承認拒絶要件を定めている。つまり，基本的に仲裁判断は国内の確定判決と同一の効力を有し，ごく限られた例外的な事由が存在する場合にのみ，仲裁判断の承認を拒絶できる。同条に挙げられる拒絶事由は，モデル法とニューヨーク条約に実質的に同一であり，このように規定することによって，仲裁判断の実効性が最大限尊重されている。これらの承認拒絶事由のうち，①当事者の行為能力の制限による仲裁合意の無効，②仲裁合意の準拠法による仲裁合意の無効，③必要とされる通知の欠缺，④当事者の防御不可能，⑤仲裁合意または仲裁付託範囲外の紛争の判断，⑥仲裁廷の構成または仲裁手続の合意違反または法律違反，⑦仲裁判断の未確定，取消しまた

は効力停止は当事者が証明すべき事由で，⑧仲裁適格の日本法違反，⑨仲裁判断の公序違反は，裁判所が職権で調査すべき事由である。

ニューヨーク条約に基づく外国仲裁判断の承認と執行

　日本はニューヨーク条約の締約国であり，相互主義の留保を宣言したため，同条約上の承認義務を負うのは，ほかの締約国内でなされた仲裁判断に限られる。そこで，ある締約国の仲裁判断が日本で承認を求められた場合，その根拠は仲裁法なのか，それとも条約なのかという問題がある。もっとも，実際仲裁法と条約の承認拒絶事由が実質的に一致する以上，この問題は結論に影響することはなく，論ずる実益は少ない。

┌───┐

コラム19-②

国際商事調停とシンガポール調停条約

　最近では，国際取引紛争の解決手段として国際商事調停が注目を集めている。従来，紛争当事者が調停人による関与の下で和解合意に達しても，その和解合意への執行力の付与は各国の国内法に委ねられ，当事者が任意に履行しない場合には，必ずしも強制執行が保証されないため，調停の利用を阻む足枷になっていた。この問題を解決し，和解合意に国際的な執行力を付与することを目的として，2018年12月に国連総会で「調停による国際的な和解合意に関する国際連合条約」（「シンガポール調停条約」とも呼ばれる）が採択された。同条約によれば，一定の条件を満たした国際的な和解合意は，調停手続が行われた国を問わず，締約国で強制執行が認められる。同条約は，すでに2020年9月12日に発効した（2022年7月20日現在，署名国55，締約国10，日本は未署名）。

└───┘

第3編　国際取引法

　現代社会において日本をはじめ世界の経済は，貿易その他の国際取引によって支えられている。国際企業で働くビジネスマンのみならず，一市民であるわれわれも国際取引について無関心ではいられない。

　国際取引から生じる法的問題を規律する諸法は，国際取引法と総称されるが，国際取引のうちで最も典型的なのは，物品の輸出入を伴う売買取引（貿易）であり，本編では，貿易取引を主たる対象とする。

　以下では，まず，国際取引と法の関わりの全体像について述べた上で（第**20**章），次に，貿易取引の中核である，物品売買の法的規律を考察し（第**21**章），さらに，物品売買に関連する国際的な運送・保険（第**22**章）および支払（第**23**章）について，それぞれその仕組みを含めて法的問題を検討する。

第 *20* 章　国際取引と法

　国際取引とは，国境をこえた物品・資金・技術の移転およびサービス（役務）の提供に関する取引である。異なる国に営業所を有する企業間の物品売買や，ある国から別の国への物品の海上運送などがその例である。国際取引は，法によって規律されることで安全・円滑に進められ，また，法に従って当事者間の紛争も解決される。

　以下では，国際取引と法の関わりの全体像を理解するため，まず，国際取引の特質について検討し（第1節），次に，国際取引の私法的規律を考察する（第2節）。

第 1 節　国際取引の特質

当事者の相互理解の困難性

　国際取引が国内取引と異なる大きな点として，取引の相手方との間で，取引を成り立たせるバックグラウンドが相互に異なることが挙げられる。国際取引では，取引を行う当事者が相互に異民族・異国民であって，一般に当事者間で言語，伝統，価値観，習慣，経済事情などが異なることから，取引内容をめぐる理解の一致が難しい。とくに，各国の国家法が異なることは，取引をめぐって法的紛争が発生した場合の解決がどのようになるかの予測を困難にするため，

当事者は安全・円滑な国際取引の実現に危惧を抱くかもしれない。

当事者の自治的対応および商人法の発達

このようなことから，当事者をはじめ国際ビジネス社会は，法の相違を含めた相互理解の困難から生じる障害を乗りこえ，国際取引を安全・円滑に進めるための工夫や仕組み作りに努力している。

第1に，国際取引契約は，理解の不一致を最小限に抑えられるよう工夫の上起草される。国際取引契約実務では，国家法に頼らない自治的紛争予防の観点から，一般に詳細・大部な契約書が作成されるし，国際的言語で書かれるのが通例である（当事者の一方が日本企業である場合でも，日本語でなく英語が用いられることが圧倒的に多い）。

第2に，国際取引は，国家の枠組みをこえた国際的な民間の機関・団体が作成した統一規則や標準契約書式などを利用して行われることが多い。これらの利用が，広く国際ビジネス社会における商事自治的規範ないし商人法の発達を促している。統一規則や標準契約書式などは，国際契約の私法的規律の側面に関して，国家法よりも重要な役割を果たしているといっても過言ではない。

第3に，民間の国際機関・団体が設置した紛争解決の枠組みなど，国家の裁判所を用いない自治的紛争解決手段も多く活用される（国際商事仲裁について，第*19*章を参照）。

法との関わりの多さ

次に指摘できるのは，国際取引において意識しなければならない法が，国内取引よりも多様であることである。

まず，私法的・民事的規制がある。これは，①法選択規則としての国際私法（とくに契約の準拠法の決定について，第*6*章を参照）であ

り，また②権利・義務を規律する（国際私法によって準拠法として選択される）各国の実体法，③統一私法条約（後述・第**2**節**1**），④民間統一規則や標準契約書式，その他の商人法（後述・第**2**節**2**）などであり，また，手続を支配する⑤国際民事手続法（第**15**章〜第**17**章，第**19**章を参照）である。

　さらに国際取引では，⑥様々な公法的規制が存在する。例えば，絶滅危惧種生物の取引などに関しては条約上の規制があり，また，関税，外国為替，不公正取引禁止などに関しては，自国だけでなく，相手国の公法的規制にも配慮する必要がある。なお，国際取引の公法的規制は，主として国際経済法の研究対象とされている（本書では必要な範囲で言及するにとどめる）。

　以下では，節を改め，国際取引の私法的規制について，統一私法条約や民間統一規則などについて説明した上で，統一私法条約と国際私法の適用関係，および，民間統一規則などと各国実質法との適用関係について述べる（なお，民間統一規則などの準拠法適格性については，第**6**章のコラム 6 -①を参照）。

第**2**節　国際取引の私法的規律

設例20-1

　設例1-2 で，A は，日本において日本と S 国の間の往復航空券を購入し，Y の運航する S 国から日本への復路の航空機に A が搭乗していたとする。このとき，X の損害賠償請求に適用される法はどのようになるか。なお S 国は，1999年の「国際航空運送についてのある規則の統一に関する条約」（モントリオール条約）に加盟していない。

1 統一私法条約

統一私法条約とは

統一私法条約とは，多数の国家が協力して各国の私法を統一した条約であり，その多くは国際取引に関するものである。例えば，日本が加盟する統一私法条約としては，「為替手形及び約束手形に関し統一法を制定する条約」（1930［昭和 5］年）および「小切手に関し統一法を制定する条約」（1931［昭和 6］年）や，「船荷証券に関するある規則の統一のための国際条約」（1924［大正13］年）および **設例20-1** で触れたモントリオール条約などがある。

前二者は，国内取引・国際取引を問わずに法の内容を統一するタイプのものであり，世界法型統一私法または世界統一私法と呼ばれる（日本の手形法および小切手法は，前二者の条約を国内法化したものである）。しかしながら，各国国内の事情から，国内法秩序にまで影響を及ぼして法を統一することには困難が伴い，その成立は簡単ではない。

そこで，国内取引は各国の国内法に委ねたままで，国際取引だけを対象にして法を統一するタイプの統一私法が，近時では比較的多く成功を収めている。これは万民法型統一私法と呼ばれ，後二者の条約はこれに該当する（日本の国際海上物品運送法は，後述するように船荷証券統一条約やその後の改正議定書を国内法化したものである。なお日本において，モントリオール条約については国内法化の措置がとられず，条約本来の効力による規律が意図されている）。

統一私法条約と国際私法との適用関係

各国の私法が統一されれば法の抵触がなくなり，理論的には国際

私法は不要になる。しかし，統一私法条約の存在する分野は限られており，また，世界のすべての国が条約に加盟しているわけでもない。さらに，加盟国の間においても条約の解釈に違いが出ることもある。したがって，国際私法による国際的私法生活関係の規律は依然として必要であり，国際私法と統一私法条約は併存しているのが現状である。

では，事件を解決するにあたって，国際私法と統一私法条約のいずれが先に適用されるだろうか。例えば 設例20-1 において，日本の裁判所は，国際私法によって指定された国が日本またはモントリオール条約のほかの加盟国である場合に，準拠法として同条約を適用することになるか。それとも，法廷地国である日本が加盟する同条約の適用範囲に入る事件ならば，同条約を直接に適用してよいか（同条約1条2項により，出発地および到達地が日本＝締約国であり，かつ，予定寄航地がほかの国＝S国である往復運送なので，S国が非締約国であっても，設例20-1 は同条約の適用範囲に入る）。この点，統一私法条約の解釈が各国で異なるという現実を重視し，法の抵触がある以上はまず国際私法によって準拠法を決めるべきであるという見解がある。しかし他方で，統一私法条約が自己の直接適用を定めている場合はもちろんのこと，そのような規定がない場合であっても，その制定経緯や趣旨・目的からこの問題を判断すべきであるとの見解も有力に主張されている。

設例20-1 で問題となるモントリオール条約に関しては，運送人の免責条項を無効とする26条や，事前の準拠法選択合意を排除する49条などから，国際私法を排除して直接適用されるものと一般に解されている（国際物品売買契約に関する国際連合条約［CISG］や船荷証券統一条約［国際海上物品運送法］に関する議論については，それぞれ第

*21*章第 **2** 節 **2** と第 *22* 章第 **1** 節 **1** を参照）。

2 民間統一規則，標準契約書式，その他の商人法

民間統一規則とは

　民間統一規則とは，国際商業会議所（ICC: International Chamber of Commerce）などの国際的な民間機関が作成した，国際取引に関する統一規則である。例えば，「インコタームズ」（第*21*章第 **3** 節を参照）や「商業荷為替信用状に関する統一規則および慣例」（第*23*章第 **2** 節 **2** を参照）などである。民間統一規則は，国家が定めた法ではないので，当事者がこれらを契約において援用する旨を明らかにして初めて契約の中に取り込まれ，契約と同一の法的効力を有することになる。

標準契約書式とは

　標準契約書式とは，特定の業界団体が，個々の契約のベースとなる，標準的な契約条項を定めた書式である。例えば，穀物飼料貿易協会の「GAFTA 標準契約書式」や，ロンドン保険業者協会の「協会貨物約款」などである。標準契約書式も法でなく，当事者が必要事項を書き込んでそれを使用することで，契約としての法的効力を有することになる。

商人法とは

　このほか，国際取引において商人間で慣習として定着しているルールがある。このような商慣習については，各国の法もその効力を肯定し（例えば，日本の商法 1 条 2 項），法的な拘束力が認められる場合が多い。また，契約に関する「法の一般原則」を，政府間組織で

ある私法統一国際協会（UNIDROIT：ユニドロワ）が明文化した「ユ
ニドロワ国際商事契約原則」もある。これは，国家法でも条約でも
ないが，国家法や私法統一条約のモデルとなったり，それらの解釈
に影響を与えたりする重要な存在である。契約でこれが援用される
こともある。

　民間統一規則なども含めて，これらは商人の自治的法規範である
ことから，商人法（lex mercatoria：レクス・メルカトリア）とも呼ば
れる。商人法は，国際商事仲裁においても，国家法以外の法準則と
して紛争解決の基準であると認識されている（第*19*章第**4**節を参照）。

民間統一規則などの商人法と各国実質法との適用関係

　日本の国際私法においては，民間統一規則などの商人法は準拠法
適格性を有しないと解されている（**コラム6-①「非国家法の準拠法適
格性」**を参照）。したがって，これらの商人法は，国際私法によって
選択されて準拠法となる各国の実質法が，通常，契約自由の原則の
下，当事者によるこれらの援用とその契約への組込みを認めている
ことに基づいて適用される。そのため，準拠実質法中の強行法規に
反する場合には，たとえ援用されていても商人法は適用を排除され
る（ただし，商人法が強行法規に反する事案は，きわめて少ないであろう）。

表20-A　国際取引にみられる契約類型

契約類型	概　　　要
売買契約	売主が物品を引き渡し，買主が代金を支払う取引契約。その多くが物品の輸出入を伴う契約となる。
販売店契約（代理店契約）	メーカー・商社等が，外国マーケット内の商人と，製品の継続的取扱いについて契約するもの。代理権の付与を伴って製品販売の仲介・取次ぎ・代理を内容とし手数料をその対価とする契約（狭義の代理店契約）もあるが，多くのケースは販売店が自己の勘定で製品を買い入れ，在庫として保有し，マーケット内で売りさばくという内容の契約である。ブランド確立のための宣伝，顧客ニーズを反映した製品開発，アフター・サービスなどについてメーカーと販売店の間の協力が取り決められることも多い。契約終了時の問題として，解約から，弱者である自国の販売店を保護する公法的規制（代理店保護法）をもつ国も多いので，契約検討時および解約時に注意が必要である。
秘密保持契約（守秘契約）	開示した秘密情報の秘密性を守るということを約する契約である。様々な商談に先立ち結ばれるので締結頻度が高い。
ライセンス（使用許諾）契約	特許権・商標権・著作権・ノウハウなどの知的財産権について，その権利者（ライセンサー）が権利使用を望む者（ライセンシー）にライセンス（使用許諾）を与えるという契約。
共同開発契約	当事者が役割を分担して新しい技術・製品を開発することを約する契約。契約には，開発目的，開発義務の分担，ステップ（マイル・ストーン）と期限，費用負担，成果物（主に知的財産権）の帰属などが規定される。
生産委託契約	委託当事者が自身にとって必要な製品・部品の生産を受託当事者に委託し，受託当事者が委託当事者の指図の下に製品・部品を生産するという契約。
合弁契約	複数の当事者が共同事業を行う場合に，特に共同出資して合弁会社等を設立する場合に，結ばれる契約。当事者相互間の権利義務や関係，設立される事業体の性格や運営方法・組織形態が合意される。現地の会社法規制や投資規制の影響を受ける。
企業買収（営業譲渡）契約	国際的な企業買収（M&A）において，買主が，買収対象会社の資産や事業の全部または一部を購入する契約。
企業買収（株式譲渡）契約	国際的な企業買収（M&A）において，買収対象会社の株式を売却・購入する契約。
海上運送契約	船会社（運送人）が海上における船舶による物品の運送を荷主に対し引き受ける契約。
賃貸借契約	土地・建物の不動産や，例えば，生産設備である金型・機械類等の動産を対象とする使用収益について，賃借人が賃貸人に対価を支払う契約。
LOI（Letter of Intent）	契約締結の意図を有する当事者間の予備的な了解を文書にしたものである。通常は法的拘束力の無いものと位置づけられるが，書面に示された当事者の意思を斟酌して契約であると認められる場合もある。MOU（Memorandum of Understanding）とも呼称される。

第*21*章　国際物品売買

　国際取引のうち最も典型的なのは，国際物品売買である。本章では，まず，国際物品売買とこれに伴って必要となる国際取引について簡単に説明する（第**1**節）。次に国際物品売買契約に関する世界的標準ルールともいうべき「国際物品売買契約に関する国際連合条約（CISG）」を取り上げ，その内容を概観する（第**2**節）。その後，国際物品売買契約で頻繁に使用される貿易条件を定める統一規則であるインコタームズにつき解説する（第**3**節）。

第**1**節　国際物品売買と関連する国際取引

国際物品売買と貿易取引

　国際物品売買は，国内取引の場合と異なり，物品の輸出入を通常伴い，貿易取引として一般に理解されている。貿易取引では，①輸出者（売主）と輸入者（買主）との間で締結された売買契約が中心になる。この売買契約に関連して，②物品の運送のための運送契約，③運送中の事故に備えた保険契約，および，④代金支払のための銀行取引契約が必要となる。これら契約関係がワンセットとなって連動し，国際物品売買取引における物品の引渡しと代金の支払が実現される。

国 際 運 送

　国際物品売買では一般に，目的物が売主の国から買主の国に輸出されるため，物品の運送が必要になる。運送は運送人との間で国際運送契約を締結して行われるが，運送契約を売主と買主のいずれが締結するかは，国際物品売買契約において売主と買主との間で取り決められるべき事項である。国際運送については，**第22章第1節**を参照。

国 際 保 険

　国際物品売買に伴って必要となる国際運送は，国内の物品売買取引に見られる運送と比べて一般に長距離・長期間にわたるものであり，運送中の事故によって売買の目的物が滅失・毀損するというリスクが大きい。このため国際物品売買では，国際貨物保険がかけられる。その付保は，保険会社との間で国際貨物保険契約を締結して行われるが，保険契約を売主と買主のいずれが締結するかも，国際物品売買契約において売主と買主との間で取り決められるべき事項である。国際保険については，**第22章第2節**を参照。

国 際 支 払

　国際物品売買契約における物品の代金支払については，売主と買主との間で国境を越えた送金が一般に必要になる。この国際支払のためには，銀行を通した各種の送金取引が通常利用されるが，代金支払にどのような方法を用いるかも，国際物品売買契約において売主と買主との間で取り決めるべき事項である。国際支払については，**第23章**を参照。

設例21-1

2018年末，米国 NY 州に本店のある大規模小売業者 X 社（NY 州法人）は，本店購買本部の判断で，京都市に本社兼工場を有するメーカー Y 社（日本法人）から，X 社の商標を付した液晶テレビ10,000台を160万 US ドルで購入することにした。商品は，5回の注文に分けて2,000台ごとに，神戸港で X 社の手配した船に積み込まれることになっている。この取引契約書には準拠法条項として，「本契約は日本法によって支配され解釈されるものとする（This Agreement shall be governed by and construed in accordance with the laws of Japan.）」という規定だけが含まれている。X 社は，Y 社から引き渡された商品の検査についてどのような義務を負うか。

---

1 国際ビジネスにおける CISG

統一私法条約としての CISG の採択と日本の加入

「国際物品売買契約に関する国際連合条約（United Nations Convention on Contracts for the International Sale of Goods）」（「CISG」または「ウィーン売買条約」とも呼ばれる）は，国際物品売買契約に適用される実体法を統一し，国際社会に共通の私法を提供しようとする多国間条約である。公法的規制のための条約ではなく，民間の事業者にとって国際物品売買に適用可能なルールを条約の形のままで提示する万民法型統一私法（第**20**章第**2**節を参照）であり，締約国に条約内容を国内法としてあらためて立法するよう義務づけていないのが特徴である。

CISG は，国際連合国際商取引法委員会（UNCITRAL：アンシトラル）により1980年に採択され，1988年に発効した。日本も2008年 7 月に加入したため（平成20年条約 8 号），CISG は2009年 8 月 1 日からわが国についても発効している。CISG の締約国数は増加を続けており，2022年 6 月末現在で95ヵ国である（未発効を含む）。米国，カナダ，メキシコ，ブラジル，中国，韓国，シンガポール，オーストラリア，ドイツ・フランス等の西ヨーロッパ諸国（英国を除く）など，日本の主要貿易相手国は締約国である。

2 CISG の適用範囲

CISG の適用条件：物品売買契約の国際性および CISG との関連性

CISG が適用されるのは，①国際物品売買契約であり，かつ，②当該契約が CISG と一定の関連性を有する場合だけである。

第 1 に，CISG は国際物品売買契約だけを対象とする。CISG 上の「国際」契約とされるためには，当事者の営業所が異なる国に所在していることを要する（CISG 1 条 1 項柱書）。当事者が複数の営業所を有する場合には，契約・履行と密接な関係を有する営業所が基準となる（同10条）。当事者の営業所が異なる国に所在するという事実が契約締結時に明らかでなかった場合には，国際契約とはされず，条約は適用されない（同 1 条 2 項）。当事者の国籍（法人の設立地）や商人であるかどうかは問題とされない（同条 3 項）。

第 2 に，国際物品売買契約であっても，CISG と一定の関連性がないものには CISG の適用がない。この関連性として，CISG は，①当事者双方の営業所所在地国がいずれも締約国であるか（同条 1 項(a)），または，②国際私法の準則によれば締約国の法が当該契約の準拠法とされること（同項(b)）を要求する。日本が法廷地となる

場合，例えば，日本企業と（締約国である）米国の企業との間の売買契約は，①の条件をみたしているため CISG が適用される。日本企業と（非締約国である）英国の企業との間の売買契約は，①の条件をみたさないが，もしも契約中で準拠法を日本法とする旨の条項を定めている場合（通則法 7 条により日本法が準拠法とされる）や，そのような条項がなくとも日本企業が売主である場合（通則法 8 条 2 項により特徴的給付を行う売主の常居所地である日本法が最密接関係地法＝準拠法と推定される）には，②の条件をみたしているとしておそらく CISG が適用されることになるだろう。

CISG の不適用：除外される物品売買契約および事項

CISG は，消費者売買，競り売買，または強制執行その他の法令に基づく売買には適用されない（CISG 2 条(a)〜(c)）。これらは，各国で特殊な扱いがなされており法の統一になじまない売買類型だからである。また，特殊な扱いを要する物品についても同様であり，有価証券，商業証券や通貨の売買，船や航空機の売買，または電気の売買には適用されない（同条(d)〜(f)）。

製造物供給契約であれば，一方当事者が他方の指示に応じて物品の製造を請け負う契約やプラント輸出契約（例：発電所等を組み立て設置する契約）についても，CISG が適用される（同 3 条 1 項本文）。しかし，注文主が実質的に材料を供給する（加工労務の提供にすぎない）場合や役務提供（例えば，プラントの運営・保守等）が主たる義務である契約（＝売買でなく役務提供契約）の場合は適用されない（同条 1 項ただし書および 2 項）。

CISG の規律対象は，売買契約の成立と当事者（売主と買主）間の権利義務の問題だけであり，契約の有効性の問題や売買契約が物の

所有権に与える効果の問題はCISGの規律対象外である（同4条）。人身損害に関する売主の責任（＝生産物責任）の問題も規律対象外である（同5条）。CISGの規律対象外の問題については，国際私法によって指定される準拠法が規律する。

当事者によるCISGの適用排除（opting out：オプトアウト）

　CISGは原則として任意規定であり，当事者はCISG全部の適用を排除することも，CISGの一部の規定だけを排除することも可能である（CISG6条）。当事者がCISGの全部または一部の適用を排除した場合，CISGが適用されない部分については，国際私法が指定する準拠法によって規律される。

CISG適用に関する具体例の検討

　設例21-1は，米国NY州所在のX社本店と日本所在のY社本社・工場の間の問題であり，両国ともCISG締約国であるからCISGの適用条件をみたす（CISG1条1項(a)）。また，企業間の家電製品の取引であって適用除外とされる物品や契約類型でもない。X社の商標を付けることから製造委託契約であるとも解釈できるが，それでもCISGの適用対象である（同3条1項）。さらに，契約書中に締約国である日本の法（特に国内実質法＝民商法等に限定する意思は示されていない）を準拠法と指定する条項があることから，CISGの適用を排除する当事者の意思は存在しないと解される（なお，非締約国法を準拠法と指定すると，黙示の排除と解される可能性が高い）。したがって，当事者間の特段の合意等がない限り，CISG38条を適用して，検査義務の問題が判断されることになる。

3 CISG の解釈・補充

解釈の際の考慮事項と一般原則の探究

　CISG の解釈に際しては，条約の国際性，適用の統一性および国際取引における信義遵守促進の必要性を考慮することが求められる（CISG 7 条 1 項）。したがって，日本の裁判所は，CISG の解釈に関する他の締約国の判例や仲裁判断なども考慮する必要がある。なお，信義遵守の考慮はあくまで個々の規定の解釈段階で作用するのみであり，日本の信義則（民法 1 条 2 項）のような一般条項としての法創造機能は有しない。

　条約の射程内の問題でありながらも条約が明示していない事項については，まず，条約の基礎をなす一般原則を探し求め，それがないときは国際私法が指定する準拠法に従って結論を出すことになる（CISG 7 条 2 項）。

　例えば，CISG は電子メールが「書面」であるとは明示していないが（同 13 条），締約国は，電子メールが「書面」に該当するかに関し自国法に照らして解釈するのではなく，条約の趣旨を踏まえ，世界に目を向けて国際取引の一般原則に沿うように解釈しなければならない。

コラム21-①

CLOUT や CISG-AC という工夫

　CISG のような統一私法は，それに習熟した弁護士や研究者の増加など各締約国のインフラが拡充し，その理解が進むことで，真の統一私法となり得る。そのためには，世界各地で判例・仲裁例が集積し，それらが公開され，解釈の統一に向けた調査・研究が容易になる必要がある。その 1 つの方法として UNCITRAL が CLOUT と呼ばれる判例紹介を

そのウェブサイトにおいて行っている（https://uncitral.un.org/en/case_
law）。また，米国 NY 州のペース大学ロー・スクールなどがデータベー
スを公開している（http://iicl.law.pace.edu/cisg/cisg）。また，CISG の解
釈を国際的に統一する枠組みの 1 つとして，“CISG-AC（CISG Advisory
Council）”という私的な協議組織がある。CISG-AC は，CISG に精通し
た学識者で構成され，国際的に統一された解釈を促進するため，解釈に
関する意見を公表している。2022年 6 月末現在，第21号までの意見があ
り，CISG-AC のウェブサイトで確認できる（https://www.cisgac.com/
opinions/）。例えば，CISG-AC は電子メールのような電子的通信が「書
面」に含まれると意見表明し（意見第 1 号），CISG の解釈統一に一役買
っている。

当事者の行為の解釈，当事者間の慣行・業界慣習

　契約当事者の一方の言葉や行為の意味を解釈するにあたっては，
関連状況をすべて考慮しながら（CISG 8 条 3 項），まず相手方がその
意図を知っている（または知らないはずがない）場合は，その酌まれ
るべき当事者間の意図を基準に解釈し（同条 1 項），そういう場合で
なければ，同種の合理的な者が同様の状況下で働かせる理解を基準
とする（同条 2 項）。

　当事者は当事者間の慣行に拘束される（同 9 条 1 項）。また，当事
者が合意によって排除しない限り，関係する特定分野で広く知られ
遵守されている国際取引慣習にも拘束される（同条 2 項）。慣行・慣
習の拘束性を認めるという点は日本法と矛盾するものではない（民
法92条および商法 1 条 2 項と比較）。

4 売買契約の成立

契約の成立要件と方式の自由

　CISG においても，日本法と同様に，申込みと承諾の合致によって契約が成立する（CISG23条）。方式についても，書面性を要求せず，口頭で足りる（同11条。なお，合意による変更・終了に関する例外につき同29条2項）。

契約の申込み

　申込みとされるためには，①特定の者に対するもので，②確定的な内容であり，③承諾があれば拘束されるという意思が示されていることを要する。不特定多数の者に対する申入れは，原則として「申込みの誘引」であって「申込み」ではない。物品，数量および価格（またはその決定方法）を示していれば，確定的である（CISG14条）。

　申込みは，相手方に到達した時にその効力を生ずる（同15条：到達主義）。申込みは，到達前であれば取りやめが可能であるし，相手方への到達後であっても原則として撤回可能である。しかし，一定の承諾期間が設定されるなど撤回不能であることが示されている場合や，相手方が合理的に撤回不能と信じて行動した場合には撤回不能とされる（同16条）。申込みは，相手方からの拒絶通知が申込者に到達した時点で失効する（同17条）。

申込みに対する承諾

　申込みに対する同意（承諾）は，言葉でなく同意を示す行為でもよい（履行着手を承諾とすることにつき CISG18条3項）。しかし，相手

方への諾否通知義務（商法509条）をCISGは課しておらず，相手方の沈黙・不作為はそれ自体では承諾とはならない（CISG18条1項後段）。承諾は，申込者が定めた期間内（期間の定めがない場合は合理的期間内）であって，それが申込者に到達した時にその効力を生じ（同条2項：到達主義），その結果，契約が成立する（同23条）。ただし，遅延した承諾であっても，例外的に効力が認められることがある（同21条）。

申込みに変更を加えた場合

　申込みに変更を加えた承諾は拒絶であるとともに反対申込みとされる（CISG19条1項）。ただし，その変更が「実質的変更」でない場合は，申込者がすぐに異議を唱えないのであれば，拒絶・反対申込みではなく承諾とされ，契約内容は当該変更を加えたものとなる（同条2項：ラストショット・ルール）。申込みと承諾はピタリと一致しないといけないという考え（ミラーイメージ・ルール）に従って軽微な変更を形式的に重大視するのは，現実的ではないという実務への配慮がなされている。とくに，代金，支払，品質，数量，引渡しの場所と時期，当事者の責任限度，紛争解決に関する条件の追加・変更は，「実質的変更」とされる（同条3項）。例えば，NY州裁判所での裁判による紛争解決を規定する合意管轄条項が申込みに含まれる場合，これを，ICCにおける国際商事仲裁による紛争解決を規定する仲裁条項に差し替える提案を加えた上で他の条件に同意したとしても，有効な承諾とはならない。

5　売主の義務

売主の義務：物品の引渡し

　売主の義務は，物品の引渡し，物品関係書類の交付および物品所有権の移転である（CISG30条）。

　特定の場所で物品を引き渡すことが契約上取り決められていないのであれば（第**3**節で説明するインコタームズ2020のFOB，CFRやCIFの援用がある場合は，特定の場所として「本船上」が指定されていることになる），次の順序で引渡地が決まる。①運送を伴う場合は，最初の運送人に引き渡された地，①の場合でなく，②当事者が物品の特定の存在（生産）場所を知るときは，その場所，①にも②にも該当しない場合は，③契約締結時の売主の営業所で物品が買主の処分に委ねられる地である（CISG31条）。日本法が，特定物の引渡しは物の存在場所で，その他の債務の履行は債権者の営業所で（持参債務）

行うと規定するのと異なる（商法516条，民法484条）。CISG は，イン
コタームズ同様，運送ということを強く意識している。この点は，
物品を運送人に交付した際の発送通知義務（CISG32条１項）や運送
契約締結義務（同条２項）にも表れている。

　売主は，①契約所定の期日，②期間が定められている場合は期間
内のいずれかの時，③期日・期間の定めがない場合は合理的期間内，
のいずれかの時期に物品を引き渡さなければならない（同33条）。ま
た，売主は契約に応じて，物品に関する書類（船荷証券，送り状等）
を交付する義務を負う（同34条）。

物品の適合性（瑕疵担保責任との対比）

　売主は，（数量，品質，種類および収納・包装方法の面で）契約に適合
した物品を引き渡さなければならない（CISG35条１項）。CISG は，
契約に適合した物品の条件を列挙する。すなわち，①通常の使用目
的に適すること，②売主に知られた特定目的に適すること，③売
主が示した見本と同品質であること，④通常の方法で収納・包装さ
れていることである（同条２項，買主が悪意の場合の免責につき３項）。
これらは米国の統一商事法典（UCC）第２編の定める明示・黙示の
保証と類似し（UCC2-313条，314条および315条），英米法の概念を組
み入れたものである。この適合性の考えは改正民法にも採り入れら
れている（民法562条以下）。これまでの日本法ならば売買の目的物
に隠れた瑕疵があれば，物品引渡義務の履行とは別に，売主に担保
責任が発生し，契約解除や損害賠償請求が可能であるとされていた
ところ（改正前民法570条），CISG 下では，契約に適合した物品を引
き渡す義務に由来する契約違反であるとして処理される。なお，
「第三者の権利又は請求の対象となっている」物品の引渡しについ

ては別に，民法561条と類似の規定がある（CISG41条）。

適合性の判断の基準時点は危険の移転時である。なお，不適合が危険の移転前に存在し，移転後明らかになった場合も売主は有責である（同36条1項）。さらに移転後に生じた不適合であっても売主の義務違反によって生じたものについて売主は有責である（同条2項）。

引渡期日前に引渡しがあった場合，売主は，買主に不合理な不便・費用を生じさせない限り，不適合を修補できる（同37条）。

買主による目的物の検査と通知

買主はできる限り短い期間のうちに検査をしなければならない（CISG38条1項）。 設例21-1 のように物品の運送を伴う場合は，その目的地到着後まで検査を延ばせる（同条2項および3項。なお商法526条1項「受領したときは，遅滞なく」と対比）。

買主は不適合を発見した時から合理的期間内に，売主に不適合の性質を通知しなければ請求権を失うし，物品引渡しから2年以内（契約上，保証の特約がある場合を除く）に不適合の通知を与えない場合も請求権を失う（CISG39条。なお，売主悪意の場合につき40条，41条・42条にいう第三者の権利に関連して43条，買主に対する例外的救済につき44条）。これは，日本商法よりも買主に柔軟ではあるが（商法526条2項と対比），かなり厳しい制限である。

第三者の知的財産権

売主は第三者の知的財産権の対象となっていない物品を引き渡さなければならない。なお，これについては，売主の負担も考慮し，契約締結時に売主が当該知的財産権のことを知らないはずがなかったことを前提とするとともに，対象範囲を物品が転売・使用される

国（予備的に買主営業所所在国）の知的財産権に限定し，また，買主
が悪意である場合や買主の指示に従ったことを理由とする売主の免
責を認めている（CISG42条）。

売主による契約違反

売主が契約または CISG に基づく義務を履行しない場合，売主の
契約違反となる。CISG は，日本民法の債務不履行（民法415条1項）
とは異なり，帰責事由を問わない（無過失責任主義）。単に売主が義
務を「履行しない」ことをもってその責任を問う（CISG45条）。ま
た，原始的不能も契約無効ととらえられるのではなく，義務の不履
行による契約違反として扱われる。

ただし，不可抗力事由（自己の支配を超え，回避不能な障害）による
免責は認められる（同79条1項）。なおこの不可抗力事由による免責
は適時の通知を要求し，免責の効果は損害賠償請求に限られる（同
条4項・5項）。

また，相手方の不履行が，自己の作為・不作為によって生じた場
合は，その限度において不履行を問えないとされる（同80条）。

買主に認められる救済

売主が契約に違反した場合に買主に認められる救済は，損害賠償
請求権（CISG45条1項(b)），履行請求権（同46条），代金減額請求権
（同50条）および契約解除権（同49条）である。損害賠償請求権は他
の救済と並行して行使できる（同45条2項）。

まず買主は売主に履行請求ができる（同46条1項）。物品の不適合
に対しては，請求が適時になされるという前提で，修補による追完
を請求できるし（同条3項），不適合が重大な契約違反である場合に

限って「代替品の引渡し」を請求できる（同条 2 項）。売主は，契約
解除に該当する場合でなければ，引渡し後も，不合理な遅滞がなく
買主に不便・不安を生じさせないことを条件に，自己の費用で，自
己の契約不履行を追完する権利を有する（同48条 1 項）。売主が買主
に，履行の受入れの諾否を知らせるよう要求し，それに買主が応じ
なければ，要求中に示した期間内に履行することができる（同条 2
項）。一方，買主は売主の義務履行のために付加期間を定めること
ができ，その期間中はどのような救済も求めることができない（同
47条）。なお，国内法上，類似の売買契約に関して現実の履行を命
ずる裁判をしない国（英米法諸国など）の裁判所は，履行を命ずる裁
判をする義務を負わない（同28条）。

　物品が不適合なまま引き渡された場合，買主は，引渡し時の価額
に応じて代金を減額できる。ただし，追完があった場合や買主が売
主の追完を拒絶した場合は減額できない（同50条）。

　売主が所定の期日前に物品を引き渡す場合や所定の数量を超過し
て引き渡す場合，買主は，受領することも拒絶することもできる
（同52条）。

買主による解除権の行使

　買主は，①売主の不履行が重大な契約違反（fundamental breach）
となる場合か，または②売主が付加期間内に物品を引き渡さない場
合もしくは不引渡しを表明した場合に，契約解除をすることができ
る。ただし，所定の時期から合理的期間内に意思表示をしないと権
利を失う（CISG49条）。また，解除が効力を有するためには，売主
に対する通知が必要である（同26条）。

　契約の一部の不履行については，完全な引渡しが行われないこと

が重大な契約違反となる場合に限って，全体を解除することができる（同51条2項）。

解除の効果

契約解除によって，まず，損害賠償義務を別にして，当事者は契約上の義務を免じられる（CISG81条1項前段）。ただし，紛争解決条項その他性質上事後的な働きをする条項の効力は認められる（同項後段）。

解除の効果のもう1点は原状回復である。引き渡された物品や物品から得た利益について売主は買主に対して返還請求が可能であり（同条2項および84条2項），買主が受け取った時と実質的に同じ状態で物品を返還することができないなら，解除権および代替品の引渡請求権を失う（同82条1項，例外につき2項）。双方が返還義務を負うときは，同時に返還されなければならない（同81条2項後段）。

6　買主の義務

買主の義務：代金の支払と引渡しの受領

買主の義務は，代金の支払および物品の引渡しの受領である（CISG53条）。

第1に，代金支払に関して，買主は支払のために必要な措置をとらなければならない（同54条）。代金が定まっていない場合（CISGは代金が未定の契約でも有効であると仮定している），その確定にあたっては，関係分野の同状況下の同種物品についての契約時の相場が黙示的に適用される（同55条）。代金が重量に基づくときは正味重量による（同56条）。

第2に，引渡しの受領に関して，買主は引渡しを受けるために必

要な措置をとらねばならず，物品を受領しなければならない（同60条）。

支払の場所と時期

当事者間に特に取決めがなければ，支払の場所は，①売主の営業所，または②（物品・書類の交付と代金支払が引換えの場合）物品・書類の交付場所である（CISG57条1項）。また，期日が特定されていなければ，支払の時期は物品（または物品の処分を支配する書類）を買主の処分に委ねたときである（同58条1項前段）。売主は，支払を物品・書類の交付の条件とすることで，その同時履行を求めることができる（同項後段および「運送を伴う場合」につき2項）。しかし，買主は検査の機会を得るまでは代金支払義務を負わない（同条3項）。買主は催告がなくとも期日に代金を支払わねばならない（同59条）。

買主の契約違反と売主に認められる救済

買主が契約またはCISGに基づく義務を履行しない場合，契約違反となる。売主の責任と同様，帰責事由は不要である（無過失責任主義）。

買主が契約に違反した場合，売主に認められる救済は，損害賠償請求権（CISG61条1項(b)），履行請求権（同62条）と契約解除権（同64条）である。損害賠償請求権は他の救済と並行して行使できる（同61条2項）。売主は買主に履行請求ができる（同62条）。売主は買主の義務履行のために付加期間を定めることができ，その期間中はどのような救済も求めることができない（同63条）。

なお，特別に買主が物品の仕様を指定する義務を負う場合において，その指定がないときの措置についての規定がある（同65条）。こ

の場合は，買主の責任を問うというのではなくて，むしろ売主主導で取引が前へと進められることになっている。

売主による解除権の行使

　売主は，①買主の不履行が重大な契約違反となる場合か，②買主が付加期間内に代金支払義務もしくは物品受領義務を怠る場合または買主が当該義務の不履行を表明した場合に，契約解除できる。ただし，買主が代金を支払った場合，所定の時期に意思表示をしないと権利を失う（CISG64条）。なお，買主に対する解除の通知が必要である（同26条）。

　解除した場合，当事者双方は契約上の義務を免じられ，かつ，原状回復義務を負う。支払われた金銭について買主は売主に対して返還請求が可能であり（同81条2項），売主が代金返還義務を負う場合，支払われた日から計算した代金の利息も支払わねばならない（同84条1項）。

7　危険の移転，その他売主・買主の義務に共通する事項

危険の移転

　CISGでは，これまでの日本法（改正前民法534条）と異なり，物品が最初の運送人に引き渡された時に，原則として危険が買主に移転する（CISG67条1項1文。なお改正後の民法567条でも目的物引渡しをもって危険の移転とする旨規定されている）。ただし，場所の指定がある場合は，その場所で引き渡された時が危険の移転時期になる（CISG67条1項2文）。物品の処分を支配する書類を保持すること（これは所有権の移転にかかわる）と，危険の移転とは必ずしも一致していない（同項3文）。以上にかかわらず，物品が契約上の物品とし

て明確に特定されるまで，危険は買主に移転しない（同条2項）。

　運送中に売却された物品については，原則として，契約締結時点から，危険が買主に移転する（同68条1項本文）。また，運送を伴わない場合については，原則として，買主が物品を受け取った（物品が買主の処分に委ねられた）時点から，危険が買主に移転する（同69条）。

　なお，危険の移転については，後述のインコタームズにも規定があるので，実務上，FOB や CIF などの援用がある場合（第**3**節参照），通常はそれに支配されている。

履行の停止と履行期前の契約解除

　契約当事者は，相手方の①能力・信用力不足，または②履行準備もしくは履行の際の行動を理由として，相手方が義務を履行しないという事情が判明した場合，自己の義務履行を停止できる（CISG71条1項）。物品がすでに発送されている場合には，物品取得のための書類を買主が有していても，物品交付を妨げることができる（同条2項）。履行を停止する場合即時の通知が必要であり，相手方から保証が提供されれば履行を再開しなければならない（同3項）。

　さらに，契約当事者は，相手方の重大な契約違反が，履行期前に明白である場合，契約の解除ができるが（同72条1項），そのためには，（時間が許す場合）相手方に適切な保証を提供する機会を与えなければならず，そのために相手方に合理的な通知を与える義務がある（同条2項および3項）。

分割履行契約の解除

　設例21-1 において，2回目の引渡しの2,000台に高率で補修不

能な不良品が発見された場合を想定しよう。この場合，残り6,000台の商品の品質に不安が生じるし，また，場合によっては，キャンペーン用品であるといった事情のため10,000台が揃わないとなると全体として無意味であるという事態も想定される。物品を複数回に分けて引き渡す場合，いずれかの引渡部分について不履行があり，重大な契約違反を構成するなら，不履行当事者の相手方は当該引渡部分について解除の意思表示ができる（CISG73条1項）。また当該部分のみならず，それが，将来の引渡部分についても重大な契約違反が生じるという判断の十分な根拠となるなら，（合理的期間内であることが条件だが）将来の引渡部分についても解除の意思表示ができる（同条2項）。さらに，いずれかの引渡部分について契約解除をする場合，当該部分が引渡済みまたは将来の引渡部分と相互依存関係にあるために，契約締結時に想定された目的のために引渡済みまたは将来の引渡部分が使用できなくなる場合は，同時に契約解除が可能である（同条3項）。

損害賠償の基準

損害賠償額は，当該契約違反により被害当事者が被った損失額に相当し，逸失利益を含むが，不履行当事者が契約当時に知っていた（知るべきであった）事情に照らして予見可能な範囲を超えない（CISG74条）。

契約解除後の損害賠償については，合理的な方法で，合理的な期間内に，代替取引（買主による代替品購入または売主による再売却）がなされた場合はその差額が基準となる（同75条）。代替取引が行われなかった場合で，対象物品に時価がある場合は，解除時における時価との差額が基準となる（同76条1項本文。時価の定義につき2項）。

物品受領後に契約を解除した場合は，解除時の時価ではなく，物品受領時の時価が基準となる（同条 1 項ただし書）。

CISG の特徴の 1 つとして，債権者による損失軽減義務（同77条前段）が規定されていることが挙げられる。契約違反の被害を受けた当事者も，損失軽減のために合理的措置をとらねばならず，不履行当事者との協力関係が求められる。損失軽減措置をとらないと，被害当事者は損害賠償額の減額を請求されることとなる（同条後段）。契約違反が発生しても，被害の拡大と当事者間の関係の悪化を防ぐべく，CISG は，配慮をしているわけである。

代金等金銭の支払遅延については損害賠償請求とは別に利息の請求が可能である（同78条）。

物品の保存

買主の債務不履行時など，売主が物品を占有しているときは，売主は当該物品の保存のために，合理的な措置をとらねばならず，そのために支出した合理的費用の償還があるまで当該物品を保持できる（CISG85条）。

買主も同様に，物品受領後，物品を拒絶する意図を有する場合，買主は当該物品の保存のために，合理的な措置をとらねばならない（同86条 1 項）。買主に対して送付された物品が仕向地で買主の処分に委ねられた場合で，買主が拒絶する権利を行使するときも，買主は売主のために物品の占有を取得しなければならない（同条 2 項本文）。

物品を保存するための措置をとる義務を負う当事者は，合理的費用の範囲で，物品を第三者の倉庫に寄託できる（同87条）。

物品を保存する義務を負う当事者は，合理的な通知の後，適切な

方法で物品を売却することができる（同88条1項）。また，物品が急速に劣化しやすい場合や保存に不合理な費用がかかる場合は，物品売却のための合理的措置をとらねばならない（同条2項。なお，売却費用の清算につき3項）。

第3節　インコタームズ

> **設例21-2**
> **設例1-4** を参照。

国際物品売買と貿易条件

　国際物品売買取引は当事者間の契約によって規定されるが，その内容は多様である。一般に，国際物品売買契約中に規定される基本的な契約条件は，商品（商品仕様・品質），数量，価格条件，船積条件，保険条件，引渡条件，支払条件，商品の保証条件，契約違反とその救済方法などである。

　このうち，物品の引渡地，危険の移転時期，運送および保険の手配（運賃や保険料の支払を含む）や通関手続を売主または買主のいずれがするかなどの基本的な契約条件については，国際貿易において古くから，定型化した用語（後述する FOB や CIF など）によって一括して表現し，売主および買主の権利義務を定型化することが行われてきた。例えば FOB では，物品の引渡地は本船上であり（「本船」とは運送の航海をする航洋船をいい，本船に物品を積み込む際に用いられる「艀」などと区別される），危険の移転時期は引渡しの時点，

すなわち物品が本船船上に置かれた時であり，そして運送と保険の手配は売主が行うものではない（買主が行うことになる）ことなどが，ワンセットとして定められている。基本的な契約条件を一括的に定めたこのような定型的な用語は，貿易条件または取引条件と呼ばれる。

インコタームズの登場

かつて貿易条件は，例えば同じ FOB でも，その解釈が国によって様々だった。そこで，貿易条件の解釈を統一する必要性が唱えられ始め，国際商業会議所（ICC）が，1936年に11の貿易条件の解釈のための規則を作成した。これが「貿易条件の解釈のための国際規則」であり，インコタームズと呼ばれる（Incoterms は国際商業会議所の登録商標であり，もとは "International Commercial Terms" の略称である）。インコタームズはその後改定を重ね，最新版は，「インコタームズ®2010」を改訂した「インコタームズ®2020」（国内および国際取引条件の使用に関する ICC 規則。2020年1月1日発効）である。

インコタームズは，民間団体である ICC が作成した民間統一規則であって国家法ではないので，売買の当事者が契約中にその援用を明示しなければならない（第**20**章第**2**節を参照）。また，売買契約において規定されるべき権利義務関係を網羅的に示すものではなく，カバーするのは一定の契約条件に限られている。実際の契約締結の場面では，当事者は，契約の重要な部分について取り決めた上で，インコタームズ援用の下，その取引にいずれの貿易条件を適用するかについても併せて取り決める（設例21-2 および後述「インコタームズ2020援用の方法」参照）。

インコタームズ2010以前：インコタームズ2000の13貿易条件と4類型

　インコタームズ2000は，物品の引渡地，危険の移転時期，運送・保険の手配，通関手続などの契約条件に着目して13の貿易条件（EXW, FCA・FAS・FOB, CFR・CIF・CPT・CIP, DAF・DES・DEQ・DDU・DDP）を定め，さらにそれらは，（その1文字目が分類を示すのだが）E, F, C および D という4つの類型グループにまとめられていた。

　この分類を単純化すると，売主の国から買主の国への物品の運送を時系列的にイメージして，①物品が売主の工場などで買主に引き渡されるもの（E類型）から始まり，②売主から買主の手配した運送人に物品が引き渡されるもの（F類型），③売主の手配する運送人に物品が引き渡されるもの（C類型），最後に，④売主が物品を買主の国で引き渡すもの（D類型）にいたる。

インコタームズ2010によって改められた貿易条件

　インコタームズ2010は，インコタームズ2000を極端に変更するものではない。主な変更点は，①D条件が再編され，条件数が13から11に減少したこと，②条件が，いかなる輸送手段にも使える条件と海上・内陸水路輸送用の条件という2クラスに完全に分けられたこと，③海上・内陸水路輸送用の条件のうちのFOB/CFR/CIFについては，危険移転時点が本船手摺通過時ではなくなり，本船船上に置かれた時点となったこと，④輸送中の転売が想定されていること，⑤国際取引だけでなく国内取引にも使えるということを明示したことなどが挙げられる。また，用語として，これまで「条件」（terms）と総称されていた貿易条件が「規則」（rules）と呼ばれるようになった。

上述の D 条件の再編に関して補足すれば，インコタームズ2010は，インコタームズ2000の DAF（国境持込渡），DES（本船持込渡），DDU（関税抜き持込渡）を廃止して，DAP（仕向地持込渡）という条件に統合し，また，インコタームズ2000の DEQ（埠頭持込渡）を DAT（ターミナル持込渡）に衣替えした（引渡場所を埠頭に限らない点応用が広い）。DDP（関税込持込渡）条件は残された。

インコタームズ2020によって改められた貿易条件

　インコタームズ2020は，従前のインコタームズ2010の内容を基本的に踏襲している。主な変更点は，①FCA 規則の A6/B6 の欄で，「積込済の付記のある船荷証券」の発行・提供の義務付け（買主の指示，運送人の発行，売主による買主への提供）を想定した規定としたこと，②売主の負担する費用と買主の負担する費用とを A9/B9 欄にまとめてリスト化したこと，③CIP 規則において売主が取得義務を課される保険契約の補償範囲が，最低限の ICC（C）条件から ICC（A）条件に変更されたことにより，CIF および CIP における保険補償の水準に相違が生じたこと，④FCA，DAP，DPU，DDP の各規則において，売主または買主が自己の運送手段を用いて運送手配をすることを想定した規定としたこと，⑤DAT（ターミナル持込渡）が DPU（荷卸込持込渡）に改称され，掲載順が DAP，DPU，DDP に変更されたこと，⑥運送契約の手配と費用の分担に安全関連の要件を含めたこと，⑦より詳細な「利用者のための解説ノート」を記載したことなどが挙げられる（詳しくは，**表21-B**「インコタームズ2020の概要」を参照）。

インコタームズ2020を構成する2つのグループ

　インコタームズ2020の貿易条件は，2つのグループに分類されている。これは，従前のインコタームズ2010が，それまでひとまとまりであった貿易条件を輸送手段に応じて2つの類型に分類しなおしたのを引き継ぐものである。その第1は，EXW（工場渡），FCA（運送人渡），CPT（輸送費込），CIP（輸送費保険料込），DAP（仕向地持込渡），DPU（荷卸込持込渡）およびDDP（関税込持込渡）が属する「いかなる単一または複数の運送手段にも適した規則」である。これらの貿易条件は船による輸送がなくても，あるいは輸送の一部が船によるものでも利用できる。第2は，FAS（船側渡），FOB（本船渡），CFR（運賃込）およびCIF（運賃保険料込）が属する「海上および内陸水路運送のための規則」である。これらの貿易条件は輸送手段が船舶の場合にしか使えない。

　従来，輸送の中心は船による海上輸送であった。このため，港間の輸送を意識し，商品を本船上で引き渡すFOB/CFR/CIFが多用され，重要な条件とされてきた。ところが，昨今では，商品をコンテナに詰め，船上でなくターミナルで引き渡す形態や船舶以外の輸送手段を併用する複合運送形態が増加している。FAS/FOB/CFR/CIFは，インコタームズ2000においても，海上または内陸水路輸送にしか用いられないと定義されていた（コンテナ貨物や複合輸送に用いるのは不適切である）のだが，インコタームズ2010およびインコタームズ2020では，一層明確に区分し誤用防止を図っている。

インコタームズ2020のFOB

　従前のインコタームズ2000の貿易条件のうち，日本の貿易実務で重要な地位を占めていたのは，FOB（本船渡），CFR（運賃込）およ

び CIF（運賃保険料込）である。これらはインコタームズ2010以降「海上および内陸水路運送のための規則」として，第2のグループに属するものの，日本においては今後もしばらく，なおも重要な貿易条件として扱われると予測される。ただし，コンテナ輸送が増えている昨今では FCA（運送人渡）などの重要性も増している。以下では，FOB, CFR および CIF ならびに FCA の4つについて，①物品の引渡地，②危険の移転時期，③運送の手配，および④保険の手配という基本事項に限って解説をする（なお，FOB 条件と CIF 条件との対比を一部交えて売主・買主の各義務の要点をまとめたものとして，**表21-C**「インコタームズ2020の FOB（本船渡）規則」を参照）。

FOB は，「Free On Board」の略であり，「本船渡（ほんせんわたし）」と訳される。FOB では，①物品の引渡地は本船上であり，売買契約で定められた船積港において，売主が物品を本船に船積みすることにより，売主の物品引渡義務は完了する。②物品の滅失・毀損に関する危険の負担は，船積みの際に物品が本船船上に置かれた時点で売主から買主へ移転する（従前のインコタームズ2000では，危険の移転は，本船の手摺上を通過した時点で生じるとされていた）。そして，③運送人を選定して運送契約を締結し，運賃を支払うなどの運送の手配は，「買主」が行う。④「買主」はまた，運送中の事故に備えて保険会社と保険契約を締結し，保険料を支払う（厳密に言うと，自己のリスク管理の問題であって付保すべき義務はないが，通常は付保する）。このようにFOB は，売主にとって，「（買主が手配した船舶に）港で船積みする（On Board）だけでよい（Free）」ことを基本的に意味する貿易条件である。後述の CFR/CIF との相違点は③と④の部分にあり，実は①と②の部分は3者とも同じである。

表21-A　インコタームズ2020　4規則の比較

貿易条件	①引渡地	②危険の移転時期	③運送の手配	④保険の手配
FOB	本船上	船上に置いた時	買　主	（買主）*
CFR	本船上	船上に置いた時	売　主	（買主）*
CIF	本船上	船上に置いた時	売　主	売主
FCA	売主施設	輸送手段積込み時	買　主	（買主）*
	その他指定地	運送人に処分が委ねられた時		

＊　保険の手配につき FOB/CFR/FCA では売主にも買主にも義務はないが，危険を負っている買主が事実上付保することになる。

インコタームズ2020の CFR と CIF

　CFR（インコタームズ1990より前は C&F と呼ばれた）は，「Cost and Freight」の略であり，「運賃込」と訳される。CFR では FOB と同様，①物品の引渡地は本船上であり，②危険の移転時期は本船の船上に物品を置いた時である。また，④保険の手配も「買主」がする。しかし，③運送の手配を「売主」が行うところが，FOB と異なる。よって CFR は，売主にとって，運送の手配（運賃の支払）をする必要があることを基本内容とする貿易条件であり，売主は，物品自体の価格に船積費用（Cost），運賃（Freight）を含めた額を，売買契約上の代金とする。

　CIF は，「Cost, Insurance and Freight」の略であり，「運賃保険料込」と訳される。CIF では，①物品の引渡地と②危険の移転時期とは，FOB および CFR と同様であるが，③運送の手配と④保険の手配を「売主」が行う。FOB とは③および④の点において，CFR とは④の点において異なる。よって CIF は，売主にとって，運送のみならず保険（Insurance）の手配もする必要があることを基本内容とする貿易条件であり，売主は，物品自体の価格に船積費用・運

賃と保険料とを含めた額を，売買契約上の代金とする。

インコタームズ2020の FCA

FCA は，「Free Carrier」の略であり，「運送人渡」と訳される。FCA では，①物品の引渡地は，売主の施設またはその他の指定地であり，売主は，買主指名の運送人またはその他の者に物品を引き渡さなければならない。FCA では，②危険は，物品が売主施設で引渡される場合には買主提供の輸送手段上に物品が積み込まれた時に移転し，その他の指定地で引き渡される場合には，売主の輸送手段の上で買主指名の運送人その他の者へ物品の処分が委ねられた時に移転する。③運送人を選定して引渡指定地からの物品の運送契約を締結し，運賃を支払うなどの運送の手配を「買主」が行う点，および④「買主」が（事実上の問題であって義務ではないが）運送中の事故に備えて保険会社と保険契約を締結し，保険料を支払う点については，FOB と同様である。

なお，FCA は，FOB/CFR/CIF と違って，選択された輸送手段の如何を問わず使用でき，複数の輸送手段が用いられるとき（複合運送）にも使用できる。

貿易条件選択の基準

これらの貿易条件は，売買契約の締結の際に売主と買主の合意により，いずれにするかが取り決められる。では，個々の国際物品売買契約において，当事者が貿易条件を選ぶ基準はなんであろうか。

一見，買主にとって，運賃や保険料を支払う必要のない CIF または CFR が有利にみえるが，これらの費用は結局のところ売主が売買代金に込めるので，この点は差をもたらさない。国際物品売買

取引は状況に応じて様々であるので一概に言うことは難しいが，要するに，売主と買主の都合と両者の間の交渉力ないしは力関係によるということになろう。売主と買主のうち，いずれがより経済的で適切な運送および保険を手配できるかが決定基準となるケースも少なくないであろう。とりわけ，運賃に関しては，世界各国で相場に開きが大きく，かつ変動もあるので，例えば，より安い運賃相場の国に買主がいて，買主が安い運賃の運送人を見つけられるならば，FOB が選ばれることになるだろう。また，個々の取引の時点における売主・買主それぞれの運送手配の都合（例えば，船舶による輸送の場合，複数の取引の船荷を 1 つの船に積めるなどの事情）次第で運賃をめぐる条件は変化する。

インコタームズ2020援用の方法

インコタームズの援用は，通常，売買契約書に示される。契約書には，条件を示すアルファベット 3 文字に，指定地・指定場所（引渡地，仕向地，船積港，または仕向港）が組み合わせられた表記が用いられる。例えば 設例21-2 にある「FOB Kobe」は，FOB が用いられることに加えて，物品が「神戸港」で船積みされることを表している。CFR や CIF ではその 3 文字の後ろに，指定船積港ではなく指定仕向港が表記される。また，FCA の場合は，FCA の 3 文字の後に指定引渡地が表記されることになる。その後に続く数字は，売買代金である。

ところで，貿易条件を定めているのは必ずしもインコタームズだけではない（例えば，1941年改正米国貿易定義や2003年改訂前の米国統一商法典第 2 編にも，貿易条件の定義がみられ，これらに規定される「FOB」は，同じ「FOB」といってもインコタームズと定義が異なっている）。し

たがって，設例21-2に示されているように，貿易条件を「FOB Kobe」と表記する一方で，この貿易条件が「インコタームズ®2020」に従って解釈される旨を規定することも忘れてはならない。さらに念のため付言するが，仮に当該売買契約が CISG（第**2**節参照）の適用対象であるとしても，インコタームズ2020の援用は当事者の合意であるから CISG に優先する（CISG 6 条）。

設例21-2では，インコタームズ2020による FOB を用いることが当事者によって合意されている。よって，船積みされた神戸港における本船船上で危険がすでに売主から買主に移転している（つまり，目的物が滅失しても買主の売買代金支払義務は消滅しない）。また，FOB では保険の手配は買主がするので，売主は保険契約の締結義務を負わない。買主としては，自己が締結した保険契約に基づいて，商品の価値に代わる保険金を保険会社から受け取ることになる。

表21-B　インコタームズ2020の概要

インコタームズ2000のグループ分類	インコタームズ2020の貿易取引条件		
	規則（指定場所）		補足説明
E：買主は物品引取りの費用と危険を負担。	① EXW（named place of delivery）：Ex Works 工場渡（指定引渡地）		売主が売主施設その他指定場所で物品を買主の処分に委ねた時引渡しの義務を果たす。売主は、積込みの必要もなく輸出通関の必要もない。
F：売主は輸出通関を行い指定場所で物品を買主指定の運送人に引渡す義務を負う。売主は引渡し時まで諸費用（輸出通関費用・関税を含む）と危険を負担する。	② FCA（named place of delivery）：Free Carrier 運送人渡（指定引渡地）		売主は売主施設その他指定場所で物品を買主指定運送人等に引渡す（危険も移転）。引渡し：売主施設での引渡しは積込時、その他は荷卸しせずに運送人に委ねられた時完了する（引渡し済み物品の調達による引渡しも可能）。
	海上および内陸水路運送のための規則	▼⑧ FAS（named port of shipment）：Free Alongside Ship 船側渡（指定船積港）	売主は、指定船積港で、物品を買主指定の本船の船側に置くこと（又は引渡し済み物品を調達すること）によって引渡しの義務を果たす。
		▼⑨ FOB（named port of shipment）：Free On Board 本船渡（指定船積港）	売主は、指定船積港で、物品を買主指定の本船船上に物品を置くこと（又は引渡し済み物品を調達すること）によって引渡しの義務を果たす。危険は物品が船上に置かれた時に移転する。
C：売主が運送契約を手配・締結（運送コストを負担）する。ただし引渡し後の危険負担と追加費用の負担は負わない。輸出通関は売主の義務であるが、輸入通関および他の国を通過するための通関は買主の義務である。		▼⑩ CFR（named port of destination）：Cost and Freight 運賃込（指定仕向港）	売主が指定仕向港までの運送契約を締結し運賃を負担。売主は、物品を本船船上に物品を置くこと（又は引渡し済み物品を調達すること）によって引渡しの義務を果たす（船積港指定は必須でない）。危険は物品が船上に置かれた時に移転する。売主には、保険契約手配・保険料負担義務は無いが、保険取得のために必要な情報を買主に提供する義務がある。
		▼⑪ CIF（named port of destination）：Cost, Insurance and Freight 運賃保険料込（指定仕向港）	売主が指定仕向港までの運送契約を締結し運賃を負担。引渡完了時期、危険の移転については CFR 規則と同じ。海上保険（合意が無ければ最低限［ICC（C）］の補償範囲）の手配は売主負担である。

	③ CPT（named place of destination）：Carriage Paid To 輸送費込（指定仕向地）	売主が指定仕向地までの運送契約を締結（調達）し運賃を負担。売主は売主施設その他指定場所で物品を売主指定運送人等に引渡す（危険も移転）。売主には，保険契約手配・保険料負担義務は無いが，保険取得のために必要な情報を買主に提供する義務がある。
	④ CIP（named place of destination）：Carriage and Insurance Paid To 輸送費保険料込（指定仕向地）	売主が指定仕向地までの運送契約を締結（調達）し運賃を負担。引渡完了時期，危険の移転については CPT 規則と同じ。貨物保険（合意が無ければ［ICC(A)］の補償範囲）の手配は売主負担である。
D：売主が物品を目的地まで輸送するために必要な費用すべてと危険を負担する。売主は引渡しの時まで危険負担を負う。売主・買主ともに保険契約手配・保険料負担の義務は無いが売主は自己のために保険契約を手配することになる。輸出通関のほか他の国を通過するための通関も売主の義務である。	⑤ DAP（named place of destination）：Delivered at Place 仕向地持込渡（指定仕向地）	売主は，指定仕向地で輸入通関せずに，物品を，荷卸しの準備ができている運送手段の上で，買主の処分に委ねること（または引渡し済み物品を調達すること）によって引渡しの義務を果たす。売主は指定仕向地（地点）までの運送を自己負担で手配する。売主は引渡し時まで危険負担を負う。輸入通関は買主の義務。
	⑥ DPU（named place of destination）：Delivered at Place Unloaded 荷卸込持込渡（指定仕向地）	売主は，指定仕向地で輸入通関せずに物品を運送手段から荷卸しのうえ買主の処分に委ねること（または引渡し済み物品を調達すること）によって引渡しの義務を果たす。売主は，指定仕向地までの運送を自己負担で手配し，引渡しまで危険負担を負う。輸入通関は買主の義務。
	⑦ DDP（named place of destination）：Delivered Duty Paid 関税込持込渡（指定仕向地）	売主は，指定仕向地にて荷卸しの準備ができている運送手段の上で，輸入通関を済ませ，物品を買主の処分に委ねること（または引渡し済み物品を調達すること）によって引渡しの義務を果たす。売主は指定仕向地（地点）までの運送を自己負担で手配する。売主は引渡し時まで危険負担を負う。輸出・他国通過時の通関，輸入通関を含め一切の通関手続（および関税・手続費用負担）は売主の義務。

* インコタームズ2020は，11の規則を2分類し，FAS, FOB, CFR および CIF を「海上および内陸水路運送のための規則」として指定（▼印：引渡地点と輸送先場所はいずれも港となる）。一方，その他の7つは「いかなる単一または複数の運送手段にも適した規則」（輸送手段不問，複合運送利用可能，輸送の一部で船を使用することも可）としている。コンテナに入った物品をターミナルで渡すときは，FAS や FOB ではなく FCA を，また，CFR ではなく CPT を，CIF ではなく CIP を使用すべきであると特記されている。

表21-C　インコタームズ2020の FOB（本船渡）規則

	A　売主の義務	B　買主の義務
一般的義務	A1　売主は，売買契約に合致した物品，商業送り状，証拠を提供。 書類は，合意があれば紙または電子媒体で OK。合意がなければ慣習による。	B1　買主は，売買契約の規定に従って代金を支払う。 書類は，合意があれば紙または電子媒体で OK。合意がなければ慣習による。
引渡し，引渡しの受取り	A2　売主は，期日・期間内に指定船積港で，買主指定の本船船上に物品を置くこと（又は調達すること）により引き渡す。	B2　買主は A2 の下での物品の引渡しを受け取らなければならない。
危険の移転	A3　売主は，B3 所定の例外を除き，物品が A2 に従って引き渡されるまで，物品滅失損傷の危険を負担。	B3　買主は，物品が A2 に従って引き渡された時から物品滅失損傷の危険を負担。ただし，買主が B10 に従い通知を与えない場合や本船の到着が遅れた場合等については特記あり。
運送	A4　売主は，運送契約締結義務なし。ただし，買主の依頼があれば，買主の危険と費用により，運送手配に必要な情報提供義務あり。合意された場合は，売主は，買主の危険と費用により通常条件による運送契約締結義務あり。	B4　A4 の規定により，売主によって運送契約が締結されている場合を除き，買主は，自己の費用で指定船積港からの物品の運送契約締結義務あり。
	［対比］ CIF 規則　売主は，引渡地点から指定仕向港までの物品の運送契約を，自己の費用で，通常条件で締結（調達）。	買主は，運送契約締結義務なし。
保険契約	A5　売主は，保険契約締結義務なし。ただし，買主の依頼があれば，買主の危険と費用により，保険取得に必要な情報提供義務あり。	B5　買主は，保険契約締結義務なし。
	［対比］ CIF 規則　売主は自己の費用で貨物保険（最低限［ICC(C)］の補償範囲）を取得し保険証券等の証拠を買主に提供。買主の要求があれば（［ICC(A)］［ICC(B)］や協会戦争／協会スト約款の）追加保険を買主の費用で提供する。	買主は，保険契約締結義務なし。ただし，依頼があれば，A5 の下で自ら依頼した追加保険の取得に必要な情報を売主に提供しなければならない。

引渡書類／運送書類	**A6** 売主は，自己の費用により，物品が **A2** に従って引き渡された旨の証拠を買主に提供する。証拠が運送書類でない場合，売主は，買主の依頼／危険／費用で，運送書類取得にあたり買主に助力する。	**B6** 買主は，**A6** に下で提供される引渡しの証拠を受理する。
輸出通関／輸入通関	**A7** a) 輸出通関 売主は，輸出通関の一切の手続きを遂行し，その費用を支払う。 b) 輸入通関に関する助力 売主は，買主の依頼／危険／費用により，通過国・輸入国により必要とされる通過運送・輸入の一切の通関手続きに関する書類・情報の取得にあたり買主に助力する。	**B7** a) 輸出通関に関する助力 買主は，売主の依頼／危険／費用により，一切の輸出通関手続きに関する書類・情報の取得にあたり売主に助力する。 b) 輸入通関 買主は，通過国・輸入国により必要とされる一切の手続きを遂行し，その費用を支払う。
照合／包装／荷印	**A8** 売主は，**A2** に従った物品引渡しに必要な照合作業の費用を支払う。特定の場合を除き，売主は自己の費用により物品を包装する。特定の包装・荷印条件の合意がない限り，運送に適した方法で包装し，荷印を付す。	**B8** 買主は義務なし。
費用の分担	**A9** 売主は次の費用を支払う：物品引渡しまでの，物品に関する一切の費用（**B9** の下で買主負担のものを除く）／**A6** の下での証拠提供費用／**A7**(a) の下で輸出通関に関連した関税・税金その他の費用／**B7**(a) の下で書類・情報の取得にあたり買主の提供する助力に関連した一切の費用および諸掛。	**B9** 買主は次の費用を支払う：物品引渡し時以降の物品に関する一切の費用（**A9** の下で売主負担のものを除く）／**A4**・**A5**・**A6**・**A7**(b) の下で書類・情報の取得にあたり売主の提供する助力に関連した一切の費用および諸掛／**B7**(b) の下で通過運送・輸入通関に関連した関税・税金その他の費用／特定理由で生じる追加費用。
通知	**A10** 売主は，物品が **A2** に従って引き渡された旨または本船が合意期限内に物品を受け取らなかった旨の十分な通知を買主に与える。	**B10** 買主は，運送関連の安全要件，本船名，積込地点および合意された期間内の選択された引渡日があればその引渡日について，売主に十分な通知を与える。

＊国際商業会議所日本委員会発行『インコタームズ®2020』(2019年) 192頁以下参照（『Incoterms®2020』は，国際商業会議所日本委員会で英和対訳版を入手することが可能。なお，実際の『Incoterms®2020』の規則はより詳細な記述である点にご留意頂きたい）。

表21-D　インコタームズ2020のFCA（運送人渡）規則

	A　売主の義務	B　買主の義務
一般的義務	A1　売主は，売買契約に合致した物品，商業送り状，証拠を提供。 書類は，合意があれば紙または電子媒体でOK。合意がなければ慣習による。	B1　買主は，売買契約の規定に従って代金を支払う。 書類は，合意があれば紙または電子媒体でOK。合意がなければ慣習による。
引渡し，引渡しの受取り	A2　売主は，期日・期間内に指定地における指定された積込地点があればその地点で，買主指定の運送人・その他の者に物品を引き渡す。またはそのような物品を調達することにより引き渡す。引渡しは，a) 指定地が売主施設である場合　物品が買主提供の運送手段に積み込まれた時，b) その他の場合　物品が，荷おろしの準備ができている売主の運送手段上，買主指名の運送人・その他の者の処分に委ねられた時，完了。	B2　買主はA2の下での物品の引渡しを受け取らなければならない。
危険の移転	A3　売主は，B3所定の例外を除き，物品がA2に従って引き渡されるまで，物品滅失損傷の危険を負担。	B3　買主は，物品がA2に従って引き渡された時から物品滅失損傷の危険を負担。ただし，物品の明瞭な特定を条件に，買主が運送人・その他の者の指名を行わない，もしくは当該指名についてB10に従った通知をしない場合，または，指名された運送人等が物品を引き取らない場合，買主による危険負担の特記あり。
運送	A4　売主は，運送契約締結義務なし。ただし，買主の依頼があれば，買主の危険と費用により，運送手配に必要な情報提供義務あり。合意された場合は，売主は，買主の危険と費用により通常条件による運送契約締結義務あり。	B4　買主は，自己の費用で指定引渡地からの物品の運送契約を締結する（または運送を手配する）義務あり。ただし，A4の規定により，売主によって運送契約が締結されている場合を除く。
保険契約	A5　売主は，保険契約締結義務なし。ただし，買主の依頼があれば，買主の危険と費用により，保険取得に必要な情報提供義務あり。	B5　買主は，保険契約締結義務なし。

引渡書類／運送書類	A6 売主は，自己の費用により，物品が A2 に従って引き渡された旨の証拠を買主に提供する。売主は，買主の依頼／危険／費用で，運送書類取得にあたり買主に助力する。買主が，B6 の下で売主宛に運送書類を発行するよう運送人に指示する場合，売主は，買主に当該運送書類を提供する。	B6 買主は，A6 に下で提供される引渡しの証拠を受理する。合意がある場合，買主は，物品が積込済である旨の記載がある運送書類（積込済の付記がある船荷証券など）を，買主の費用と危険により売主宛に発行するよう，運送人に指示する。
輸出通関／輸入通関	A7 a）輸出通関 売主は，輸出通関の一切の手続きを遂行し，その費用を支払う。 b）輸入通関に関する助力 売主は，買主の依頼／危険／費用により，通過国・輸入国により必要とされる一切の通過運送・輸入の通関手続きに関する書類・情報の取得にあたり買主に助力する。	B7 a）輸出通関に関する助力 買主は，売主の依頼／危険／費用により，一切の輸出通関手続きに関する書類・情報の取得にあたり売主に助力する。 b）輸入通関 買主は，通過国・輸入国により必要とされる一切の手続きを遂行し，その費用を支払う。
照合／包装／荷印	A8 売主は，A2 に従った物品引渡しに必要な照合作業の費用を支払う。特定の場合を除き，売主は自己の費用により物品を包装する。特定の包装・荷印条件の合意がない限り，運送に適した方法で包装し，荷印を付す。	B8 買主は義務なし。
費用の分担	A9 売主は次の費用を支払う：物品引渡しまでの，物品に関する一切の費用（B9 の下で買主負担のものを除く）／A6 の下での証拠提供費用／A7(a)の下で輸出通関に関連した関税・税金その他の費用／B7(a)の下で書類・情報の取得にあたり買主の提供する助力に関連した一切の費用および諸掛。	B9 買主は次の費用を支払う：物品引渡し時以降の物品に関する一切の費用（A9 の下で売主負担のものを除く）／A4・A5・A6・A7(b)の下で書類・情報の取得にあたり売主の提供する助力に関連した一切の費用および諸掛／B7(b)の下で通過運送・輸入通関に関連した関税・税金その他の費用／特定理由で生じる追加費用。
通知	A10 売主は，物品が A2 に従って引き渡された旨または買主指名の運送人・その他の者が合意期限内に物品を受け取らなかった旨の十分な通知を買主に与える。	B10 買主は，次の事項について売主に通知する：指名運送人・その他の者（指名運送人等）の名称／指名運送人等が物品を受け取る，引渡しのために合意された期間内の選択された引渡時期があれば，その時期／指名運送人等が使用する運送手段／指定引渡地内で物品が受領される地点。

＊国際商業会議所日本委員会発行『インターコムズ®2020』（2019年）148頁以下参照（『Incoterms®2020』は，国際商業会議所日本委員会で英和対訳版を入手することが可能。なお，実際の『Incoterms®2020』の規則はより詳細な記述である点にご留意頂きたい）。

第22章　国際運送および国際保険

　前章では国際物品売買について説明したが，国際物品売買には通常，物品の輸出入を伴う。本章は，このための国際運送（第1節）と，国際運送中における物品の滅失・毀損などに備えた国際保険（第2節）について，それぞれ解説する。

第1節　国際運送

設例22-1

　日本の商社 X は，S 国会社 A から魚粉を FOB 条件で買い付け，日本の海運会社 Y と日本までの運送契約を締結した。魚粉は S 国港で船積みされ，Y の交付した船荷証券には「運送契約の準拠法は日本法とする」との条項があった。魚粉は日本で荷揚げされたが，カビが大発生していた。魚粉が通常値をはるかにこえる水分を含んでいたため，運送中に船倉内に結露が発生したことが原因であった。Y は，魚粉に生じた損害について賠償責任を負うか。

国際運送の特徴

　国内売買と違って国際売買は通常，国と国との間を物品が移動するので，運送は長距離となるし，一度に大量の商品を運送する方が

効率的・経済的であるから，運送は海上運送を中心としたものとなる。物品が比較的軽量である場合（例えば，軽量高価な宝石・貴金属や高度技術の集約された電子部品など）や少量を緊急に輸送する場合には，航空運送が用いられることもあるが，世界的に主要な国際運送の手段は，依然として海上運送である。

　以下では，国際運送のうち海上運送を中心に解説し，航空運送については簡単に取り扱う。なお，最終目的地が大陸の内陸である場合，陸揚げ後の物品の運送には鉄道やトラックによる陸上運送も用いることになるから，海上運送と陸上運送を組み合わせることもそう珍しいことではない。このような運送形態は複合運送と呼ばれるが，本書ではとくには扱わず，必要な限りで触れることとする。

1　国際海上物品運送

国際海上物品運送契約とは

　国際海上物品運送契約は，荷主が運送人（船会社）に物品の運送を委託し，運送人がそれを請け負う契約である。一般に，荷主が積荷，数量，船積港，仕向港などを示して申し込み，運賃を対価に船会社が承諾するという形で成立し，荷主には運賃支払の債務が，運送人には仕向港まで物品を運送する債務が生じる双務契約である。

　国際海上物品運送契約は，大きく，個品運送契約と傭船契約の2つに分類することができる。個品運送契約は個別の物品の運送を内容とする，いわば小口の運送の請負であり，通常，定期船（一定区間を定期的に運行する船）が利用される。荷主が物品を指定日時までに船積港または指定場所に搬入し，個々の物品を船会社が定期船に積み込んで運送する。近時は物品をコンテナに詰め，これをコンテナ船に積み込んで運送する形態が増えてきている。

傭船契約は，船舶を丸ごとまたはその一部を借りるという形をとる運送契約である。これには，船積港から仕向港までの特定の航路を傭船する航海傭船と，一定期間傭船する定期傭船とがある。一方，船舶所有者から船舶のみを一定期間借り受けて乗員は傭船者が自ら調達する形を，裸傭船（厳密には船舶賃貸借であって，運送契約ではない）という。傭船契約については，ボルチック国際海運協議会が契約書式の標準化を図っているし，日本では日本海運集会所が標準的な傭船契約書式を用意している。

ハーグ・ヴィスビー・ルールとハンブルグ・ルール

　国際海上物品運送に関しては，後述する船荷証券に関連して，その法を統一しようという試みが世界でみられた。この中ではとくに，運送人が自己に有利な定型書式を用いて運送中における物品の滅失・毀損に対する損害賠償等の責任を免れる傾向があったため，運送人の免責の制限が議論の焦点となった。そして1924年に「船荷証券に関するある規則の統一のための国際条約」（ハーグ・ルールと呼ばれる）が成立し，船荷証券中の運送人の免責約款に規制が加わった。さらに1968年に，コンテナ船の普及や為替相場の問題など第2次大戦後の状況を踏まえてこれを修正する「船荷証券統一条約の一部を改正する議定書」（ヴィスビー・ルールと呼ばれる）が成立した。責任限度額の算定基準と計算単位をめぐる1979年の改正議定書とともに，これら一連のルールは「ハーグ・ヴィスビー・ルール」と呼ばれる。

　ハーグ・ヴィスビー・ルールは欧米の海運先進国を中心にして作り上げられたため，なおも運送人の保護に手厚く，荷主国となる発展途上国にとって理想的ではなかった。そのため，1978年に「国連

海上物品運送条約」（ハンブルグ・ルール）が採択され，1992年に発効した。ハンブルグ・ルールはハーグ・ヴィスビー・ルールよりも運送人の免責をさらに制限することに成功しているが，海運先進国の加盟はわずかである。

上記のいずれも万民法型統一私法（第**20**章第**2**節を参照）であり，法の統一が世界で試みられていることになる。しかしながら，実際には，ハーグ・ヴィスビー・ルールを採用する国，ハーグ・ルールのみを採用する国，ハンブルグ・ルールを採用する国およびいずれにも属さない国に，世界は四分されているのが現状である。

このような状況を改善するため，国連国際商取引法委員会（UNCITRAL）がハーグ・ヴィスビー・ルールとハンブルグ・ルールの統一に取り組んだ結果，2008年12月には国連総会が，新たな国際海上物品運送に関する国際連合条約（"United Nations Convention on Contracts for the International Carriage of Goods Wholly or Partly by Sea"，「ロッテルダム・ルール」としても知られる）を採択している。新国連条約は，現代的なコンテナ輸送や電子的記録を想定した規定を含むため，時代の要請に適うものと期待されるが，まだ発効もしておらず，統一私法としての意義は未知である。日本が締約国になるべきかについても十分な検討が必要とされるだろう。

国際海上物品運送法とその適用

日本は1957年にハーグ・ルールを批准し，その内容を国内法化した国際海上物品運送法を制定したが，その後1992年にハーグ・ヴィスビー・ルールを批准したため，国際海上物品運送法（以下，略する場合，単に「法」と表記する）を改正した。国内の海上運送については商法が適用されるが，国際海上物品運送（船積港または陸揚港が

日本国外にあるもの）については，国際海上物品運送法が適用される（法1条）。

　なお，国際海上物品運送法（本来的には，このもととなったハーグ・ヴィスビー・ルール）に関しては，それが締約国において国際私法を排除して直接適用されるか否かということ，すなわち統一私法条約と国際私法との適用関係が問題となる（第**20**章第**2**節1参照）。この点，わが国においては，条約の審議経過において直接適用が前提であったかどうか疑わしいことや，条約の適用範囲を各国が変更できる（例えばわが国の国際海上物品運送法は，1条において，船荷証券が発行されない運送契約にも適用を拡大している）ことなどから，通則法7条などを介して日本法が準拠法とされた場合に，国際海上物品運送法が適用されるという見解が有力である。これに対して，ヴィスビー・ルール10条で，条約の適用範囲が明確に規定されていることや，契約に関する国際私法上の当事者自治によって条約の適用が容易に排除されると運送人の免責制限という目的が損なわれることなどを根拠に，条約の適用範囲については条約（これに基づく国際海上物品運送法）が直接適用されるとの見解も主張されている。

国際海上物品運送法における運送人の責任

　国際海上物品運送法によれば，「運送人」とは法所定の「運送を引き受ける者」とされる（法2条2項）。誰を運送人として扱うかにつき，裸傭船（船舶賃貸借）の場合，船舶を支配する権限は船舶所有者から賃借人に移るので，船舶所有者は運送人ではないが，運送契約と船舶賃貸借の中間的な色彩の定期傭船については注意を要する。判例は，一定の定期傭船契約では，船舶所有者も運送契約上の債務者になり得，運送人の確定は船荷証券の記載に基づくべきもの

とする（最判平成10・3・27民集52巻2号527頁）。

　さて，運送人は運送品の受取りから引渡しまでの間に生じた運送品の滅失，損傷または延着について責任を負う（法3条1項）と同時に，船舶の堪航能力についても責任を負い，これらを怠ったことによって生じた損害につき賠償責任がある（法5条）。これらについて，運送人の免責が認められるためには，「注意が尽されたこと」，「注意を怠らなかったこと」を運送人が証明しなければならないが（法4条1項・5条ただし書），これは困難である。

　他方，運送人は航海上の過失（船長等による船舶の航行や船舶の取扱いについての過失）から生じた損害については，航海は高度に技術的であるなどの理由から賠償責任を負わない（法3条2項。これはハンブルグ・ルールとの相違点である）。また，運送人は船舶の火災から生じた損害についても，それが自己の故意・過失によるものでない限り賠償責任を負わない（同項）。海上その他可航水域に特有の危険，天災，戦争・暴動，ストライキなどについての免責も予定されている（法4条2項）。

　運送人が設けた免責特約については，ハーグ・ヴィスビー・ルールでも運送人に有利な特約を制限している。これを受けて国際海上物品運送法も，運送人を有利にし，荷送人・荷受人・船荷証券所持人に不利な特約については，同法諸規定に反するものとして無効と定めている（法11条1項・2項）。ただし，免責特約が認められる場合もあること（同条3項・12条～14条）には注意が必要である。これらの規定によって運送人が責任を負う場合であっても，損害賠償すべき範囲については，運送人に巨額の支払が生じないようにするために，一定の限度が定められている（法9条・10条）。また，運送人の責任は，引渡しから1年以内に裁判上の請求がなされないときは

消滅する（法15条，商法585条１項）。

　なお，運送契約の債務不履行に基づく損害賠償請求は，不法行為に基づく損害賠償請求との請求権競合を生じうる。この点，運送人の責任の範囲を明らかにするために，同法の規定は不法行為による請求にも準用されることとされている（法16条１項）。

国際海上物品運送法の具体的な適用

　ここで 設例22-1 について考えると，まず，X・Y間の運送契約において日本法が準拠法として指定されているので，国際海上物品運送法が適用される。

　次に，X社による通知義務（法７条１項）が果たされているとして，Y社が魚粉の積付・運送・保管において注意を怠ったせいでカビ被害が発生したのであれば，X社の賠償請求が認められる（法３条１項・５条３号）。X社としては，運送中に損傷が生じたことを立証する必要があるが，通常，引渡時に損傷がなかったことを運送人が確認しているため，この立証は比較的簡単である。

　これに対して，Y社の免責が認められるためには，「注意が尽されたこと」（法４条１項・５条ただし書）をY社が証明しなければならない。もっとも本件では，魚粉が通常値をはるかにこえる水分を含んでいたことが損傷の原因であるので，「運送品の特殊な性質又は隠れた欠陥」（法４条２項９号）に該当すると解することも不可能ではない。Y社としては，運送物に特殊な性質または隠れた欠陥があった（＝異常な水分含有率であった）という事実，および，この事実から魚粉のカビ被害が通常生ずべきものであることを証明することで，免責が認められることになる。ただし，これらをY社が証明した場合であっても，「注意が尽されたならばその損害を避け

ることができたにかかわらず，その注意が尽されなかったこと」を
X社が証明すれば，Y社の免責は認められない（同項ただし書）。

　損害の算定については，法8条1項によれば，荷揚地（設例では
日本）・荷揚時の運送品の市場価格によって決定されるが，滅失・
損傷のせいで支払う必要がなくなった費用は控除される（法8条2
項，商法576条2項）。運送人の故意・無謀（法10条）が認められない
とすれば，運送人の責任限度に関する法9条を検討しなければなら
ない。船荷証券中に運送品の種類・価額が記載されている場合は別
として（法9条5項），運送人の責任は，滅失，損傷または延着に係
る運送品の包・単位数または総重量に応じ，法9条1項1号または
2号所定の金額のうちいずれか多い金額が限度となる。1号におい
ては包・単位の数に「1計算単位の666.67倍」を乗じるとされ，2
号においては総重量について1kgあたり「1計算単位の2倍」を
乗じるとされるが，「1計算単位」とはIMF加盟国の特別引出権
（SDR）相当額で（法2条4項），1SDRは2022年7月19日時点でお
よそ1.32USドルである。

2　船　荷　証　券

船荷証券とは

　船荷証券（Bill of Lading：B/L）とは，海上物品運送契約に基づい
て運送人が物品を受け取ったことまたは船積みしたことを証明し，
かつ，物品の引渡請求権を表す有価証券である。船荷証券は，運送
契約の証拠であると同時に，一般に流通性を有し，荷揚地では船荷
の引換証としての機能も果たす。

　船荷証券は，運送人または船長が，荷送人または傭船者の請求に
より，船積み後遅滞なく交付する（法15条，商法757条）。船荷証券に

は，運送品の種類，運送品の容積もしくは重量または包もしくは個品数および運送品の記号，外部から認められる運送品の状態，荷送人または傭船者，荷受人および運送人の氏名または名称，船舶の名称，船積港および船積みの年月日，陸揚港，運送費，数通の船荷証券を作ったときはその数，作成地および作成の年月日といった法定の事項を記載しなければならない（法15条，商法758条1項）。なお船荷証券には，設例22-1のように，運送契約の準拠法条項や国際裁判管轄条項があることも少なくない。

船荷証券の債権的効力

船荷証券には，その所持人が，運送契約上の債権の履行を運送人に請求できるという効力がある。これを船荷証券の債権的効力と呼ぶ。本来，契約上の債権債務関係は契約の当事者間で発生するが，船荷証券が譲渡されると（指図証券性。法15条，商法762条），それが表す運送契約上の債権が新所持人に移転するのである。よって，運送品が運送中に滅失・損傷したなどの場合，船荷証券所持人が運送人に対して，運送契約上の債務不履行に基づく損害賠償請求をすることになる。例えば設例22-1では，運送人Yによって作成された船荷証券は，まず荷送人のAに交付されるが，銀行を介して（詳しくは第23章参照），Xが所持するところとなる。そして，船荷証券所持人のXは，魚粉に生じた損害につき，運送契約上の債務不履行としてYに対して賠償請求することができる（請求が認められるか否かについては先に論じた。保険との関係は第2節参照）。

ここで注意すべきは，船荷証券の不実記載について，運送人は善意の船荷証券所持人に対抗できないことである（法15条，商法760条）。例えば，港で陸揚げされた運送品の個数が船荷証券に記載された個

数よりも少ない場合，このことを船荷証券所持人が知っていた場合を除き，運送人は，船荷証券に記載されたとおりの個数を船荷証券所持人に引き渡さなければならない債務を負う。この場合，運送人は，不足分を調達して船荷証券所持人に引き渡すか，それができないときは損害賠償をするなどの債務不履行責任を負う。

船荷証券の物権的効力

　船荷証券には，その引渡しが運送品自体の引渡しになるという効力があり（法15条，商法763条），これを船荷証券の物権的効力と呼ぶ。すなわち，船荷証券が譲渡されて新しい所持人に引き渡された場合，運送品について，実際には運送人による現実の占有の下でそれが海上にあるとしても，引渡しが所持人に対してされたことになる。このため，船荷証券が交付されている場合，運送品に関する所有権の移転や質権の設定などの処分に伴う対抗要件の具備は，運送品の引渡しでなく，船荷証券の引渡しによってされなければならない（処分証券性。法15条，商法761条）。また，港における運送品の引渡しは，船荷証券と引き換えでないとしてもらえない（受戻証券性。法15条，商法764条）。船荷証券のこれらの効力や性質により，運送品に関する所有権や質権などの物権の取得または移転が確実かつ容易になるため，代金支払も含めた国際取引の発展が促された（第**23**章を参照）。

船荷証券の種類

　船荷証券には，いくつかの種類がある。代表例を挙げると，まず，船荷証券は通常，物品が船に積み込まれた時に発行されるが，この場合の船荷証券を船積船荷証券という（法15条，商法757条1項前段）。

これに対して，運送人が物品を受け取った船積み前の時点で船荷証券を発行する場合もあり，これを受取船荷証券という（同項後段）。後者の場合，物品の船積みの完了を証券上確認できないことになるが，後述する信用状取引などで船積船荷証券の呈示が要求される場合は，受取船荷証券上に「船積記載」を追加することで，船積船荷証券として取り扱われる（法15条，商法758条 2 項，信用状統一規則[UCP600] 20条参照）。

　また，運送人は，受取時に対象物品を確認し梱包・数量等につき異常を認めた場合には，その瑕疵を船荷証券上記載する。このような特記のある船荷証券は，故障付船荷証券と呼ばれる。これに対して，そのような瑕疵に関する特記の無い船荷証券を無故障船荷証券と呼ぶ。第23章で後述する荷為替手形の買取りを銀行に求める場合（とくに信用状取引）には，無故障船荷証券が要求されるため，瑕疵が軽微な場合，荷主が運送人に補償状（Letter of Indemnity）を差し出すことで無故障船荷証券を発行してもらうという実務処理がみられる。

海上運送状

　船荷証券は，前述のような各種の有益な効力や性質を有することから，ある程度のリスクが見込まれるために担保として運送物の支配を要する売買や転売を予定する売買などにおいて，重要な役割を演じている。しかし，近時は，物品の転売が予定されないグループ企業内売買も多く，この場合には，より簡便な海上運送状（Sea Waybill）というものが用いられることもある（法15条，商法770条 1 項。なお，電磁的方法につき 3 項参照）。海上運送状は，後述する航空運送状を模したもので，運送契約の単なる証拠にすぎず，物権的効

力や流通性などはない。海上運送状には，海上輸送が高速化して船荷証券よりも船荷が先に仕向港に到着する事態（「船荷証券の危機」と呼ばれる）への対応策としての意味もある。

船 積 書 類

ここで便宜上，船荷証券に関連して船積書類につき説明しておく。船積書類とは，①船荷証券や海上運送状などの運送書類，②商業送り状（インボイス。荷送人が荷受人に商品の発送を通知する書類で，商品名，数量，価格，代金支払方法，荷送人・荷受人の住所・氏名などが記載される），③保険証券（CIF 等の場合。次節を参照），④包装明細書，⑤原産地証明，⑥検査証明書などの総称である。これらは，売主が作成したり取りそろえたりするが，買主が仕向港で通関する際に必要になる書類が含まれる。船積書類の重要な機能は，銀行を通して買主に送付されることで，荷為替信用状決済などにおいて代金決済に用いられることである（第*23*章を参照）。なお，船積書類という名称であるが，船に積まれて運送品とともに買主に届けられるものではない。

3　国際航空運送

国際航空物品運送とモントリオール条約

国際航空物品運送については，1929年の「国際航空運送についてのある規則の統一に関する条約」（ワルソー条約）が，日本をはじめ多くの国で長らく用いられ成功を収めてきた。しかし，運送人の責任を無過失責任化すること，責任限度額を撤廃することをめぐって国際的な議論が起こり，モントリオール条約が1999年に採択され（日本は2000年に批准），2003年に発効した。

モントリオール条約の適用範囲

モントリオール条約（以下，単に「条約」と表記する）は万民法型統一私法条約であり，航空機により行われる国際運送（国際航空運送）に適用される。条約でいう「国際運送」とは，「当事者間の約定により，運送の中断又は積替えがあるかないかを問わず，出発地及び到達地が，二の締約国の領域内にある運送又は一の締約国の領域内にあり，かつ，予定寄航地が他の国（この条約の締約国であるかないかを問わない。）の領域内にある運送」をいう（条約1条2項）。

国際私法との関係については，条約が当事者による準拠法指定や裁判管轄合意を制限していること（条約49条）を根拠に，条約の適用範囲内の事項には条約が直接に適用されると解する見解が有力である（第**20**章第**2**節も参照）。

モントリオール条約における運送人の責任

条約によれば，運送人は運送中に貨物に発生した損害について無過失責任を負うが，一定の場合は免責も予定されている（条約18条）。旅客の死亡または傷害の場合についても一定限度までは無過失責任とされる（条約17条・21条）。また，運送人の責任を免除し，または，条約で定める責任限度額よりも低い限度を定める契約条項は，原則として無効とされる（条約26条）。

モントリオール条約における紛争解決手続規定

条約は，国際裁判管轄（第**15**章を参照）や仲裁（第**19**章を参照）などの紛争解決手続に関する規定も置いている。

まず，運送人の責任に関する訴えは，原告の選択により，締約国の領域において，運送人の住所地，運送人の主たる営業所，運送人

が契約を締結した営業所所在地，到達地のいずれかに提起しなければならない。ただし，旅客の死亡または傷害から生じた損害についての損害賠償の訴えは，一定の場合には，前述の裁判所に加えて，事故発生時に旅客が主要かつ恒常的な居住地を有していた締約国の領域における裁判所に提起することもできる（条約33条1項・2項）。

次に，貨物運送契約の当事者は，条約に基づく運送人の責任に関するいかなる紛争も仲裁によって解決することを定めることができる。この場合，書面による仲裁契約が必要であり，仲裁人は，条約の規定を適用して判断を行う（条約34条）。

航空運送状

航空運送の場合，運送が迅速であり，運送中における運送品の転売はあまり考えられず，船荷証券のような法的効力をもった有価証券を用いる必要性は大きくない。このため航空運送においては，単に，航空運送契約の成立を証するだけの航空運送状（Air Waybill）が用いられる。航空運送状は，船荷証券とは違って，その正当な所持人が貨物の処分権を有するという有価証券でも，貨物の引換証券でもなく，流通性も無い。しかし実務の便宜上，荷為替決済の際に船荷証券と同様に利用されている。

第2節　国際保険

国際貨物保険とは

保険とは一般に，交通事故や火災などの同種の危険にさらされる者が，事前に一定の保険料を拠出して共同の基金を形成し，実際に

事故が発生して危険に遭遇したために損害を受けた者が，この基金から保険金の支払を受けて損害を塡補する仕組みである。国際物品運送では，運送途上の事故に備えて運送品（貨物）に保険を付すことが重要であり，古くから国際貨物保険が発達している。

　国際貨物保険契約においては，保険契約者（インコタームズ2020のFOBやCFRでは買主，CIFでは売主）は保険料を支払い，万が一，事故が生じた場合，その事故により被った損害に応じて保険者（保険会社）が被保険者（通常は荷主）に保険金の支払を行う。保険契約は有償・双務の諾成契約であるが，通常は保険証券が発行され，保険契約の内容は保険約款が支配する。保険証券は船荷証券とともに船積書類に含まれ，裏書譲渡される（保険金請求者は，必ずしも保険契約者というわけでない）。なお保険事故が発生し，保険者が保険金を支払って損害の塡補をした場合，通例，保険者は，被保険者が保険の目的（保険の対象物）に対して有していた権利や第三者に対して有する権利（損害賠償請求権等）を取得する（日本法上の代位について，商法815条2項および保険法24条・25条参照。なお，保険委付に関する商法の規定は2018年の改正で削除された）。

貨物海上保険証券と保険条件

　貨物海上保険証券の標準書式は，SGフォームと呼ばれる伝統的な保険証券フォームからMARフォームと呼ばれる新しい保険証券フォームへと移行してきている。前者は，ロンドン保険業者協会が1963年に制定した協会貨物約款（旧ICC1963約款。なお，ICCは "Institute Cargo Clauses" の略である）のもとで用いられ，古くて難解であると批判があった。このため，理解しやすいことを目指して，後者が1982年協会貨物約款（ICC1982約款）とともに制定された。そ

してICC1982約款は，2009年に，さらに被保険者にわかりやすい
ものとして改訂され，新たな協会貨物約款（新ICC2009約款）とな
っている。2010年頃までは日本でも専らSGフォームが用いられた
が，2009年の約款改正を契機に新ICC2009約款が急速に普及し，
日本で発行される保険証券は，MARフォーム（新ICC2009約款との
組み合わせの様式）に切り替わってきている。

　SGフォームでは，A/R（オール・リスク担保），WA（分損担保），
FPA（分損不担保）という保険条件のいずれかに，戦争危険担保・
ストライキ危険担保を加えるという形で付保される。一方，MAR
フォームでは，ICC(A)，ICC(B)，ICC(C)という保険条件が用い
られるが，これらは上記のSGフォームの保険条件にほぼ対応して
いる（**表22-A**参照）。インコタームズ2020のCIFやCIPでは，それ
ぞれの補償範囲を満たす貨物保険として，MARフォームのICC
(C)やICC(A)への言及がみられる（第**21**章第**3**節参照）。

ICC(A)／A/R（オール・リスク担保）

　海上損害には，保険契約の目的（すなわち運送品）が全部損失した
場合をいう「全損」ならびに被保険貨物の一部が滅失・損傷した場
合をいう「分損」があり，分損には「共同海損」および「単独海
損」がある。共同海損とは，共同の危険を回避するため，例えば，
荒天による船舶の沈没を避けるため投荷を行ったことによって生じ
た損害を，投荷されなかった荷主も共同して負担することをいう。
単独海損は共同海損以外の分損のことで，当該荷主の単独の負担と
なるものを指す。ICC(A)／A/Rは，全損・分損を問わず担保する。

表22-A　貨物海上保険証券のフォーム・約款の比較

様　式	SGフォーム（証券表面） ＋旧ICC1963約款（裏面約款）	MARフォーム ＋新ICC2009約款
ICC 基本条件	A/R（All Risks）条件	ICC（A）条件……担保範囲が広い
	WA（With Average）条件	ICC（B）条件
	FPA（Free from Particular Average）条件	ICC（C）条件……担保範囲が狭い
戦争特約	旧協会戦争約款1980	Institute War Clauses（Cargo）2009
ストライキ等特約	旧協会ストライキ約款1963	Institute Strikes Clauses（Cargo）2009

＊　上表は，亀田尚己編著『現代国際商取引』（文眞堂，2013年）185頁の図表2-5-2（岸田勝昭）を元に作成。

ICC（B）／WA（分損担保）と ICC（C）／FPA（分損不担保）

　ICC（B）／WA は，ICC（A）／A/R ほど担保範囲は広くないが，全損および共同海損のほか，免責歩合を超える単独海損を担保する。例えば，海水などの浸入による水濡れ損害が担保される。

　他方，ICC（C）／FPA は，全損および共同海損を担保する。単独海損については，一部の例外（座礁・沈没・火災・衝突が発生した場合など）を除いて担保しない。例えば，水濡れ損害は担保されない。

貿 易 保 険

　貨物海上保険とは別に国際取引において利用される保険として，貿易保険がある。貿易保険は，通常の民間の海上保険などで対象とならない貿易取引や海外投資において生ずる取引上のリスク（非常危険と信用危険と呼ばれるリスク）をカバーする。日本では，貿易保険法によって規律され，保険引受け等の業務は，従前は国（経済産業省）が行っていた。2001年以降は独立行政法人日本貿易保険が，

2017年4月以降は政府全額出資の株式会社日本貿易保険（NEXI）が業務を行っており，2005年以降は規制緩和の一環として，民間保険会社の業務参入も認められている。

　貿易保険がカバーする非常危険とは，貿易などの海外取引で生じる，当事者の責めに帰し得ない不可抗力的な危険，例えば，為替取引の制限・禁止，関税引上げ，輸入の制限・禁止，戦争，革命など第三者の行為や，天災地変等である。非常危険による輸出不能，代金回収不能，財産没収などが生じた場合，その損失が貿易保険でカバーされる。一方，信用危険は，海外取引の相手方の責めに帰し得る危険，例えば，輸出契約等の相手方の破産等である。信用危険によって輸出代金や融資金等が回収不能になったり，輸出不能や輸入不能が生じた場合も，貿易保険で損失をカバーすることができる。

第*23*章　国際支払

　前章では，国際物品売買契約において，売主の目的物引渡義務に深くかかわる物品の運送と保険について検討した。本章では，買主の義務である代金支払を検討する。

　国際物品売買における代金支払は一般に，互いに遠くに離れ，かつ使用通貨も異なる異国の当事者間で行われる。このため，物品の引渡しと代金の支払とが同時に完結する処理は困難であるし，外国にいる相手方の信用状態を確認することも容易でない。それゆえ売主は，代金が本当に支払われるか，いつ支払われるのかと，買主の信用について国内取引の場合よりも一層の不安をもつことになり，代金の支払を待ってから，物品を船積みしたいと考える。他方，買主の最大の関心事は，契約どおりの物品が遅滞なく届くのかどうかであり，買主としては，問題のない物品が到着してから代金を支払いたいと考える。売主は前払いを望み，買主は後払いを望むというように，売主と買主の思惑は全くの逆向きであり，国際物品売買取引において，代金支払をいつどのように行うかは，契約締結上，最も重要な交渉事項の1つである。

　このような中，国境を隔てて遠隔地に所在する売主と買主の心配を，船荷証券の機能（第*22*章第**1**節**2**を参照）と銀行の支払確約（信用状）を巧妙に組み込んで調整した人類の叡智が，荷為替信用状による貿易取引決済の仕組みである。本章では，まず，荷為替信用

状を理解する前提となる代金支払の基本事項と荷為替手形について
述べ（第1節），次に，荷為替信用状の仕組みと法的規律について
検討する（第2節）。

設例23-1

　日本の化学メーカーX社は，S国の商社Aに化学製品を販売する
契約を締結した。契約によれば，代金決済は信用状により，UCP600
に準拠することとなっている。A商社は契約に基づき，T国の銀行
YのS国支店に信用状の発行を依頼し，信用状は発行された。この
信用状は条件として，製造者の発行する検査証明書を要求していた。
製品が出荷され，X社は日本の銀行Bに，荷為替手形を買い取って
もらった。B銀行がY銀行S国支店に支払を求めて当該荷為替手形
を呈示したところ，Y銀行は，検査証明書では「X社が本書を作成
した」と証されているが，X社が製造者であるとは記載されていな
いと主張し，支払を拒絶した。Y銀行の拒絶を受け，B銀行がX社
に対して，荷為替手形の買取りの解約を申し入れた結果，X社はB
銀行から荷為替手形を再入手し，信用状に基づく金銭の支払を求めて
Y銀行を訴えた。この請求は認められるか。

第1節　国際支払の方法

国際支払における銀行の役割

　国際売買取引においては，当事者が互いに遠距離で信用状態に不
安もあり，かつ使用通貨への両替（外国為替）も必要になったりす
ることから，古くより，「信用のある存在」である銀行が仲介者と

して国際取引の決済の橋渡しを行っている。このような国際的な銀行は，外国の銀行と国際決済のために為替業務代行の契約を結んでいる。これはコルレス契約と呼ばれ，手形の取立代行，送金の支払代行，信用状の授受などの外国為替業務の取り決めがなされている。コルレス契約を結んだ提携先銀行は，「コルレス銀行」（Correspondent Bank）と呼ばれる。

郵便送金および電信送金

　銀行を利用した国際取引の決済としては，まず，単純に取引相手の銀行口座に送金する方法がある。銀行に対する支払指図を，郵便で行う方法が郵便送金，電信で行う方法が電信送金である。これらのメリットは安価かつ迅速であることであるが，売主と買主の間で相互に信用がある場合でないと，前述のように支払と船積みのいずれが先かの問題が生じるので利用は難しい。ただし近時は，グループ企業内の子会社間売買など，取引相手の信用を心配する必要のない取引も増加していることから，信用状発行コストを抑えて迅速に処理するために，これらの送金が行われるケースも増えている。

荷為替手形の利用

　単純な送金には小切手を利用する方法もあるが，国際売買の代金決済には，銀行を介した代金取立てとして，為替手形（Bill of Exchange：B/E）が多く用いられる。このとき，単に売主が買主を支払人などとして為替手形を振り出し，手形代金の取立てを銀行に依頼するだけでなく，買主が物品（運送品）を受け取るために必要な船積書類（その中心は船荷証券である。第22章第1節を参照）を売主が為替手形に添付し（このようにされた為替手形を荷為替手形と呼ぶ），

これによる手形金の取立てを売主が取引銀行に依頼する方法がある。荷為替手形は，買主の国にある銀行に送られ，その呈示を受けた買主は，手形の支払または引受けをして（いずれをするかは，売主との間の売買契約において支払条件として当初に約定されたところによる。後述の「D/P と D/A」を参照），船積書類を受け取るのである。取り立てられた手形金は，銀行を介して売主に支払われる。

荷為替手形の特徴と買取り

　荷為替手形による代金決済が単純な送金や取立てよりも優れている点は，まず，銀行から荷為替手形を呈示された買主としては，手形金支払や手形引受けの要求に応じない限り船積書類，とりわけその中の船荷証券，ひいては港に届く運送品を入手できないのであるから，買主による代金の支払がある程度確実に期待できることである。さらに，荷為替手形の取得者は，船積書類に含まれる船荷証券によって運送品を取得し，それを転売して代金回収することも可能である。要するに，船荷証券あるいは運送品が代金支払の担保になっている。このため荷為替手形は，売主が取引銀行に持ち込んだ時点で銀行が買い取ってくれることもあり，売主としてはこの場合，速やかに代金支払を受けたのと同じ結果になる。買取銀行は，買主の国の銀行を通じて代金を買主から回収することになる。

D/P と D/A

　荷為替手形による代金支払を，売買契約において売主と買主が合意する場合，D/P または D/A という条件が用いられる。D/P（Documents against Payment）は「手形支払書類渡し」といい，荷為替手形の呈示を銀行から受けた際に，買主が銀行に代金を支払うことに

より船積書類を入手できる条件である。D/A（Documents against Acceptance）は，「手形引受書類渡し」といい，買主が手形を引き受けることにより船積書類を入手できる条件である。売主としては，D/P の方が代金支払がより確実になるので，できればリスクの小さい D/P にしたい。しかし，買主の手元に手形金を支払う潤沢な資金がない場合，D/A にしておいて，買主が受け取った物品を転売して得た金銭で手形金を後日支払ってもらう方が，売主にとって結局よい商売になるケースもある。よって D/A の場合，買主としては，一覧後定期払の条件での手形による支払が許されれば，先に物品を受け取った上で，手形決済まで短期のクレジットを得たことになる。

荷為替手形の限界

　単純な送金や取立てに比べれば，D/P または D/A のいずれにしろ荷為替手形は，船荷証券の担保としての機能を組み入れた進歩的な国際支払の方法である。しかしながら，結局は買主が代金を支払うことが前提となっており，売主としては，買主による代金支払を確認できないままに物品の船積みをすることになる点で，リスクは解消されていない。種々の理由から荷為替手形を用いなければならない場合，貿易保険（第**22**章第**2**節を参照）を付保することもリスク回避の１つの方法であるが，コストがかさむことは否めない。また，リスクが大きいことから，銀行は荷為替手形を買い取ってくれないかもしれない。このため，さらなるリスク低減を目指して，荷為替手形に，銀行による支払確約をプラスした支払方法が考え出された。これが，次に述べる信用状を用いた決済である。

第2節 信 用 状

信用状とは

　信用状（Letter of Credit：L/C）とは，発行依頼人（買主）の依頼に基づき受益者（売主）のために発行され，「一定の条件をみたした場合に金銭を支払う（または手形引受け等をして期日に支払う）」という銀行の確約文書である。信用状を発行する銀行は，信用状という新たな契約に基づいて（つまり，買主の保証人などとしてではなく買主から独立して），信用状に定められた金銭支払債務を負うので，売主としては，信用状が発行されれば代金の受取りがほぼ確実になったと考えてよく，安心して物品の船積みができることになる。このように信用状は，銀行のもつ信用力を利用して，貿易（輸出入）の決済を安全・円滑に行うために考案された一種の証書であり，貿易決済に用いられることをとらえて，荷為替信用状，商業信用状，銀行信用状などとも呼ばれることもある（なお信用状には，債務不履行に備えた債務保証の目的で利用されるスタンドバイ信用状〔スタンバイ信用状〕と呼ばれるものもあるが，これは荷為替信用状と異なるものである）。

1　荷為替信用状決済の仕組み

ビジネスモデルとしての荷為替信用状決済

　荷為替信用状制度は，国際支払の特性にあわせて発達した瞠目すべきビジネスモデルである。とくに，信用状と船荷証券を組み合わせた担保の上で，「荷為替手形の買取り」という銀行のビジネスを媒介にして，隔地者間において最も円滑に「同時履行に準じる代金弁済と物品引渡し」を実現できるところにポイントがある。**図23-**

図23-A　荷為替信用状による決済の仕組み

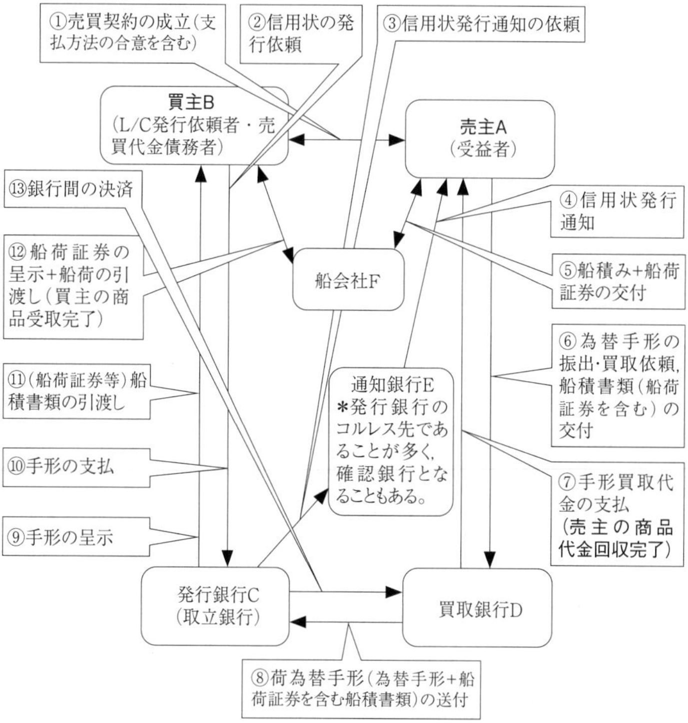

①売買契約の成立（支払方法の合意を含む）

②信用状の発行依頼

③信用状発行通知の依頼

買主B（L/C発行依頼者・売買代金債務者）

売主A（受益者）

⑬銀行間の決済

④信用状発行通知

⑫船荷証券の呈示＋船荷の引渡し（買主の商品受取完了）

船会社F

⑤船積み＋船荷証券の交付

⑥為替手形の振出・買取依頼，船積書類（船荷証券を含む）の交付

⑪（船荷証券等）船積書類の引渡し

通知銀行E ＊発行銀行のコルレス先であることが多く，確認銀行となることもある。

⑩手形の支払

⑦手形買取代金の支払（売主の商品代金回収完了）

⑨手形の呈示

発行銀行C（取立銀行）

買取銀行D

⑧荷為替手形（為替手形＋船荷証券を含む船積書類）の送付

A を参照しつつ，その仕組みを順次解説する。

売買契約における合意と買主による信用状の開設

　荷為替信用状による決済の端緒は，①売主 A と買主 B との間の国際物品売買契約における支払条件として，荷為替信用状決済が合意されることである。これに基づき，買主 B には信用状開設の義務が生じ，② B は自己の取引銀行である C に信用状の発行依頼を

する。銀行Cは，取引先であるBの経営状況など，Bの信用に関する情報を検討しつつ，信用状の発行の可否を判断する。この点は，Bの信用を，外国にいる売主Aやその取引銀行であるDが調査することは困難であることを考えると，荷為替信用状決済の巧妙な仕組みの一部といえる。③発行銀行Cにより発行された信用状は，銀行間のネットワークを通じて通知銀行E（なお，通知銀行が買取銀行になることも少なくない）に送付され，④Eによって売主Aに通知される。発行銀行Cによる支払確約を知ったAは，安心して物品を船積みできるようになる。

売主による船積みと銀行による荷為替手形の買取り

⑤売主Aは物品を船積みし，運送人（船会社F）から船荷証券の交付を受ける。Aは，その他通関などに必要な各種の書類（商業送り状や，CIFの場合の保険証券など）を取りそろえて船荷証券とあわせて船積書類とし，これらと，自己が振り出した為替手形とを取り組んで荷為替手形とする。そして，⑥売主Aは，信用状とともに，取引先の銀行Dに荷為替手形の買取りを依頼する。⑦買取銀行Dは，信用状があることから発行銀行Cによる支払をあてにできるため，書類の点検をした上で荷為替手形を買い取り，売主Aに手形買取代金を支払う。これにより，売主Aは物品の代金の支払を受けたことになる。⑧買取銀行Dは，荷為替手形を発行銀行Cに送付する。

買主による手形金支払と物品の引渡し

⑨発行銀行Cは，入手した荷為替手形を買主Bに呈示し，手形の支払（または引受け）を求める。⑩買主Bがこれを行うと，⑪C

から船荷証券を含む船積書類を受け取ることができる。そして⑫買主Bは運送人（船会社F）に船荷証券を呈示して，運送品の引渡しを受ける。最後に，⑬発行銀行Cは，買取銀行Dに買取代金を支払う形で銀行間決済を行う。

このように荷為替信用状決済では，物品の引渡し（⑤）と代金の支払（⑩）とが，銀行を仲介にして（⑥〜⑨，⑪および⑬），観念的には限りなく同時履行に近い形で行われる。荷為替信用状決済は，近時，グループ企業内取引が増えたことや，各国の為替規制の緩和などから，かつてに比べてその利用は減少しているが，国際取引の安全性を最もよく確保する人類の叡智として，意義はなおも大きい。

信用状の開設遅延

なお，信用状の開設時期について，当事者間で争いとなることがある。国際物品売買において，買主による信用状開設（発行銀行による信用状発行）は，売主にとって「代金回収」の命綱であるから，買主は合理的な期間内，遅くとも船積開始までに信用状を開設しなければならないと解される。「荷為替信用状による決済の仕組み」（図23-A）で示されているように，売主としては，信用状発行通知（④）が無くては手形の買取り（⑥および⑦）が期待できないので，船積み（⑤）を保留せざるを得ない。判例も，「売主は，特約がない限り，信用状の通知を受けるまでは自己の債務の履行を拒むことができる」とする（最判平成15・3・27金法1677号54頁）。信用状の開設遅延は，売主・買主間の売買契約において重要な債務不履行であり，契約解除の理由ともなり得る。

2　信用状統一規則

信用状統一規則とは

　信用状制度に関しては，これを定める各国の法は発達しておらず，国際商業会議所（ICC）が「商業荷為替信用状に関する統一規則および慣例」（UCP，信用状統一規則と呼ばれる）という民間統一規則を作成している。信用状統一規則の法的性質は援用可能規則であって国家法ではないから，当事者の援用の合意に基づいて，準拠法の強行法規に反しない範囲で適用される。実務上は，ほぼすべての信用状がUCPを援用しているため，UCPの対象とする事項については，事実上，世界的に統一的な処理がなされている。

　UCPは1933年に作成され改訂を重ねたが，最新版は2006年10月に採択されて2007年7月から発効している「UCP600」である。以下，UCP600に準拠しながら信用状を概説する（「UCP」はUCP600を示すものとする）。

発行銀行の義務と役割

　発行銀行は，信用状条件をみたした書類が呈示された場合，受益者（売主）に支払（手形引受け等をして期日に支払う場合を含む）をする義務を負う（UCP 7条a）。発行銀行が信用状を発行した時点で，信用状の取消不能の義務が発生する（同条b）。手形の買取り等を発行銀行から依頼されている銀行である指定銀行（任意の銀行で利用可能な信用状の場合は，いずれの銀行も指定銀行となる）が信用状条件に従って手形の買取り（手数料分を割り引いて金銭を支払うこと）や引受けをした場合，発行銀行は，指定銀行（すなわち買取銀行）に対して補償義務を負う（同条c）。

独立抽象性の原則

　信用状については2つの原則が重要であり，その1つは独立抽象性の原則である（UCP4条a参照）。実際の国際物品売買取引では，買主の取引銀行（発行銀行）が買主のために売主に宛てた形で信用状を発行するが，信用状には「一定の書類を発行銀行に呈示すれば，所定の金額を絶対的に支払う」という趣旨の支払確約が示されているだけで，この支払確約に基づく発行銀行の信用状債務，あるいは信用状にかかわる法律関係である発行銀行と受益者（売主）との関係は，信用状発行の根拠・原因である売買をめぐる売主・買主間の法律関係や買主・発行銀行間の法律関係から独立したものとされる。よって例えば，売主に売買契約上の債務不履行があったり買主が倒産したりした場合であっても，信用状条件に合致した書類が呈示されている限り，発行銀行は信用状に基づく支払債務を拒めない。

厳格一致の原則

　UCPの示すもう1つの原則は，厳格一致の原則（厳密一致の原則ともいう）である。信用状取引において銀行は書類を扱うのみであって，当該書類にかかわる物品・サービス等は，銀行による取扱いの対象ではない（書類取引の原則。UCP5条）。信用状では，「一定の書類」の呈示を条件に支払確約がされるが，国際物品売買の場合に要求される「一定の書類」は，一般に船荷証券や商業送り状などの船積書類である。必要とされる書類およびその記載事項は，売主と買主間の売買契約において詳細に定められ，それが発行銀行に伝えられて信用状条件となる。この信用状条件と，売主が取りそろえて銀行に呈示する船積書類およびこれら書類上の記載とが，厳格に一致していなければならないというのが厳格一致の原則である。

UCP には，銀行による書類点検の標準が規定されており（同14条），「ディスクレ」（Discrepancy）とも呼ばれる不一致があれば，発行銀行の支払拒絶事由となるため（同16条 a），荷為替手形は買い取られないことにもなる。売主としては，売買契約において買主との間で詳細に取り決めた物品に関する自己の義務を履行し，それを証してくれる船荷証券などの書類を取りそろえなければ，手形を買い取ってもらうことによる代金回収ができないことになる。すなわち，船積み段階から売主には，売買契約どおりの物品の引渡しをすることに向けたプレッシャーがかかっているのであり，荷為替信用状決済の巧妙な仕組みは，このようなところにも表れている。一方，呈示が条件を充足している場合は，発行銀行は支払（または手形引受け等）をしなければならない（同15条 a）。

　設例23-1 では信用状のディスクレが問題となっている。「厳格一致の原則」といえども，Ｘ社の請求が認められる余地はある。UCP の意味するところは，書類中のデータが食い違ってはならないということであり，全く同じ（identical）である必要はないとされる（同14条 d）。条件充足の判断は，信用状の機能が国際取引の迅速かつ安全な決済という点にあることに照らせば，一字一句相違ないことまで要求する趣旨とは考えられず，その照合も実務的かつ合理的な判断によるべきであるとする判決（東京地判平成15・9・26金法1706号40頁）がある。また，信用状に曖昧な記載があり，受益者と発行銀行との間に争いが生じた場合，受益者の解釈が不合理でない限り，発行銀行の解釈は採用されるべきでないとする判決（東京高判平成24・9・26金判1438号20頁）がある。

主要文献目録

❖ 教科書，体系書，演習書等（書名の五十音順）

木棚照一編『演習ノート 国際関係法［私法系］』（法学書院，2010年）

南敏文『改正法例の解説』（法曹会，1992年）

木棚照一＝松岡博編『基本法コンメンタール 国際私法』（日本評論社，1994年）

野村美明＝髙杉直＝久保田隆編『ケーススタディー国際関係私法』（有斐閣，2015年）

亀田尚己編著『現代国際商取引（改訂版）』（文眞堂，2021年）

松岡博編『現代国際取引法講義』（法律文化社，1996年）

松岡博著・髙杉直補訂『国際関係私法講義（改題補訂版）』（法律文化社，2015年）

国際法学会編『国際関係法辞典（第2版）』（三省堂，2005年）

山田鐐一『国際私法（第3版）』（有斐閣，2004年）

神前禎＝早川吉尚＝元永和彦『国際私法（第4版）』（有斐閣，2019年）

櫻田嘉章『国際私法（第7版）』（有斐閣，2020年）

石黒一憲『国際私法（第2版）』（新世社，2007年）

横山潤『国際私法』（三省堂，2012年）

中西康＝北澤安紀＝横溝大＝林貴美『国際私法（第2版）』（有斐閣，2018年）

木棚照一＝松岡博＝渡辺惺之『国際私法概論（第5版）』（有斐閣，2007年）

溜池良夫『国際私法講義（第3版）』（有斐閣，2005年）

松岡博『国際私法・国際取引法判例研究（新版）』（大阪大学出版会，2003年）

澤木敬郎＝道垣内正人『国際私法入門（第8版）』（有斐閣，2018年）

澤木敬郎＝秌場準一編『国際私法の争点（新版）』（有斐閣，1996年）

木棚照一編著『国際取引法（第2版補訂版）』（成文堂，2011年）

佐野寛『国際取引法（第4版）』（有斐閣，2014年）

曽野和明＝山手正史著『国際売買法』（青林書院，1993年）

高桑昭＝道垣内正人編『国際民事訴訟法（財産法関係）』（青林書院，2002年）

本間靖規＝中野俊一郎＝酒井一『国際民事手続法（第2版）』（有斐閣，2012）

年)

江川英文 = 山田鐐一 = 早田芳郎『国籍法（第 3 版）』（有斐閣，1997年）

石川雅啓『実践貿易実務（第12版）』（日本貿易振興機構，2016年）

兼子一原著『条解民事訴訟法（第 2 版）』（弘文堂，2011年）

野村美明 = 髙杉直 = 長田真里編著『新・ケースで学ぶ国際私法』（法律文化
社，2020年）

高桑昭『新版国際商取引法』（東信堂，2019年）

小林秀之 = 村上正子『新版国際民事訴訟法』（弘文堂，2020年）

佐藤やよひ『ゼミナール国際私法』（法学書院，1998年）

木棚照一『逐条註解国籍法』（日本加除出版，2003年）

櫻田嘉章 = 道垣内正人編『注釈国際私法　第 1 巻』（有斐閣，2011年）

櫻田嘉章 = 道垣内正人編『注釈国際私法　第 2 巻』（有斐閣，2011年）

道垣内正人『ポイント国際私法 各論（第 2 版）』（有斐閣，2014年）

道垣内正人『ポイント国際私法 総論（第 2 版）』（有斐閣，2007年）

澤田壽夫 = 柏木昇 = 杉浦保友 = 髙杉直 = 森下哲朗編著『マテリアルズ国際
取引法（第 3 版）』（有斐閣，2014年）

松岡博編『レクチャー国際取引法（第 2 版）』（法律文化社，2018年）

櫻田嘉章 = 道垣内正人『ロースクール国際私法・国際民事手続法（第 3
版）』（有斐閣，2012年）

渡辺惺之 = 野村美明編『論点解説 国際取引法』（法律文化社，2002年）

出口耕自『論点講義国際私法』（法学書院，2015年）

❖ 改正法・判例解説書（刊行年順）

法例研究会編『法例の見直しに関する諸問題(1)-(4)』（別冊 NBL，商事法務，
2003-2004年）

神前禎『解説 法の適用に関する通則法——新しい国際私法』（弘文堂，2006
年）

小出邦夫編著『一問一答 新しい国際私法——法の適用に関する通則法の
解説』（商事法務，2006年）

別冊 NBL 編集部編『法の適用に関する通則法 関係資料と解説』（商事法務，
2006年）

櫻田嘉章＝道垣内正人編『国際私法判例百選〔第2版〕』（有斐閣, 2012年）

佐藤達文＝小林康彦『一問一答 平成23年民事訴訟法等改正——国際裁判管轄法制の整備』（商事法務, 2012年）

小出邦夫編著『逐条解説 法の適用に関する通則法〔増補版〕』（商事法務, 2014年）

木棚照一『逐条解説国際家族法——重要判例と学説の動向』（日本加除出版, 2017年）

内野宗揮編著『一問一答 平成30年人事訴訟法・家事事件手続法等改正——国際裁判管轄法制の整備』（商事法務, 2019年）

❖ **論文集等**（刊行年順）

松岡博『国際私法における法選択規則構造論』（有斐閣, 1987年）

松岡博『国際取引と国際私法』（晃洋書房, 1993年）

横山潤『国際家族法の研究』（有斐閣, 1997年）

多田望『国際民事証拠共助法の研究』（大阪大学出版会, 2000年）

国際法学会編『日本と国際法の100年 全10巻』（三省堂, 2001年）

岡野祐子『ブラッセル条約とイングランド裁判所』（大阪大学出版会, 2002年）

松岡博『国際家族法の理論』（大阪大学出版会, 2002年）

奥田安弘『国籍法と国際親子法』（有斐閣, 2004年）

田中美穂『多国籍企業の法的規制と責任』（大阪大学出版会, 2005年）

松岡博『アメリカ国際私法の基礎理論』（大阪大学出版会, 2007年）

松岡博編著『国際知的財産法の潮流』（帝塚山大学出版会, 2008年）

松永詩乃美『国際契約における書式の闘い』（帝塚山大学出版会, 2009年）

松岡博『アメリカ国際私法・国際取引法判例研究』（大阪大学出版会, 2010年）

二宮周平編集代表『現代家族法講座 第5巻 国際化と家族』（日本評論社, 2021年）

国際私法学会編『国際私法年報』（信山社, 1999年–）

事 項 索 引

454

判 例 索 引

❖ 編者紹介

松 岡　　博
　　大阪大学名誉教授・帝塚山大学名誉教授

国際関係私法入門〔第 4 版補訂〕
International Civil & Commercial Law, 4th ed. revised

2007 年 11 月 10 日	初版第 1 刷発行	
2009 年 10 月 10 日	第 2 版第 1 刷発行	
2012 年 4 月 10 日	第 3 版第 1 刷発行	
2019 年 5 月 10 日	第 4 版第 1 刷発行	
2021 年 3 月 15 日	第 4 版補訂第 1 刷発行	
2022 年 9 月 10 日	第 4 版補訂第 3 刷発行	

編　者　松　岡　　博

発 行 者　江　草　貞　治

発 行 所　株式会社　有 斐 閣
郵便番号 101-0051
東京都千代田区神田神保町 2-17
http://www.yuhikaku.co.jp/

印刷・製本　共同印刷工業株式会社
© 2021, Naoyuki Matsuoka.
Printed in Japan
落丁・乱丁本はお取替えいたします。
★定価はカバーに表示してあります

ISBN 978-4-641-04688-7